Dieter-Jürgen Löwisch

Wilhelm Dilthey: Grundlinien eines Systems der Pädagogik und Über die Möglichkeit einer allgemeingültigen pädagogischen Wissenschaft

Die ,Werkinterpretationen pädagogischer Klassiker' richten sich vor allem an Pädagogikstudierende. Durch eine Kombination von Quellentext und texterschließender Interpretation führen sie in klassische pädagogische Originaltexte ein und geben Einstiegs- und Verständnishilfen für eine eigenständige Erschließung von Quellentexten an die Hand.
Die Werkinterpretationen widmen sich je nach Eigenart des Quellentextes dem Inhalt und der Absicht des Textes, den Erklärungen leitender Begriffe, der Erörterung des historischen und geistesgeschichtlichen Kontextes, der Herausarbeitung der das Werk leitenden Ideen, gegebenenfalls der Wirkungsgeschichte und der gegenwärtigen lebensweltlichen Bedeutung des Werkes.

Herausgegeben von Dieter-Jürgen Löwisch

Dieter-Jürgen Löwisch

Wilhelm Dilthey: Grundlinien eines Systems der Pädagogik und Über die Möglichkeit einer allgemeingültigen pädagogischen Wissenschaft

Wissenschaftliche Buchgesellschaft

Einbandgestaltung: Neil McBeath, Stuttgart

Die Deutsche Bibliothek – CIP-Einheitsaufnahme
Ein Titeldatensatz für diese Publikation ist bei
Der Deutschen Bibliothek erhältlich.

Gedruckt auf säurefreiem und alterungsbeständigen Papier
Printed in Germany

Besuchen Sie uns im Internet: www.wbg-darmstadt.de

ISBN 3-534-16041-X

Inhalt

Wilhelm Dilthey:
Grundlinien eines Systems der Pädagogik (1884–1894)
und
Über die Möglichkeit einer allgemeingültigen
pädagogischen Wissenschaft (1888)

Interpretation

Wilhelm Dilthey: Grundlinien eines Systems der Pädagogik (1884–1894)* und Über die Möglichkeit einer allgemeingültigen pädagogischen Wissenschaft (1888)**

* Der Text „Grundlinien eines Systems der Pädagogik" ist entnommen dem Band IX von Diltheys ›Gesammelte Schriften‹, 2., unveränderte Auflage, Stuttgart und Göttingen 1960, S. 7–10 und S. 167–231. Die Fußnoten des Herausgebers O. F. Bollnow wurden nicht übernommen; die Anmerkungen Diltheys kommen sämtlich zum Abdruck.

** Der Text „Über die Möglichkeit einer allgemeingültigen pädagogischen Wissenschaft" ist entnommen dem Band VI von Diltheys ›Gesammelte Schriften‹, 3., unveränderte Auflage, Stuttgart und Göttingen 1958, S. 56–82.

Grundlinien eines Systems der Pädagogik (1884–1894)

Vorwort

1.

Der Gegenstand dieser Vorlesung ist Geschichte und System der Pädagogik. Ich drücke hiermit den Inbegriff derjenigen Kenntnisse aus, welchen die Universität für Sie als unerläßlich darzubieten hat. Diese Vorlesung ist mir in einem gewissen Betracht seit langen Jahren die liebste meiner Vorlesungen gewesen. Ich habe selbst als Gymnasiallehrer Erfahrungen in dem Geschäft der Erziehung gesammelt, und für eine nüchterne und fruchtbare Behandlung pädagogischer Fragen ist das unerläßlich. Ich habe den Bildungsgang Unzähliger, die sich diesem Geschäft widmeten, verfolgen dürfen. Ich habe in der grundlegenden Wissenschaft der Psychologie gerade die höheren Formen des seelischen Lebens, die hier in Frage kommen, mit besonderer Vorliebe untersucht. So komme ich nicht ungerüstet zu dieser Aufgabe. Diese Aufgabe selber aber gehört zu den höchsten der Philosophie; denn ganz allgemein angesehen: Blüte und Ziel aller wahren Philosophie ist Pädagogik im weitesten Verstande, Bildungslehre des Menschen.

So sagt Kant: „Hinter der Edukation steckt das große Geheimnis der Vollkommenheit der menschlichen Natur. Es ist entzückend, sich vorzustellen, daß die menschliche Natur werde immer besser durch die Erziehung entwickelt werden, und daß man diese in eine Form bringen kann, die der Menschheit angemessen ist. Dies eröffnet uns den Prospekt zu einem künftigen glücklichern Menschengeschlechte." Diese Worte Kants drücken die idealen Hoffnungen ohne Übertreibung aus, von welchen das ganze 18. Jahrhundert erfüllt war. Sie haben auch heute noch Geltung.

Dieser Beruf des Erziehers erfordert zweierlei: einmal pädagogische Ausbildung der gesamten Person, alsdann wissenschaftliche Kenntnis des Faches, in welchem der künftige Erzieher unterrichten will. Der ganze Zusammenhang Ihrer Studien ist der letzteren Aufgabe gewidmet. Aber auch die erstere hat an Sie einen wenn auch bescheidenen Anspruch zu machen. Ihre persönliche pädagogische Durchbildung muß ebenfalls auf der Universität begründet werden. Es ist allgemein anerkannt, daß dieselbe verhältnismäßig unvollkommen in der letzten Generation der höheren Lehrer ist. Hieraus erwachsen denn sehr große Nachteile, sowohl für die Leistung als für das persönliche Glück derselben. Plötzlich aus wissenschaftlichen Spezialstudien herausgerissen, finden sie sich einer Schar unbändiger Knaben gegenüber, deren Seelen sie beherrschen, deren Aufmerksamkeit sie lenken, deren Gedankenlauf sie regieren sollen. Was geschieht in der Regel? Der angehende Lehrer greift nach den dürftigen Erinnerungen an die Zeiten, in denen er selbst auf der Schulbank saß. Er kopiert den besten unter seinen damaligen Lehrern. Aber dies kann nur äußerlich bleiben. Den Aufgaben, die nun immer überraschend und neu das Leben bringt, sind solche Erinnerungen nicht gewachsen. So entsteht in ihm leicht Abneigung gegen seinen herrlichen Beruf. Er möchte den Faden von der Universität her fortspinnen und wissenschaftlich weiterarbeiten. Er fühlt sich als Spezialgelehrter, nicht als Erzieher. In dem Konflikt zwischen den Anforderungen seines großen Berufs und solchen eine Zeit hindurch fortgesetzten Bemühungen verliert er die Freude an der Aufgabe des Erziehers und mit ihr die Leistungsfähigkeit. Mit Neid mag er auf den Elementarlehrer blicken, dem seine kurze und geringe Schulung doch eine sichere Methode mitgibt, gegründet auf Kenntnis der bisherigen didaktischen Erfahrungen und auf Beschäftigung mit dem Seelenleben.

Verhältnismäßig geringe Anstrengungen müssen Sie von sich fordern, um sich für den Beruf des Erziehers auch pädagogisch vorzubereiten. Die Grundlage aller pädagogischen Bildung liegt in der Psychologie und in der Logik. Dann muß eine Kenntnis der Erfahrungen hinzutreten, welche im Verlauf der Unterrichtsgeschichte gewonnen worden sind, Kenntnis der Theorien, die darauf gegründet, Kenntnis der Hauptsätze der Pädagogik, welche festgestellt werden konnten. Sonach zerfällt Ihre spezielle pädagogische Vorbereitung in Aneignung der Geschichte von Unterrichtswesen und pädagogischer Theorie, besonders in der neueren Zeit, und Aneignung der zur Zeit vorherrschenden systematischen Einsichten. Beides will diese Vorlesung Ihnen darbieten.

2.

Was die Pädagogik Ihnen auf Ihrer jetzigen Bildungsstufe bieten kann, was diese Vorlesung Ihnen leisten will, erscheint eng begrenzt und nüchtern im Vergleich zu den Versprechungen, welche Sie sonst vernehmen können, aber diese Versprechungen beruhen auf einer ganz übertriebenen Vorstellung von dem Bestand der Pädagogik als Wissenschaft.

Die Alten haben ein abgesondertes wissenschaftliches System nicht besessen. Ihre höheren Lehrer, Sophisten und Rhetoren, haben dem Wunsch des Publikums entsprechend das Erziehungsziel der leitenden Stände in der Herstellung des wirksamen politischen Mannes, des bonus orator, gesehen. Die neueren Völker durchlebten ihr erstes Stadium unter der leitenden Hand der Kirche. Ihre persönliche Lebensführung wie die Leitung der Gesellschaft war getragen von den Prinzipien des theologisch-metaphysischen Systems, deren Formel Albertus, Thomas und Dante darstellen. So war ihnen auch die selbstverständliche Aufgabe des Unterrichtswesens für die geistig leitenden Stände, diesen Gedankenzusammenhang, durch trivium und quadrivium hindurch, in der Seele des Zöglings aufzubauen. Dieses Unterrichtswesen war seiner selbst gewiß. Das mächtigste und einheitlichste, was je Europa gesehen, Geistliche und Lehrer dieselben Personen, ausgestattet mit ungeheurer Machtfülle, Schule zusammengebaut mit Dom und Pfarrkirche, in den stillen Klosterräumen ein unverdorbenes Bildungswesen.

Dann reiften die neueren Völker zur Selbständigkeit. So mußte diese Einheit sich auflösen. Immer noch sitzen heute die katholischen Geschichtschreiber klagend auf den Trümmern derselben. Es ist einmal ein Naturgesetz des Völkerlebens, daß mit der Entwicklung zur Freiheit die Leitung von einem geistigen Mittelpunkte aus unmöglich wird. Renaissance und Reformation, die anwachsenden Studienmassen, Sprachen und Sachen, brachten nun erst das Nachdenken hervor, wie eine einfache Methode mehreres zu bewältigen ermögliche. Die Didaktik entstand. Man suchte den natürlichen Gang der intellektuellen Entwicklung. Eine allgemeingültige pädagogische Wissenschaft wurde im 18. Jahrhundert zu bauen unternommen. Sie trat neben die natürliche Theologie, neben das Naturrecht. Sie beansprucht in unseren Tagen, die Fragen des Erziehungswesens aus Prinzipien allgemeingültig für alle Zeiten und Völker aufzulösen. Mit besonderer Verwegenheit streben gegenwärtig Bain und Herbert Spencer eine radikale Umgestaltung des Unterrichtswesens aller Länder aus Prinzipien an.

Der Verlauf dieser Vorlesung wird erweisen, daß eine solche allgemeingültige pädagogische Wissenschaft nicht besteht. Diese pädagogischen Systeme sind rückständige Wissenschaft. Sie gehören in die reponierten Akten der Wissenschaft so gut als das Naturrecht und die natürliche Theologie. Im Gegensatz hierzu werde ich zeigen: Es gibt nur eine engumgrenzte Zahl von Sätzen, welche allgemeingültig sind. Sie entstehen, indem wir die Vorgänge des Seelenlebens, in denen sich die Erziehung verwirklicht, nach ihrer Vollkommenheit beschreiben. So entstehen Regeln der Leitung der Aufmerksamkeit, der allseitigen Ausbildung der Anschauungen, der Entwicklung und Erfüllung des Gedächtnisses. Aber jedes geschichtlich wirksame System der Pädagogik enthält mehr; es ist die Verknüpfung dieser Formen untereinander und mit Inhalten von einem Prinzip aus, welches jederzeit geschichtlich bedingt ist. Das von Melanchthon wie das von Comenius, das von Locke wie das von Rousseau oder von Herbart ist geschichtlich bedingt und hat immer eine geschichtliche Gültigkeit. Was wir heute von unserem Unterrichtswesen verlangen, können wir nicht uns von den Engländern oder einer dürftigen Psychologie ableiten lassen, es kann nur in unserem nationalen Ethos angelegt sein. Die Bildung, die unsere Nation groß gemacht hat, darf nur vorsichtig fortgestaltet werden. Es ist ebenso leicht als leichtsinnig, mit Projekten einer allgemeinen, modernen, utilitaristischen Erziehung zu spielen. Hierbei werden die wissenschaftlichen Einsichten der historischen Schule, welche alle anderen Geisteswissenschaften umgestaltet haben, nicht in Betracht gezogen.

3.

So wird diese Vorlesung vor allem das Bewußtsein der Geschichtlichkeit jedes Erziehungsideals Ihnen entwickeln. Wir werden die Geschichte der Erziehung und ihrer Theorien schnell bis zum 16. Jahrhundert durchlaufen, von da ab werde ich sie ausführlich erzählen. Ohne die Kenntnis der antiken und mittelalterlichen Pädagogik ist die der neueren dilettantisch. Wir werden dann die elementaren Sätze der allgemeingültigen Pädagogik entwickeln. Wir werden endlich aus der Natur unseres Volkes und unserer Zeit das konkrete und volle Ideal des heutigen Erziehers und heutigen Unterrichtswesens in Deutschland ableiten.

...

Erster Abschnitt
Die Unhaltbarkeit der herrschenden Systeme der Pädagogik, welche die allgemeingültigen Prinzipien für die Erziehung aller Völker und Zeiten aufsuchen

Die pädagogischen Systeme, welche zur Zeit diese Wissenschaft in Europa vertreten, beanspruchen, von leitenden Prinzipien aus das Ziel der Erziehung, die Werte der Unterrichtsgegenstände für dieselbe, die Bedeutung ihrer Zusammensetzungen in den einzelnen Schulen allgemeingültig, d. h. für die Bildung ganz verschiedener Völker und Zeiten zu entscheiden. Hierin stimmen Herbart, Waitz, Ziller, Stoy bei uns, Bain und Herbert Spencer in England überein. So tritt die Pädagogik als Richterin in den Streit der Ansichten. Es erscheint zunächst erforderlich, diesen Anspruch zu prüfen; denn solche Ansprüche müssen die radikale Neigung befördern, die ein einförmiges Ideal ohne Rücksicht auf die Verschiedenheit der Nationen und das Bedürfnis der Staaten dem bestehenden Schulwesen aufdrängen möchte. So wird der Irrtum in der pädagogischen Theorie zu einer Gefahr für unser Schulwesen. Auf dem engeren und stilleren Gebiet der Schule wiederholt sich in unseren Tagen, was sich im 18. Jahrhundert auf der Bühne des Staatslebens abspielte. Eine abstrakte, mit falschem Anspruch auf Allgemeingültigkeit auftretende Theorie wirkt revolutionär und zersetzend auf die geschichtlichen Ordnungen der Gesellschaft. Aus diesem Verhältnis empfängt die Kritik unserer heute herrschenden Pädagogik eine erhebliche praktische Bedeutung.

Diese Pädagogik ist im 17. und 18. Jahrhundert erst geschaffen worden, und sie ist ein Teil jenes mächtigen Baues eines natürlichen Systems der großen Zweckzusammenhänge der menschlichen Gesellschaft, welches damals natürliche Religion oder Theologie, Naturrecht, natürliches System des wirtschaftlichen Kreislaufs, allgemeingültige Poetik usw. umfaßte. Denn die Alten haben eine abgesonderte allgemeingültige Wissenschaft der Pädagogik nicht gekannt. Ihre höheren Lehrer, Sophisten, Rhetoren, haben dem Bedürfnis der griechischen Politien und des römischen Staates entsprechend das Ziel der Erziehung in der Herstellung des wirksamen politischen Mannes, des bonus orator, gesucht. Umsonst hat Plato ein öffentliches Unterrichtssystem gefordert, welches die leitenden Stände durch die ganze Wissenschaft der Zeit bis in ihre letzten politischen Folgesätze zu einem entsagungsvollen Dienst am Gemeinsamen erzöge. Dies blieb Prophezeiung auf die Zukunft. Umsonst hat der realistischere Aristoteles den Zusammenhang zwischen der Verfassung einer Politie, welche auf bestimmte Leistungen der Bürger rechnen muß, und einer Erziehung, welche sie zu diesen befähigt, zum ersten Male dargelegt. Auch das ist eine Prophezeiung, nämlich auf eine künftige, selbst heute noch nicht ausgeführte Pädagogik. Die Rhetoren siegten. In ihnen siegten die vulgären Interessen des Publikums, wie es in einem Privatunterrichtssystem nicht anders sein kann. So kam zu uns Neueren von den Alten her das Ideal des orator, von den Schriften des Cicero und Quintilian herangetragen zu den modernen Völkern, im Grunde das dem bon sens akkommodierte Ideal des Gorgias.

Die neueren Völker durchlebten ihr erstes Stadium unter der leitenden Hand der Kirche. Ihre persönliche Lebensführung wie die Leitung der Gesellschaft waren getragen von den Prinzipien des theologisch-metaphysischen Systems, welches die realistische Scholastik ausgebaut und das Dante dichterisch verewigt hat. So hatten sie auch in dem Aufbau der Ideenwelt durch trivium und quadrivium hindurch im Bewußtsein des Zöglings die klare Aufgabe des höheren Erziehungswesens. Nie hat Europa ein so einheitliches und damit so mächtiges Unterrichtswesen gesehen als dieses mittelalterliche; Geistliche und Lehrer waren dieselben Personen, ausgestattet mit ungeheurer Machtfülle, unwiderstehlich wirkend durch das Übergewicht der Bildung, die Schule angebaut an Dom, Pfarrkirche oder Klosterkirche, das Erziehungsleben in den stillen Klöstern, die Schätze tieferen Gemütes traulich in sich hegend.

Aber die neueren Völker reiften zur Selbständigkeit. Nun haben sie der Schule der alten Welt und ihrer tiefsten Erzeugnisse, der griechischen Kultur und der alten christlichen Kirche, sich entzogen. Die Einheit mußte sich auflösen. Das Zeitalter der Befreiung begann. Die beiden großen siegreichen Bewegungen in ihm sind Renaissance und Reformation. Aufgelöst war nun das theologisch-metaphysische System. In elementaren Bildungen arbeitete das Neue. Aber die Allgemeingültigkeit des Altertums ward von den Humanisten, die des Christentums von den Reformatoren wie von ihren theologischen Gegnern festgehalten. So entstand das Bildungsideal, welches beides verschmolz. Seine Verkörperung waren die gelehrten Schulen des 16. und 17. Jahrhunderts, neben den Universitäten die Grundkörper des neueren Unterrichtssystems.

Und als nun das Aufkommen der weltlichen Monarchien und der Naturwissenschaften die Bildungsideale des 17. Jahrhunderts erweiterte, höfische, französische, naturwissenschaftliche Bildung in den Hauptländern Europas die Aufstrebenden an sich zog: da endlich waren alle Bedingungen vereint, unter welchen unsere moderne europäische Bildung und Unterrichtsweise steht; da mußte endlich so umfangreichen nun zusammentreffenden Studienmassen, Sprachen und Sachen, in dem Leben und den Köpfen der Jugend durch einfachere Methoden Raum geschafft werden; da endlich war doch auch in den neuen Methodenlehren eines Baco, Descartes und ihrer Schüler das große Hilfsmittel gefunden, eine Didaktik als Methodenlehre des Unterrichts auf die Gesetze der Natur selber zu gründen. Die allgemeingültige Didaktik des 17. Jahrhunderts entstand.

Ihren Ausgangspunkt bildete das auch uns noch quälende Problem, durch raschere Erlernung der lateinischen Sprache Zeit für den Inbegriff des modernen Wissens zu gewinnen, das von dieser Zeit ab für den gebildeten Mann erforderlich war. Auch der große Comenius, vielleicht der größte pädagogische Kopf, den Europa hervorgebracht hat, ging von diesem Problem aus. Aber er hat die großen Prinzipien einer allgemeinen Methodenlehre des Unterrichts entdeckt: Es gibt einen natürlichen Gang der Entwicklung unserer Intelligenz durch den Unterricht. Das Stichwort dieser neuen Didaktik ist daher: „Alles auf dem Wege der Natur." Ihr Grundgedanke ist: Fortgang von Erfahrungen zu abstrakten Wahrheiten. Sache also vor Sprache oder beide im Verein; Schriftsteller vor der Grammatik; das Reich der Sprachen und der Realien sind nun zwei koordinierte Selbständigkeiten für den Unterricht. Aber der ganze originale Tiefsinn des Comenius liegt in der Entdeckung, daß in dem vollkommenen Sachunterricht die Abfolge der einzelnen Erkenntnisse abzuleiten sei aus den Verhältnissen der Abhängigkeit, in denen sie untereinander stehen. Diese Hypothese war vermittelt durch den Begriff der natürlichen Ordnung. Daher war seine Pansophie die Voraussetzung seiner Methodenlehre des Sachunterrichts. So wurde die Didaktik als ein Teil des natürlichen Systems der Zweckzusammenhänge der Gesellschaft entwickelt, wie es das 17. Jahrhundert, von dem Ideal der Naturwissenschaften geleitet, ausgebildet hat.

In der Erziehung war zunächst noch das kirchliche Ideal herrschend geblieben. Allmählich tritt neben dasselbe das des vollkommenen Hofmannes. Der galante und vollkommene Hofmann ist herzustellen, ein sehr müßiges, aber doch höchst kunstvolles Wesen, unnütz in unseren Augen, in jenen Tagen jedoch der letzte Zweck des Schöpfungsplanes. Wie sich dann allmählich der große Stand des 18. Jahrhunderts, der Stand der Gebildeten, entwickelt, wird überhaupt in der Ausbildung des vollkommenen Weltmannes, ja allgemein der schönen, in sich befriedigten Persönlichkeit das Ziel aller Erziehung gesehen.

Der Fortschritt von einer wissenschaftlichen Didaktik zu einer wissenschaftlichen Pädagogik vollzog sich im 18. Jahrhundert, und von Comenius bis auf Herbart. Die Methodenlehre entband überall den Geist des Experiments. Der pädagogische Versuch ist die treibende Kraft in der Bewegung, in deren Mitte Comenius steht und welche erst in Pestalozzi und Fröbel ihren Abschluß findet. Der Versuch soll nicht ohne eine leitende Idee gemacht werden, solche Versuche wären ohne Aussicht, und die Versuche dieser Zeit sind von dem Gedanken geleitet, die Zeit einer die Grammatik übertreibenden Routine sei vorüber und der wissenschaftliche Geist müsse in dem Erziehungswerk ebenfalls zur Herrschaft gelangen. Andere Versuche wurden mehr von dem Gedanken geleitet, die naturgemäße Entwicklung der Erziehung aufzufinden. Der Emile Rousseaus legt ein Experiment vor, das nur in der Einbildungskraft vollzogen ist; ein solcher normaler Versuch, wie er hier vorgelegt wird, würde die Sache selber beweisen. Auch sind Personen wie Basedow, Salzmann lange bereit, diesen in Gedanken vollzogenen Versuch an der Wirklichkeit zu erproben. Eine ungeheure Begeisterung für die pädagogische Erfahrung, gesteigert zum pädagogischen Versuch, bemächtigt sich der Menschen. Kants pädagogische Vorlesungen sind der klassische Ausdruck dieser experimentellen Pädagogik in der Theorie. Ein Mann, der das pädagogische Experiment auf die einfachsten und zugleich schwersten Bedingungen und auf die nächste, niedrigst gesteckte Aufgabe bezog, war Pestalozzi. Er steigerte die Erregung des Experimentierens. Seine Schule war eine solche von kühnen, durch Pestalozzis Gedanken des Anschauungsunterrichts geleiteten Experimentatoren.

Das Unterrichtswesen selber empfing in diesem Jahrhundert ein klares, der modernen Zeit entsprechendes Prinzip: Ausbildung des Individuums zu der in ihm gelegenen Vollkommenheit und Glückseligkeit. Dieses Prinzip wurde theoretisch zuerst von Locke und Rousseau ausgesprochen.

Locke zuerst hat eine Erziehungstheorie entworfen, in welcher die natürliche Entwicklung mit psychologischer Feinheit gezeichnet wird, durch welche das ebenso philosophische als weltmännische Ideal der durch die Entwicklung ihrer Fähigkeiten glücklichen Person erreicht wird. Der große unglückliche Jean Jacques hat mit seinem Herzblut die ideale Geschichte des in seinen natürlichen Anlagen sich auslebenden Menschen im Emile geschrieben und die Lehren der Erziehung alle daraus abgeleitet, daß die Evolution der natürlichen Anlagen in einer natürlichen Entwicklung zur befriedigten Persönlichkeit weise zu unterstützen, das entsagungsvolle Geschäft des Erziehers allein sein könne. Rousseau stellte dieses Prinzip der natürlichen Entwicklung der Person in Widerspruch zur Kultur. Die deutsche Bewegung hat einen weiteren Schritt zum pädagogischen System getan, indem sie die Beziehungen dieser natürlichen Entwicklung zu dem anzueignenden Besitz der Kultur in positivem Sinn entfaltete.

Es wurde alsdann gleichsam experimentell insbesondere in Deutschland das Verfahren festzustellen unternommen, welches für die verschiedenen Klassen und Berufsarten diese Bildung des Individuums herzustellen ermöglichte. Dies war der Sinn der philanthropischen Pädagogik, der Lebensarbeit Pestalozzis, der neuhumanistischen Pädagogik. Alle diese Arbeiten gingen aus der Praxis hervor, berichteten von erprobten Verfahren und wollten wieder auf die Praxis zurückwirken.

Und dieser methodische Versuch aus der Erfahrung war begleitet von dem Anwachsen der empirischen Seelenlehre, welche in die Erfahrungen Zusammenhang zu bringen gestattete. Auch auf diesem Gebiet zeigte sich, daß die Einzelwissenschaften der Gesellschaft erst reelle Fortschritte machen konnten, seitdem eine psychologische Analysis (von Locke und Spinoza ab) begründet war; nun konnte durch ihre Ergebnisse Zusammenhang und Leben in die Tatsachen gebracht werden. Aus dieser Lage entstand der Anfang einer systematischen Pädagogik.

In den letzten Jahrzehnten des 18. Jahrhunderts haben Trapp (Versuche einer Pädagogik 1780), Niemeyer (Grundsätze der Erziehung und des Unterrichts, 1799 und seitdem in vielen Auflagen) und Schwarz (Erziehungslehre 1804 und 1829) dieser Lage entsprechende Systeme der Pädagogik aufgestellt. Sie sammeln die Erfahrungen unter dem die Zeit beherrschenden Gesichtspunkt der Vollkommenheit als des Ziels des Menschen zu Kunstlehren. So repräsentieren sie das erste Stadium der systematischen Pädagogik. – In demselben regiert das pädagogische Experiment und die lebendige pädagogische Erfahrung. Diese Bewegung ist in Deutschland von dem pädagogischen Enthusiasmus getragen.

Dieses Stadium hat das Verdienst, die Erfahrungen als Grundlage der Pädagogik festzulegen. Es muß daran festgehalten werden, daß die Pädagogik nicht in der Ableitung von Regeln aus Moral und Seelenlehre besteht, sondern umgekehrt bringt sie nur in die pädagogischen Erfahrungen Zusammenhang und tiefere Besinnung durch die empirische Seelenlehre und in zweiter Linie durch Logik, Politik usw. Daher kann sie von niemandem behandelt werden, der nicht selber als Lehrer an wirklichen Schulen (nicht bloß an der Universität) Erfahrungen gesammelt hat. Ohne diese Unterlage von Erfahrungen würde ich mir nie erlaubt gehabt haben, Pädagogik zu behandeln. Und andererseits muß jede ausführliche Pädagogik mit den Erfahrungen dessen rechnen, welcher sich mit ihr lernend beschäftigt.

Schon diese Systematiker empfanden ganz die Schwierigkeiten, welche eine reine Lösung unmöglich machen. Die Pädagogik empfängt die Erkenntnis ihres Ziels von der Ethik, die der Einzelvorgänge und Maßregeln, in denen dieses verwirklicht werden kann, von der Psychologie. Niemeyer fand eine allgemeingültige und brauchbare pädagogische Wissenschaft nicht vor. Die Psychologie jener Tage in Deutschland war die Vermögenslehre. Sie war eine falsche Vermischung dessen, was sich in der Deskription ergibt, mit Erklärung und noch unfähig, den Zusammenhang unter den psychologischen Erfahrungen herzustellen. Ihr war das Bewußtsein wie eine Bühne, auf welcher, wenn ihr Stichwort da ist, Witz, Verstand, Gedächtnis aus den Kulissen erscheinen: sie streiten miteinander, unterstützen sich, sie sind einig und verschiedener Meinung, bald ist es Monolog, bald Duo oder Trio, bis dann diese Personifikationen wieder hinter den Kulissen verschwinden. Die Erziehung konnte ihr Geschäft mit diesen Vermögen nur in die unbrauchbaren Formeln fassen: entwickle diese Kräfte, aber nicht einseitig, gebrauche sie, doch mißbrauche sie nicht. Wie die Theorie aus den Vorstellungen der Gebildeten entsprungen war, so reichten auch ihre Leistungen nicht über edle Popularität hinaus.

Doch empfanden zugleich ein Niemeyer und Schwarz, daß die Psychologie nur zur Zeit unentwickelt, aber einer großen Entwicklung fähig sei. Sie erkannten bereits, wie anders die Wissenschaft zu der Aufgabe stehe, das Ziel der Erziehung aus der Ethik abzuleiten. Die Psychologie ist Erfahrungswissenschaft, die in Analysis der Einzelvorgänge und ihres Kausalzusammenhangs eine unerschöpfliche Entwicklungsfähigkeit besitzt. Die Ethik gehört der Ordnung teleologischer Begriffe an. Diese sind auf dem Gebiet menschlicher Tätigkeit naturgewachsen, als der Ausdruck der hier stattfindenden Zwecktätigkeit. In allem Handeln, auch dem der Erziehung, realisieren wir Ziele, welche unserem Willen vorschweben. Auch können wir diese Ziele uns zum Bewußtsein bringen. Aber hier berührt die allgemeingültige Wissenschaft ihre Grenze. Wir sind nicht imstande, in allgemeingültigen Begriffen den Gehalt unseres tiefsten Zweckstrebens, der aus den Tiefen unseres ganzen Wesens entspringt, auszudrücken. Und dieser Gehalt ist eine geschichtliche Tatsache. Das tiefe Fortrücken der Position unseres ganzen Wesens gegenüber der Wirklichkeit, in Auffassen, Wertgeben und Gestalten, bewirkt eine wahrhafte Entwicklung des menschlichen Wesens in der Geschichte. Was der Mensch sei, erfährt er erst in der Entwicklung seines Wesens durch die Jahrtausende, nie bis zum letzten Worte, nie auch in allgemeingültigen Begriffen, immer nur im Erlebnis, das aus den Tiefen seines ganzen Wesens stammt. Daher ist ein letzter Zweck menschlichen Lebens eine transzendente Vorstellung, das Ziel des Menschenlebens kann nie in Begriffen, nie allgemeingültig ausgesprochen werden. Daher kann auch das Ziel der Erziehung in keine Formel gebracht werden.

Mit diesen Schwierigkeiten ringt nun von da ab die pädagogische Wissenschaft, und für den Tieferblickenden ist eben darum bis auf den heutigen Tag sie zu jener unseligen edlen Popularität verurteilt gewesen, welche das Kennzeichen mißlingender Wissenschaftlichkeit ist; sie suchte eine Konstruktion aus einem allgemeingültigen Zweck, und diese ist unmöglich. Sie fand sich eingezwängt zwischen mannigfache ethische Formeln, und sie half sich entweder mit stumpfem Eklektizismus oder mit der bettelhaften und zugleich logisch trügerischen Ansetzung des mindesten, von allen zugestandenen Zieles unseres Lebens: alle wollen wir wenigstens glücklich sein, auch wenn es sein kann, andere so weit glücklich machen, als wir dabei nicht in unserem Vergnügen gestört werden. Sie mußte von ihrem Ziel aus die Einzelvorgänge und Maßregeln für die Verwirklichung desselben zuerst aus der Psychologie der Seelenvermögen, dann aus unzureichender Kausalerkenntnis entnehmen. Sie fand sich auf festem Boden in der Unterrichtslehre, denn die Analysis des Erkenntnisvermögens ist verhältnismäßig reif. Sie konnte aber keinen sicheren Schritt tun in bezug auf die zentralen Fragen der eigentlichen Erziehung, denn die Kausalerkenntnis der Gefühle und des Willens ist noch verhältnismäßig unvollkommen.

Aus dieser Lage erklären sich nun die Schicksale, welche die Arbeit an einer allgemeingültigen pädagogischen Wissenschaft durchlaufen mußte. Sie sind eine Bestätigung des Todesurteils über diese ganze angebliche pädagogische Prinzipienlehre in letzter Instanz. Die edle Popularität, welche die schönsten Blumen vom Felde des sittlichen Lebens, Glückseligkeit, Vollkommenheit, ethische Persönlichkeit, Ebenbildlichkeit in anmutiger Verknüpfung zu einem freundlichen Kranze flicht, vermag wohl von Niemeyer bis Schrader in vortrefflichen Werken praktische Anleitung darzubieten, wissenschaftlich angesehen ist sie in dem Widerspruch befangen, ein Verzicht auf die Wissenschaft zu sein und doch andererseits für das aufgestellte Ziel Gültigkeit zu beanspruchen. Sie ist Kunstlehre, Technik in dem nützlichen, doch eingeschränkten Sinne früherer Tage. Heimlich reichen ihre Ansprüche doch weiter. So trieb dann dieser Richtung die entgegen, welche die Anforderungen an eine allgemeingültige Begründung in reiner Strenge zu befriedigen unternahm.

Von dem pädagogischen Problem in der Tiefe bewegt, hat Herbart zuerst eine Erziehungslehre aus der Ethik entworfen, alsdann, um die Einzelvorgänge und Maßregeln für seine Verwirklichung in klarer Kausalerkenntnis darlegen zu können, seine Psychologie begründet und in seinem Grundriß dann aus Ethik und Psychologie ein allgemeingültiges System abzuleiten unternommen. Nach und neben ihm, Unabhängigkeit erkünstelnd, hat Beneke ein System der Psychologie und, auf sie gegründet, als angewandte Psychologie, Pädagogik entwickelt. Waitz und geringere Herbartianer folgten. Ich betrachte es als eine dauernde Leistung dieser Schulen, daß aus der Analysis der Vorgänge, aus deren kausalem Zusammenhang die Intelligenz sich zusammensetzt, Grundlagen gefunden und so die Didaktik des 17. Jahrhunderts psychologisch tiefer begründet worden ist. Die Untersuchungen über Interesse, Aufmerksamkeit, Sinnlichkeit, Gedächtnis reifen zur Kausalerkenntnis heran, und so sehen wir die Zeit herannahen, in welcher die Maßregeln des Unterrichts hier eine feste Unterlage erhalten. Dieser Anfang einer Analysis der Vorgänge und Maßregeln hat sein klares Ziel in der Ausbildung der Intelligenz zu einem Zusammenhang von Vorgängen, welche denen der Wirklichkeit entsprechen und ihren inneren Zusammenhang ausdrücken. Aber die Aufgabe, die Einzelvorgänge in Gemüt und Willen analytisch festzustellen, aus denen die höheren in der Kultur auftretenden Entwicklungen gebildet werden können, ist schon in dieser Unbestimmtheit aufgefaßt, nach dem Stande dieses Teiles der Psychologie von diesen Schulen nicht auf einleuchtende Weise behandelt worden, und auch gegenwärtig sind die Schwierigkeiten für ihre Behandlung noch so groß, daß jede Behandlung einen rein hypothetischen Charakter hat. Die Bestimmung des letzten Zieles der Erziehung aber ist in dem hölzernen kategorischen Imperativ, in den dünnen Ideen Herbarts, in Schleiermachers weitbauschiger Formel der Durchdringung der Natur durch Vernunft nur von und für subjektiven Geschmack privater Systeme dargestellt worden. Streit überall. Diese ethischen Zweckbestimmungen enthalten alle einen Teil der Wahrheit, wenn auch noch so homöopathisch in das Wasser leerer Begriffe aufgelöst; aber die Wahrheit selbst ist in keiner Formel.

Den unglücklichsten Ausweg haben die Engländer genommen. Sie bestimmen das Ziel der Erziehung durch einen Zweck des Lebens, welchen keine philosophische Partei in Abrede stellen kann. So ist es der niederste, der utilitarische Zweck unserer Handlungen, den sie zum Prinzip machen. Als ob, die höheren Zwecke durch problematische Leugnung aufzuheben, nicht ebenso über die Gestaltung der pädagogischen Mittellehre entschiede, als es nur je die problematische Setzung von Zwecken vermag. Ja hier gelangt diese allgemeingültige pädagogische Wissenschaft erst zu der Formel, durch welche sie auf das jetzige Geschlecht wirkt, wie einst die von Kant auf das der goldenen Zeit pädagogischer Reform. Denn von dem utilitarischen Prinzip aus kann nun der Wert der Unterrichtsobjekte allerdings in denkbar sicherer Weise abgemessen werden.[1] Das Muster einer solchen Verschlechterung findet sich bei Herbert Spencer. Plato hat einmal in grotesker Komik die utilitarische Allseitigkeit der persönlichen Ausbildung, wie sie das Ideal des Hippias war, darin dargestellt, daß er sich zu seinen hohen künstlerischen Leistungen schließlich selbst Kleidung, ja Schuhe macht. Dies ist das philiströs ernsthaft gemeinte Ideal der Spencerschen Pädagogik. Sein Zögling ist wie ein moderner Robinson inmitten der Gesellschaft. Er muß Physiologie lernen, als das ihm wichtigste, um als Medizinalpfuscher für seine Gesundheit zu sorgen, politische Ökonomie, um seine Kapitalien rationell anzulegen; man begreift schließlich nicht, warum dieser mühselige Robinson in der Wüste der Gesellschaft nicht auch kochen lernen muß. Dies ist die innerlich letzte Konsequenz dieser utilitarischen Atomistik. Schließlich muß man dann sagen, daß alle diese allgemeingültigen Formeln am besten dadurch widerlegt werden, daß sie als der Ausdruck für das Lebens- und Erziehungsideal einer bestimmten Zeit und eines bestimmten Volkes historisch begriffen werden. Denn dies ist die den Erfindern dieser Formeln selbst nicht bewußte Ironie der Geschichte, ja die Komödie, welche sie mit ihnen aufführt, daß sie das Leben eines bestimmten lebendigen geschichtlichen Kreises aussprechen müssen, während sie wähnen, über Zeit und Raum in die Sphäre der allgemeingültigen, jeder Schranke des Hier und jetzt enthobenen Begriffe sich erhoben zu haben. So widerlegen sie sich selbst.

[1] Unter allen englischen pädagogischen Arbeiten ist am meisten die von Bain der Richtung gefolgt, die Pädagogik in Wissenschaft umzuwandeln. Der Punkt, an welchem mit dem sichersten Erfolg dies geschehen kann, ist die Anwendung der Psychologie. Es ist das Verdienst von Bain, die englische Assoziationspsychologie hierfür zuerst gründlich benutzt zu haben. In dieser Rücksicht ist er der Wirksamkeit Benekes in Deutschland verwandt. Aber seine Analysis hat all die Fehler, welche aus der Einseitigkeit entspringen, welche nur die Beziehung zur Psychologie erblickt. Wir sahen, daß nach dem Stadium einer abstrakten auf die menschliche Natur gegründeten Pädagogik allmählich die verschiedenen Beziehungen erkannt wurden, in welchen die Funktion der Erziehung steht, und so eine Analysis ermöglicht wurde. Die sich in der Geschichte verändernde Gesellschaft ist der Zusammenhang, innerhalb dessen die Erziehung als Funktion des von ihr gebildeten Gesamtwillens auftritt. Erst die historische Schule und die Gesellschaftswissenschaft geben den vollständigen Zusammenhang. Wird nun das Individuum losgelöst betrachtet und versucht, das Ziel desselben abstrakt zu bestimmen, die Aufgabe der Erziehung hieraus abzuleiten, dann kann eine solche Auffassung edler und einsichtiger oder geringer und beschränkter sein: nie aber kann sie eine wissenschaftliche Lösung darbieten.

So muß unser Endurteil sein: diese allgemeingültige pädagogische Wissenschaft, welche von der Feststellung des Zieles der Erziehung aus die Regeln für das Geschäft derselben gibt, absehend von allen Verschiedenheiten der Völker und Zeiten, sie ist eine rückständige Wissenschaft! Sie gehört noch jenem natürlichen System an, in welchem das 17. und 18. Jahrhundert das ganze Zweckleben der menschlichen Gesellschaft aus Prinzipien zu regeln gedachte. Sie ist die Genossin des Naturrechts und der natürlichen Theologie. Unberührt noch von der Fortbildung der Einsichten, durch welche die historische Schule und eine durch sie herbeigeführte tiefere Analysis der Gesellschaft längst dies natürliche System verdrängt und eine geschichtliche Auffassung des Zwecklebens der Menschheit herbeigeführt hat, ist dieses pädagogische System eine Anomalie in der gegenwärtigen Lage der Wissenschaft. Die Mißachtung, welche daher bisher der Pädagogik von seiten verwandter Wissenschaften zuteil geworden, ist gerecht, sofern sie den jetzigen Betrieb betrifft; faßt man ihr Objekt ins Auge, so muß als sonderbar betrachtet werden, daß Kunst, Recht, Religion als würdigste Gegenstände wissenschaftlicher Analysis betrachtet werden, die Erziehung aber nicht. Hat nun ihre edle Popularität und ihre praktische Nutzbarkeit innerhalb der gegenwärtigen Wissenschaften der Gesellschaft sie zum Aschenbrödel gemacht: in ihrem Verhältnis zur Praxis steht die Sache ganz anders. Sofern sie auf diese wirkt, kann sie nur radikal wirken. Die großen geschichtlichen Gestalten des Erziehungswesens, die aus den Tiefen der nationalen Kulturen hervorgegangen sind, unternimmt sie zu meistern durch ihre abstrakte und eintönige Schablone. Sie ist blind gegen den historischen Tiefsinn und Zusammenhang. Das feine Gefüge dessen, was ist, die Vernünftigkeit des Wirklichen wird von ihr den leeren Idealen der Utilitarier oder des subjektiven Ethos geopfert.

Die Auflösung des von der Kritik der bisherigen Systeme aufgegebenen Problems, die Allgemeingültigkeit der Regeln und Sätze zu bestimmen, ist nun unsere Aufgabe. Das bisherige System zu zersetzen, in jeder seiner Gestalten, sowohl als Inbegriff der lebendigen pädagogischen Erfahrung zu künstlich geordneter, als als allgemeingültig auf Ethik und Psychologie gegründeter Wissenschaft, war das Geschäft des kritischen Teils. Diese Zersetzung ließ ganz verschiedene Bestandteile zurück: dieselben müssen nun von einer festen wissenschaftlichen Grundlage aus zu einer festen Konstruktion zusammengefügt werden.

Der leitende Gedanke hierfür ist in der Erkenntnis der allgemeinen Lage aller Theorien von den Funktionen der Gesellschaft gegründet. Auch die Erziehung ist eine solche Theorie. Dieselben haben ein Stadium durchlaufen, in welchem sie als natürliche Systeme zuerst eine streng wissenschaftliche Form erhielten. Jedes dieser natürlichen Systeme unternahm, einen allgemeingültigen Begriff einer Funktion der Gesellschaft aus der

Natur des Menschen abzuleiten und von ihm aus die Regeln für die Lösung der tatsächlichen Aufgabe zu gewinnen. So entstand die natürliche Rechtslehre, die natürliche Theologie, die verstandesmäßige Ästhetik. Nachdem auf allen anderen Gebieten die historische Schule diese Systeme zersetzt und Anfänge neuer Gestaltung gegeben hat, handelt es sich auch für die Pädagogik darum, ihre rückständige Systematik aufzugeben und den Ertrag der Erkenntnis in der historischen Schule nutzbar zu machen.

Diese Systeme müssen alle die Erkenntnis des in allen geschichtlichen Formen wiederkehrenden Kausalzusammenhangs trennen von dem Studium des inneren geschichtlichen Zusammenhangs der einzelnen Formen miteinander und dieses von der Bestimmung der heutigen Gestalt und der für sie zu entwerfenden Regeln.

Systematischer Teil

Ist nun eine andere Behandlung der Pädagogik möglich? Was kann geschehen, sie zum Rang einer wirklichen Wissenschaft zu erheben, dergleichen heute die politische Ökonomie, die Sprachwissenschaft usw. sind?

Die Wissenschaften, welche einzelne Systeme des gesellschaftlichen Lebens zu erkennen und für die in ihnen stattfindende Zwecktätigkeit Regeln zu geben beabsichtigen, haben folgende Methoden zur Verfügung, dieses Ziel zu erreichen: Analysis des Systems in die Einzelvorgänge und deren Kausalzusammenhang; diese sieht von den Verschiedenheiten seiner geschichtlichen Gestalten ab, wenn sie auch ihr Verfahren an den vollkommenen Gestalten zunächst und am leichtesten ausführen kann. Ihre größten Hilfsmittel, welche Genauigkeit in die Kausalerkenntnis zu bringen ermöglichen, sind die Psychologie oder in erweitertem Begriff Anthropologie, Statistik und die in der Vergangenheit aufgespeicherten Versuche oder die gegenwärtig anzustellenden. Sofern sie den Begriff des natürlichen und vollkommenen Kausalzusammenhangs aus einer Verknüpfung der kausalen mit der teleologischen Betrachtung zu gewinnen vermag, kann sie die Normen des vollkommenen Verlaufs der Zwecktätigkeit ableiten. Hier liegt der Punkt, an welchem sie sich nicht nur polemisch mit dem natürlichen System auseinanderzusetzen hat: wir müssen suchen, in möglichster Unbefangenheit auch von den Theorien der Systeme der Gesellschaft im 17. und 18. Jahrhundert zu lernen.

Das andere auf dieser Grundlage durchzuführende Verfahren besteht in der Analysis der geschichtlichen Gestalten innerhalb des Systems, der Aufsuchung ihrer inneren Beziehungen und der Vergleichung. Das Ziel dieses Verfahrens ist die Gewinnung von festen Richtpunkten für die praktische Behandlung der vorliegenden Gestalt des Systems. Das Verfahren der Praktiker ist uns hier zunächst Vorbild; sie sind die Künstler, die vorsichtig, einsichtig das vorhandene System mit den Bedürfnissen ausgleichen und so fortbilden. Reform, nicht radikale revolutionäre Veränderung ist die aus ihrem Verfahren hervorgehende Leistung. Ihr Verfahren so bewußt und so wissenschaftlich als möglich zu machen, das muß die Absicht sein.

Die Art, wie diese Verfahrungsweisen ineinandergreifen, ist bedingt durch die besondere Natur des Systems, welches erkannt und nach Regeln geleitet werden soll. Sie ist zugleich anzupassen dem Stande des Wissens innerhalb eines solchen Systems.

Ich werde nun zeigen: in der Wissenschaft von der Erziehung muß zunächst die Analysis des Zweckzusammenhanges der Erziehung in einem für sich abgeschlossenen Teile entwickelt werden. Es ist eine Eigentümlichkeit dieses Zweckzusammenhangs, daß die Kausalbeziehungen, die hier bestehen, mit einigen klaren teleologischen Prinzipien in Beziehung gesetzt werden können. So können Normen abgeleitet werden. Da sie aus der Zergliederung in die Einzelvorgänge und ihren Kausalzusammenhang folgen, so sind sie besonders fruchtbar für das Geschäft des Erziehens selber. Daher sind sie von der bisherigen Pädagogik überall schon, wenn auch in falschen Verallgemeinerungen oder ungenügenden Ansätzen entwickelt worden. Dieser Teil der Pädagogik kann zwar an das bisherige anknüpfen, aber er muß die Herstellung einer kausalen Zergliederung des ganzen Zweckzusammenhangs erst schaffen, und er muß die reinliche Feststellung der Beziehung zu teleologischen Prinzipien erst finden. Überall empfindet man hierbei, daß man es mit einer rückständigen Wissenschaft zu tun hat. Ein weites Untersuchungsfeld, verschieden angebaut hier und da, an manchen Punkten tief gegraben, an anderen kaum berührt: das ist hier der Anblick.

Diese Analysis bildet die Grundlage für den anderen Teil dieser Wissenschaft. Er analysiert die einzelnen Gestalten des Erziehungswesens, entwickelt alle die Beziehungen, welche durch Vergleichung und andere Betrachtungsweisen zwischen ihnen hergestellt werden können; mit den Mitteln, die so aus diesen Operationen entstehen, unternimmt er endlich, die Gestalt des Erziehungswesens, auf die sich unser Zweckzusammenhang bezieht, so gründlich und tief zu erkennen, daß ihre Relationen zu den bestehenden Teilen des gesellschaftlichen Systems, zu dem dauernden wertvollen nationalen Lebenskern als feste Richtpunkte festgestellt werden können. Von hier aus wird eine neue teleologisch-kausale Betrachtung möglich, durch welche eine Unterrichtspolitik begründet werden kann. Dieser Teil der Pädagogik hat nur an der Historie des Unterrichtswesens, der Statistik seines jetzigen Bestandes Vorarbeiten, an den Analysen historischer Gestaltungen und daran anknüpfende Methoden, z. B. auf den Gebieten der Sprache, des Staatslebens, Muster: So kann hier zunächst nur Entwurf des Ganzen, Versuch der Auflösung einzelner Fragen versucht werden. Aber auch so sind diese Anfänge von größter Bedeutung: der lebendige Protest wahrer und darum erhaltend-gestaltender Wissenschaft gegen die Kasernenbauten der radikalen Doktrinen.

Zweiter Abschnitt
Die Eigenschaften im Zusammenhang des Seelenlebens, durch welche Regeln, Normen, Entwicklung und deren Darstellung in Wissenschaften des Geistes möglich werden. Positive psychologische Grundlegung

Eine Regel des menschlichen Handelns kann abgeleitet werden von anderen Regeln, Zwecken, die festgesetzt sind; sie bezeichnet nur ein Verfahren, das als Mittel gegebenen Zwecken angepaßt ist. Solche Regeln sind die der Erziehung; denn die Erziehung ist nicht selbst in sich Zweck, sondern nur Mittel für die Entfaltung eines Seelenlebens. Oder sie kann der Ausdruck eines Sollens, eines Zielstrebens, kurz einer Tendenz des Willens sein, welche im Dienst keines jenseits gelegenen Zweckes steht. Ist es möglich, irgendwo eine solche Regel zu finden? Können wir so in die geschichtliche Realität eindringen und irgendwo für das Handeln einen festen Ansatzpunkt gewinnen? Das ist das Problem, an welchem Naturrecht, politische Ökonomie, Staatslehre, Ästhetik sowie auch Pädagogik hängen.

Hier kann nun ein allgemeiner Satz aufgestellt werden. Soll nicht aus metaphysischen Prinzipien ein Zweck abgeleitet werden, so kann ein Regelhaftes nur dann als in sich gegründet vorgefunden werden, wenn das Seelenleben eine Teleologie in sich enthält. Korrelat diesem Satz ist: alle Teleologie ist Ausdruck eines Willenstatbestandes, also schließlich hat sie in dem Willen des Menschen ihre Heimat. Jedes empfindende bewegliche Geschöpf sehen wir angemessen der Erhaltung, ja der Steigerung seiner Existenz und der Existenz seiner Gattung leben. Wir wollen die Handlungen, welche diesen Charakter an sich tragen, als zweckmäßig bezeichnen. Nun könnte dieser Charakter von Zweckmäßigkeit hervorgebracht werden durch die Einsicht des Geschöpfes in den Kausalzusammenhang zwischen den Funktionen seines Organismus, den Bedingungen der Außenwelt und seinen Handlungen. Ein solches Geschöpf würde einen einfachen Zusammenhang zwischen Erkenntnissen und diesen entsprechenden Willensvorgängen zeigen. Es würde die Beschaffenheit der Luft zu beurteilen wissen, in der es am besten atmet, der Speisen, die ihm am gesündesten sind, der Temperatur, in der es am besten gedeiht. Ein solches Geschöpf müßte ein kleines Wunder von Intelligenz früh von Kindesbeinen an sein.

Die Zweckmäßigkeit seiner Handlungen würde durch die Anpassung derselben an Erkenntnisse herbeigeführt, welche eine Art von kleiner Allwissenheit einschließen würde. In Wirklichkeit wird in verkürzter und sehr eingeschränkter Art dasselbe geleistet durch die Gefühle, welche mit unseren Zuständen verbunden sind und die nur allmählich durch die Intelligenz rektifiziert werden. Diese treten zwischen die Bilder, Vorstellungen und Gedanken einerseits und die Handlungen andererseits. Wir untersuchen nicht den Ursprung dieser Einrichtung. Aber wie sie ist, hat sie einen teleologischen Charakter. Derselbe besteht in einer Struktur des Seelenlebens, auf Grund deren unsere Vorstellungen Regungen, Gefühle, Triebe ins Spiel setzen, die mit ihnen in gesetzmäßigem Verhältnis stehen, diese bewirken dann Handlungen. Und zwar sind diese Gefühle zu den Empfindungen, Wahrnehmungen, Vorstellungen in dem Verhältnis, ungefähr den Wert der Empfindung und des in ihm Enthaltenen für das psychophysische Wesen, das fühlt, auszudrücken. Zunächst stellt sich dies an den Gefühlen dar, welche durch die Sinnesempfindungen in uns hervorgerufen werden. Diese Wertbestimmung dient den Handlungen. So zeigt sich dieser Zusammenhang als ein teleologischer.

Die Struktur jedes Teiles der geistigen Welt ist nun bedingt durch den Zusammenhang, welcher besteht zwischen dem teleologischen Charakter der Gliederung des Seelenlebens, der so entstehenden Anforderung der Vollkommenheit an diese und dem Ausdruck derselben in den Normen, andererseits der Entwicklung, welche in diesem teleologischen Charakter angelegt ist. Diese Begriffe sind zugleich die Grundbegriffe aller Geisteswissenschaften. Teleologie, Vollkommenheit und Entwicklung bilden den Charakter der geistigen Welt, in welchem diese sich von der mechanischen Naturordnung unterscheidet. Dieser Charakter ist in den einfachsten Beziehungen der psychologischen Bestandteile aufeinander im Seelenleben angelegt. Er ist schon in dem organischen Naturreich in einer rudimentären Art angelegt. Daher besteht keine Kluft zwischen Natur und Geist. Aber der Zusammenhang ist vorläufig unerkennbar, dagegen der Unterschied ist deutlich. Die mechanische Naturordnung ist gegründet auf dem Kausalverhältnis, nach welchem das in der Wirkung Enthaltene genau dem in den Ursachen Enthaltenen entspricht. Daher konnte Robert Maier aus dem Satz causa aequat effectum das Gesetz der Erhaltung der Kraft ableiten. Und zwar erschöpft sich das Verhältnis der Glieder eines Mechanismus in diesen Kausalbeziehungen. Wenn die Teile einer Maschine zu einem Zweck zusammenwirken, so geschieht dies, weil sie mehr als Mechanismus, weil sie das Erzeugnis einer Intelligenz ist. Wenn der Mechanismus des Auges zweckmäßig ist, so ist dies die Folge der im Organischen waltenden, den Mechanismus überschreitenden Angemessenheit der Teile und Funktionen aneinander zum Ziele des Lebens. Aber in dem Mechanismus als solchem liegt nichts als das Kausalverhältnis der Teile nach dem Kausalgesetz, wie es in der Bewegungslehre besteht. Jenseits dieses Mechanismus treten die Teleologie, die Vollkommenheit und die Entwicklung auf; enthält die höchste Region des Geisteslebens in der Verantwortlichkeit mehr, so wird sich zeigen, wie dies in der Entwicklung angelegt ist; es wirkt aber eben nur in der höchsten Region.

Die erheblichen Lücken der gegenwärtigen Psychologie sind auszufüllen, soll sie die notwendige Grundlage für das Verständnis dieses Grundcharakters der geistigen Welt darbieten. Die bisherige Psychologie ist eine erweiterte Empfindungs- und Assoziationslehre. Die elementare Macht des menschlichen Seelenlebens fällt so außerhalb der Psychologie. Die Psychologie wurde Lehre von den Formen des psychischen Geschehens. Sie umfaßte nur einen Teil dessen, was wir am Seelenleben gewahren. Ich zeige einige solche Regungen, welche die Psychologie nicht umfaßt. Jeder Sinn bedarf einer Erfüllung durch Reize und strebt gleichsam danach. Wir streben, uns in unseren Gefühlen auszuleben. Jeder Wille strebt die Herrschaft seiner Sphäre auszudehnen. Wir streben, Vergeltung einer Verletzung sofort herbeizuführen. Wir suchen den Zusammenhang unserer Vorstellungen auf eine möglichst einfache Form zu bringen. Diese Regungen haben alle zugleich etwas Gefühlszuständliches und etwas Triebartiges. Wir finden sie im Seelenleben des Kindes einzeln, partikular, und erst die Entwicklung schafft unter ihnen einen Zusammenhang. Wie zwischen den Empfindungen und Vorstellungen nach dem Gesetz der Einheit des Bewußtseins Zusammenhang hergestellt wird, so auch zwischen diesen Zuständen. Eine Deskription dieser Regungen muß hergestellt werden. Psychologische Anthropologie der Naturvölker, Psychologie des Kindes, experimentelle Psychologie müssen hinzugezogen werden, allmählich annähernd diese schwierigste Aufgabe der Psychologie zu lösen.

Alle Entwicklung (Evolution) ist nun freies und produktives zunehmendes Ins-Spiel-Treten dieser Mannigfaltigkeit, Herstellung von Beziehungen in ihr. Die Entwicklung entzieht sich dem causa aequat effectum. Sie enthält in den Wirkungen mehr, als in den Ursachen ist. Das Verhältnis ist umgekehrt als in der causa eminens, welche noch Descartes jenseits des Mechanismus der Natur annahm. Das causa aequat effectum gilt nur innerhalb des Mechanismus der Natur, welcher der Verstandesmäßigkeit korrelat ist. Das Mehr in der Wirkung ist die Tat der Freiheit, und diese ist nur eine Art des Erwirkens, nämlich die Herstellung von Verbindungen. Die mechanische Ansicht erklärt die aufsteigende Reihe aus dem Eintreten der zunehmenden Mannigfaltigkeit von Eindrücken der Außenwelt, sonach teilweise aus dem so erweiterten Wissen, teilweise aus dem so sich bildenden Naturell. Diese Erklärung ist bei Montesquieu, Helvetius, Buckle, sie ist die mechanische Ansicht der geschichtlichen Entwicklung gegenüber der des deutschen Idealismus. Diese ist von Herder, Schelling, Hegel hingestellt worden, doch in falscher intellektualistischer Einschränkung des Fortschreitenden auf das Gebiet höheren Denkens und Bildens. Das Elementarische bringen Rousseau, Carlyle, Schopenhauer, Tolstoi u. a. zur Geltung. Sie betrachten den Menschen natürlicher. Diese Mannigfaltigkeit der Gefühlsregungen ist es gerade, welche der Entwicklung ihren elementaren, massiven, schwerflüssigen natürlichen Schwerpunkt gibt.

Die Entwicklung rückt vorwärts, indem das Mannigfaltige der Eindrücke und Gefühlsregungen gemäß den Bedingungen und dem Naturell der Völker in einer bestimmten Art zu innerer Einheit gebracht wird. Eine solche Einheit war die ästhetische Anschauung im Griechentum, eine andere der römische Herrschaftsgedanke, das orientalische Offenbarungserlebnis. Jede dieser Einheiten hat sowohl die Eindrücke als die Regungen in einer freien schöpferischen Weise verknüpft. Die erste Struktur dieser Verknüpfung ist in dem Ethos des Volkes, wie wir es schon in der Heldensage antreffen. Diese Struktur erwirkt dann die Technik der Poesie, die Methode des Philosophierens. Sie bewirkt auch das Erziehungs- und Unterrichtswesen eines Volkes. Aus dem Ethos desselben entspringt es und verbindet dessen Struktur gemäß Erfahrungen und Gefühlsregungen in diesem auf besondere Weise. Zugleich aber ist diese Verbindung immer, wie sie frei und schöpferisch ist, eine Weiterbildung des Besitzes der Menschheit. Jede solche Errungenschaft ist unverloren. Anderseits ist jeder dieser Standorte der Menschheit nur eine partielle Vereinigung und Erhebung zum Ganzen. Die nicht so Kultur gewordenen Elemente existieren aber und machen sich geltend: so ist die Lebensdauer jeder solchen Stufe beschränkt. So hat die ästhetische Anschauung des griechischen Lebens die selbstsüchtigen Triebe, Habgier usw. nicht zu gestalten vermocht. So das römische Wesen nicht die wirklichen brüderlich organisierten Verbindungen in der Menschheit und die Gefühle. Die römische Herrschaftsordnung war auflösend in bezug auf jede Organisation eines Volkes, auf welches sie traf. Dieser Mechanismus ist schließlich nur noch im Heer haltbar verkörpert.

Der Untergrund der Entwicklung liegt sonach in dem Elementarischen, in den einzelnen Wahrnehmungen, Regungen, Gefühlen, die wir im Kinde, bei den Naturvölkern mehr einzeln wirken sehen. Die größten Menschen zeigen diese Macht des Elementarischen. Die Verbindung mit der Natur auf dem Lande läßt es sich ungebrochen erhalten. Man sehe Rousseau, Carlyle, Tolstoi, Bismarck.

Der Zusammenhang geht sonach von den überall gleichen Bestandteilen und Prozessen des Seelenlebens aus. An diese schließen sich die überall gleichen elementaren Formen und Regeln des Seelenlebens. Diese Formen entstehen aus Beziehungen, die sich vermittels der Prozesse überall gleichmäßig zwischen den Bestandteilen entwickeln. Die Regeln oder Normen entstehen aus der in den Vorgängen liegenden Vollkommenheit. Wo diese in irgendeiner Rücksicht allgemeingültig ausgedrückt wird, entsteht eine Regel. Dann aber kommen die Stellen, an welchen in schöpferischer und freier Weise Verbindungen, lebendige Ganze geschaffen werden.

Die allgemeinste Bedingung allgemeingültiger Regeln oder Normen des Seelenlebens, der auf es gegründeten Kultursysteme, insbesondere dann auch der Erziehung, liegt in dem teleologischen Charakter des Seelenlebens. Der Fundamentalsatz einer Pädagogik besteht also in einer Behauptung: das Seelenleben hat eine innere Zweckmäßigkeit, sonach eine ihm eigene Vollkommenheit. Folgerecht können Normen dieser Vollkommenheit gegeben, Regeln, wie sie durch die Erziehung herzustellen sei, entworfen werden.

Der Beweis dieses Satzes muß durch die Analyse des Seelenlebens gegeben werden. Keine Art von metaphysischer Voraussetzung darf hier eingeführt werden. Die Erfahrung allein muß sprechen.

Das Seelenleben zeigt von den niedersten Stufen tierischen Daseins aufwärts dieselbe Struktur, welche teleologisch und die Entwicklung steigernd wirkt. Sie enthält die Wurzel aller zweckmäßigen Effekte in Menschenleben, Gesellschaft und Geschichte. Der mit Empfindung und willkürlicher Bewegung ausgestattete Organismus ist in seiner Erhaltung und Vervollkommnung bedingt von seinen Beziehungen zu dem Milieu, in welchem er lebt. Aus diesem stammen Reize, werden in Empfindung, Wahrnehmung und Denken aufgefaßt, in Lust und Unlust wird dann das Verhältnis dieser Reize und der sich in ihnen kundgebenden Objekte zur Selbsterhaltung und Vervollkommnung des Eigenlebens nach seinen Werten geschätzt und gefühlt. Von diesen Gefühlen, Gemütszuständen, Affekten werden Begehrungen und Willensakte getrieben, welche das Eigenleben den Lebensbedingungen anpassen oder die Lebensbedingungen dem Eigenleben. In diesem Zusammenhang sind Schmerzen vorwiegend Korrelaterscheinungen von dem Körper schädlichen Vorgängen, Lust von nützlichen. Der Intellekt ist für das Geschöpf in demselben Zusammenhang gleichsam das Licht auf dem dunklen Wege beständiger Anpassung von Dingen und Eigenleben aneinander. In Begierden und Willensakten streckt der Wille seine Fangarme aus, die Anpassung an die Gemütszustände herbeizuführen. Auf diesem Zusammenhang beruht die Möglichkeit, daß die Arten sich erhalten und eine Steigerung der Organisation innerhalb der Lebewesen eintritt. Diese Abzweckung des Lebewesens wird durch seine Struktur erreicht, und die Vorgänge in den drei von uns unterschiedenen Klassen wirken hierin zusammen. Der Typus des vollkommenen Menschen besteht in dem richtigen Ineinandergreifen dieser drei Leistungen und der sonach erforderlichen richtigen Abmessung der Stärke der drei Klassen von Leistungen.

Wir zergliedern diesen kausal-teleologischen Zusammenhang näher.

Satz 1: Die drei Klassen von Vorgängen, die in ihm verknüpft sind, treten in der inneren Erfahrung deutlich unterschieden auf. Vorstellen, Fühlen und Wollen sondern sich klar und deutlich in ihr voneinander ab. Zugleich gibt es doch Übergangstatsachen, welche darauf hindeuten, daß ein tieferer Zusammenhang besonders zwischen Gefühlen zu Regungen, Trieben, Begehrungen stattfindet. Wir brauchen über diesen tieferen Zusammenhang, der sich einer Erkenntnis zur Zeit entzieht, keine Vermutungen zu entwickeln.

Satz 2: Wir müssen nur das herausheben: Zwar sind Gefühle als Zustand und Willensvorgang als eine Aktion voneinander unterschieden; doch wenn wir auf die Bedingungen im Seelenleben für die einzelnen Zustände und Vorgänge zurückgehen, finden wir gewisse Arten, auf Reize zu reagieren, welche ebensowohl als Gefühle wie als Regungen, ja Triebe sich darstellen. Hier finden wir ursprüngliche in der Struktur des Seelenlebens liegende elementare Triebe oder Reaktionsweisen, von denen jeder einzelne Antrieb, jede Einzelregung, jeder Gefühlszustand nur eine auf gegebene Reizverhältnisse eintretende Folge ist (bei Cicero zuerst diese semina, der elementaren Natur römischen Denkens entsprechend). Ich habe diese Reaktionsweisen als Gefühlskreise analytisch darzustellen versucht, und zwar bilden den Kern derselben solche Reaktionsweisen, die nur als Triebe aufgefaßt werden können. Geht man von ihnen aus zu den mehr peripherischen, so findet man auch da durchweg Energie, Drang im Zuständlichen enthalten und Gefühl als Äußerung davon. Also: die einzelnen Vorgänge lassen sich vielleicht durchweg als Gefühl oder Streben voneinander trennen; jedoch geht man von ihnen zurück auf die Reaktionsweisen auf Eindrücke, deren Folgen sie sind, so ist hier jene Trennung nicht mehr festzuhalten. Das Streben, eine Überschreitung des anderen, der meine Daseinssphäre verletzt, zu ahnden, und das Gefühl von Recht und Unrecht in dieser elementaren Form lassen sich nicht voneinander trennen. Die Verpflichtung, welche auf die Identität der Person gegründet ist und das vom Willen Gesetzte unabhängig vom Zeitverlauf als gesetzt anerkennt, ist ebensowohl im Mißgefühl gegen den Wortbrüchigen als im starken Willen, dem Wort zu entsprechen usw., bestehend. Das Mitgefühl und das tätige Beispringen sind nicht zu trennen. Der Übergang von Gefühl und Trieb zum Handeln wird bei verschiedenen Charakteren eine sehr wichtige Verschiedenheit zeigen. Diese bedingt sehr wesentlich die Form des Charakters. Doch die Inhaltlichkeit der Reaktionsweisen ist hiervon ganz unabhängig. Sie kann und muß unabhängig davon entwickelt werden. In gewissem Sinn kann man weiter sagen, daß diese Regungen usw. den Verstand, das Denken machen und auch in ihm als Wurzel wirksam sind. Würden im Menschen nicht Triebe über die ratio herrschen usw.: dann würde sein Denken sich nicht entwickelt haben.

Satz 3: Diese Regungen, Gefühle, Triebe entscheiden über die Art, wie der Mensch sich in der Welt fühlt und diese behandelt. Sie machen den Charakter des Menschen als Anlage aus. In ihnen ist das Elementarische, Widerspruchsvolle, Irrationale, zugleich Machtvolle, der Entwicklung und immer höheren Harmonien Zustrebende in der Menschennatur. Durch sie sind wir uns ein Rätsel und oftmals auch anderen. Durch sie vollbringen wir, was im gemeinen Lauf des Glückseligkeitsstrebens niemals liegen würde. Durch sie ist die harte Arbeit der Person und der Menschheit bedingt. Durch sie ist zugleich die Erdnähe des Menschen und seine Erhabenheit bedingt. Das sind die Anlagen, welche Pascal den Menschen als einen entthronten König und zugleich usw. erscheinen ließen, Kant als Sinnengeschöpf und Vernunftwesen. Alle diese arbeiteten nur mit Abstraktionen.

Satz 4: Diese Regungen usw. können nicht allgemeingültig in Begriffen dargestellt werden. Nur das, was der Verstand hervorgebracht, ist auch für ihn vollständig durchsichtig.

Satz 5: Vereinzelt. Kein Zusammenhang, keine Harmonie.

Satz 6: Dieses ist Bedingung der Entwicklung. Entwicklungsmöglichkeit = zwischen verschiedenen Möglichkeiten den Zusammenhang herzustellen.

Anwendung auf Pädagogik. Die bisherige pädagogische Theorie ist bis zu diesen eigentlichen zentralen Tatsachen gegangen, hat aber diese selber noch nicht in ihrer Bedeutung erkannt, analysiert usw. Grund: intellektualistische Richtung. Sie sind aber zentral. Von ihrer harmonischen Vereinigung hängt Glück und Unglück ab. Zwei Theorien. Rousseaus falsche Annahme ist natürliche Harmonie. Kirchliche Lehre: Erbsünde. Aufgabe: eine Methode zu finden, sie so weit darstellbar zu machen, daß der Pädagoge zur Erkenntnis ihres Befundes in der Kindernatur und der Gesetze der Vorgänge, die durch sie bedingt sind, gelangen kann. Alle Frauenerziehung hat hier ausschließlich Mittelpunkt. Diese darum überhaupt noch gar nicht existent, weil dieses Problem nicht behandelt.

Dritter Abschnitt
Deskription des Erziehers in seinem Verhältnis zum Zögling

Die Wissenschaft der Pädagogik, deren Möglichkeit von mir aufgezeigt ist, kann nur beginnen mit der Deskription des Erziehers in seinem Verhältnis zum Zögling. Denn zunächst gilt es, das Phänomen selber hinzustellen und in einer psychologischen Analyse so deutlich als möglich zu machen. Indem dann die einzelnen Vorgänge, aus denen der Erziehungsvorgang sich zusammensetzt, in ihrer Vollkommenheit beschrieben werden, können daraus Formeln, welche die Vollkommenheit des Vorganges vorschreiben, oder Regeln abgeleitet werden. Sofern eine solche Formel ein einzelnes pädagogisches Wirkungselement nach den Bedingungen dieser seiner Wirkung darstellt, kann sie auch als ein Prinzip bezeichnet werden. Da die Zahl der Einzelvorgänge, in welche man den Zusammenhang der pädagogischen Wirksamkeit auflöst, unbestimmt ist, so ist auch die Zahl dieser Prinzipien, sofern sie die Wirkungsweise in diesen Vorgängen beschreiben, unbestimmt. So weit reicht die allgemeingültige Pädagogik. Sie ist sonach Deskription, Analysis, Regelgebung oder Prinzipienlehre.

Aber hier ist auch ihre Grenze erreicht. Handelt es sich nun darum, wie diese pädagogischen Wirkungselemente sich zu einer Technik, einem Zwecksystem der Erziehung verknüpfen; handelt es sich darum, von der formalen Vollkommenheit, die so in den einzelnen Vorgängen hergestellt wird, zu einer inhaltlichen Verbindung dieser Vorgänge in den wirklichen Seelen einer Zeit und eines Volkes zu gelangen: dann treten wir aus dem Gebiet von abstrakten Beschreibungen in das der pädagogischen Realitäten, welche als konkrete Inhaltlichkeiten immer geschichtlich sind. Denn die Art, wie die Reaktionen auf Eindrücke in Regungen, Trieben, Gefühlen zu einer wirklichen Einheit des Seelenlebens zentralisiert werden, im Verhältnis zu dem Inbegriff der Eindrücke und der aus ihnen abgeleiteten Erkenntnis der Wirklichkeit, in welcher dies Seelenleben sich findet: das ist immer konkret, eine durch die Lage einer Zeit und eines Volkes bestimmte Wirklichkeit von Seelenleben.

I. Das Verhältnis, in welchem die Erziehung begründet ist

1. Der Begriff der Erziehung

Unter Erziehung verstellen wir die planmäßige Tätigkeit, durch welche Erwachsene das Seelenleben von Heranwachsenden zu bilden suchen. Der Ausdruck wird in erweitertem Sinne gebraucht, wenn eine planmäßige Tätigkeit, welche auf ein anderes Ziel gerichtet ist und als Nebenerfolg Erziehung in sich aufnimmt, so benannt wird. In diesem Sinne sprechen wir von der Erziehung durch den Vorgesetzten im Amtsverhältnis, durch den Offizier im soldatischen, durch den Geistlichen im Gemeindeverhältnis, ja durch das Leben selber in dem allgemeinsten aller Verhältnisse, in denen der Mensch sich findet. Der Ausdruck Erziehung wird dann in übertragenem Sinne gebraucht, wo Bildung sich als Effekt eines Wirkens ergibt, von dem wir gar nicht wissen, ob es auf dies Ziel absichtlich gerichtet war.

So sprechen wir von dem Menschen als dem „Zögling der Natur", der Erde als dem „Erziehungshaus der Menschheit", der Offenbarung als der „Erziehung des Menschengeschlechts". Es wird überall ein Subjekt suppliert, welches planmäßig unsere Bildung erwirke. Erziehung im eigentlichen Sinne ist auf obiges Verhältnis eingeschränkt, sofern mit diesem Ausdruck ein in sich geschlossenes System von Tätigkeit bezeichnet wird. Und nur in diesem Sinne ist Pädagogik als Wissenschaft eines abgegrenzten Systems aufzustellen. Aber es ist hinzuzufügen, daß auch andere Einrichtungen der Gesellschaft die Tendenz haben, noch Unerwachsene wie Erwachsene zur Bildung zu leiten. Ja in gewissem Sinne ist Bildung, das Wort im höchsten Verstande genommen, die Funktion aller Institutionen der menschlichen Gesellschaft, da sie alle schließlich, Individuen ihre höchste Gestaltung zu geben, mitwirken. Sonach in diesem Sinne ist Pädagogie das höchste praktische Ziel, zu welchem uns das philosophische Nachdenken Schlüssel geben kann. B i l d e n ist jede Tätigkeit, welche die Vollkommenheit der Vorgänge in einer Seele erwirkt. B i l d u n g jede Art von Vollkommenheit einer solchen Seele. Sonach wird sie hier als Selbstzweck betrachtet. Daß wir uns selbst so ansehen müssen, und entsprechend auch die anderen Menschen, das ergibt sich aus dem teleologischen Charakter des Seelenlebens, nach welchem in diesem allein in seinem Zentrum eine innere Befriedigung aller strebenden Kräfte erreicht wird. Dies ist auch, was den Schwerpunkt in mir selbst als ein Wertvolles legt, unabhängig von jeder weiteren Theorie, allein angesehen die innere Erfahrung. Daher spricht das Christentum in seinem „Liebe andere wie dich selbst", Locke und Kant: „betrachte den Menschen als Selbstzweck", einfach eine innere Erfahrung aus, welche aller bildenden Tätigkeit zugrunde liegt. Daß das Individuum gar nicht außer seiner eigenen befriedigenden Gefühlszuständlichkeit ein Lebensziel sich setzen kann, daß es nicht das Bewußtsein, Selbstzweck zu sein, in anderen Selbstzwecke zu sehen, aufgeben kann, das ist ja in der dargelegten Tatsache enthalten. Daß mit der wachsenden Innerlichkeit dieses Bewußtsein, Selbstzweck zu sein und andere als solche achten zu müssen, sich steigert und entfaltet, das ist ebenso in der Lebenserfahrung, in der inneren Erfahrung enthalten. Im Tier finden wir nur einzelne von außen erwirkte Reaktionen. Wir nehmen an, daß wir es unserem Zweck unterwerfen dürfen. Tiere werden daher abgerichtet. Der Mensch wird erzogen. Doch da dieser Unterschied nur relativ und durch unser Gefühl bedingt ist, kann auch von Erziehung des Tieres die Rede sein. Aus demselben Grunde können Menschen als Werkzeuge betrachtet werden – Sklavenleistungen.

2. Der Ursprung der Erziehung in der Gesellschaft

Die Erziehung ist eine Funktion der Gesellschaft. Die Analysis einer solchen Funktion hat zwei Mittel: die Komparation des empirischen Tatbestandes und die Herstellung der Beziehung zwischen diesen Tatsachen und ihren Ursachen, deren wichtigste die menschliche Natur ist. So sucht die Analysis die erziehende Funktion in der Gesellschaft einerseits aufzufassen, indem sie vergleichend die Nationalerziehung der verschiedenen Völker in ihren verschiedenen Einzelzuständen betrachtet, anderseits psychologische und soziologische Kenntnis der Faktoren zu den Tatsachen in Beziehung setzt. Diese Erziehung ist nun als ein Verhältnis zwischen Erwachsenen und Heranwachsenden in der Gesellschaft in folgendem Zusammenhang. Der soziale Erneuerungsprozeß, vermöge dessen stets neue Individuen als Elemente der Gesellschaft in sie eintreten, verlangt, daß diese Individuen zu dem Punkte entwickelt werden, an welchem sie die Personen der gegenwärtigen Generation ersetzen können. So wird dem Wechsel der Individuen zum Trotz der Ertrag der Arbeit in der Gesellschaft erhalten und übertragen. Schon die Natur wirkt in dieser Richtung durch die Vererbung der erworbenen Eigenschaften. Dann wirkt dahin die Rechtsordnung durch die Gütervererbung, wie das Erbrecht sie regelt. Aber die Gesellschaft erwirbt durch ihre Arbeit auch immaterielle Güter. Auch diese müssen erhalten werden; als Güter, d. h. als durch Arbeit erworbene Werte. Dies geschieht zunächst bis zu einem gewissen Grade absichtslos durch die in Familie und Gesellschaft sich herstellende Assimilation der Jungen an die Alten, Annäherung des Zustandes der Jungen an die Alten vermittels der Wirkung ihres Vorbildes, der Nachbildung ihrer Leistungen, der Benutzung bei ihren Leistungen usw. Aber dieser Vorgang bedarf der Ergänzung in einer absichtlichen und planvollen Tätigkeit, welche wir als Erziehung bezeichnen. Für diese Erziehung werden dann alle anderen auf die Bildung wirkenden Kräfte zu Bedingungen, zu mitwirkenden Erziehern gleichsam, Miterziehern. Diese Erziehung, sofern sie die Heranwachsenden den Bedürfnissen der Gesellschaft anpaßt, ist also *ein Bedürfnis der Gesellschaft*. Sonach muß innerhalb ihrer diese Funktion geübt werden, damit die Gesellschaft ihr Ziel erreicht. So ist in der Gesellschaft ein immer wirkendes Bedürfnis, diese Anpassung in der Erziehung herzustellen. Dieses Bedürfnis würde jedoch nur zu isolierten Tätigkeitsstößen in der Richtung der Erziehung führen, wäre nicht in ihr auch das Verhältnis, in welchem sich konstant die Bildung der Unmündigen durch die Mündigen entwickelt, vorhanden.

Dieses Verhältnis, in welchem der Unmündige seinem Erzieher unterworfen und ihm unlösbar verbunden ist, der Erzieher durch Pflicht und Recht mit der erziehenden Herrschaft über den Zögling betraut ist, ist im *Familienleben* ursprünglich gegeben. Man kann sagen, daß in ihm die konkreten Einzelbeziehungen wirksam verbunden sind, welche das Erziehungsverhältnis konstituieren. Wir haben den Begriff der Erziehung in abstracto zuerst entwickelt; wir hätten ebenso gut aus der lebendigen Anschauung der Familie die Natur des Erziehungsvorganges entwickeln, viel individueller, menschlicher ableiten können.

Das Verhältnis väterlicher Herrschaft, das der Erziehung zugrunde liegt, ist von der Natur zunächst an die Familie durch das Verhältnis der Erzeugung gebunden. Die Blutsgemeinschaft, welche von den Eltern zu den Kindern geht, ist eines der in ihrem Grunde nicht weiter auflösbaren elementaren Verhältnisse, welche selbst erst die Rechtsordnung, die dann ihre Regel enthält, hervorbringen, nicht aber durch diese hervorgebracht werden. Solche Verhältnisse sind die Familie, das Eigentum, die Bindung an das Gelobte, der Eid usw. Näher: die Ausdehnung des Willens über Sache und Person im Besitz, die in der Einheit der Person gegründete Verbindlichkeit des anderen Personen gegenüber festgelegten Willens. Der Tatbestand der väterlichen Gewalt ist ganz unterschieden von einer Herrschaft des Willens, die sich um des Nutzens willen über Dinge und Personen zu erstrecken strebt. Denn er schließt Pflicht der Fürsorge in sich ein. Wie keines der Verhältnisse, welche der Rechtsordnung zugrunde liegen, kann auch dieses nicht auf reine Begriffe zurückgeführt werden. Es muß erlebt werden. Und wie in der ganzen ethischen Sphäre liegt im Erlebnis des Willens seine Rechtfertigung. Denn in jedem sittlichen Verhältnis liegt die Allgemeingültigkeit der Formel, welche es ausspricht, nicht in einer Evidenz, sondern darin, daß der Wille sich nach innen, nach seinen elementaren Regungen, und zugleich in seiner Bejahung von außen gebunden findet. Die Verletzung setzt den Willen in Widerspruch mit elementaren Regungen des Gemütslebens und mit den ihn umgebenden Lebensverhältnissen und Personen. Das Verhältnis des Hausherrn zu den Gliedern der Familie hat in den Naturbeziehungen seine feste Basis. Das Recht der väterlichen Gewalt ist durch die väterlichen Pflichten des Schutzes bedingt und begrenzt, welche nicht gestatten, das Kind als Mittel zu behandeln, sondern gemäß dem obigen Prinzip auch in ihm den Selbstzweck achten. Dieses Verhältnis löst sich also erst, wenn das Ziel der Selbständigkeit des Kindes erreicht ist.

An diesem Punkte löst sich die Frage, welche Herbart aufstellte, doch nicht aufzulösen vermochte: Worin ist das Recht des Erziehers begründet, dem Kinde die Richtung zu geben, zu welcher er sich entschlossen hat, für die aber nicht das Kind sich entschieden hat? Auf dem Standpunkt des Individualismus ist ein Rechtsgrund der Erziehung nicht zu finden. Sucht ihn Herbart in einer Antizipation der Willensentscheidung durch den Erzieher, welche in dem Kinde eingeschlossen liegt und ihm nur nicht klar bewußt ist: so sind wohl die meisten von uns nachträglich nicht ganz einverstanden mit der Richtung ihrer Erziehung. Vielleicht in den meisten Fällen würde also ein Rechtsgrund der Erziehung überhaupt fehlen, und der Zögling könnte fordern, daß seine Erziehung wieder in integrum restituiert würde. Aber ein solches Verhältnis soll auch gar nicht stattfinden. Es gibt auch einen perversen Willen, welchen die Gesellschaft korrigiert, ohne sich an die mutmaßliche Richtung desselben gebunden zu finden. Das Recht der Erziehung liegt vielmehr in dem Herrschaftsverhältnis, welches der Vater über die Kinder selber übt oder überträgt. Aber dieses Herrschaftsverhältnis ist an Pflichten gebunden und wird dementsprechend von umfassenderen Herrschaftsverbänden aus reguliert.

Die Familie ist nicht autonom. Ihr kommt nach Aristoteles keine Autarkie zu. Sie ist nach dem Zusammenhang der äußeren Organisation im Verhältnis der Abhängigkeit von Gemeinde, Staat und Kirche. Also wird die Funktion der Erziehung, sofern sie von der Familie nicht vollständig besorgt werden kann oder doch im einzelnen Fall nicht vollständig besorgt wird, von Gemeinde, Staat und Kirche ergänzt. An diesem Punkte löst sich die Frage, was die vom Staat den Eltern aufgelegte Schulpflicht sei. In ihr unterstützt nur der Staat durch seine Willensmacht gegenüber den Eltern den Selbstzweck im Kinde. Sie sichert das Kind gegen die Gefahr, daß seine Kraft für Arbeit und Erwerb des Vaters verbraucht werde. Sie kann also nur das Minimum der Leistungen bezeichnen und auflegen, welche die Eltern in bezug auf die Ausbildung der Kinder herzustellen haben.

Der Anteil, welchen die einzelnen Herrschaftseinheiten innerhalb der äußeren Organisation, Familie, Gemeinde, Staat und Kirche, an der Erziehung des Kindes in einer gegebenen Zeit haben, ist sonach abhängig von der Verteilung des Willens und der Hilfsmittel der Erziehung in dieser äußeren Organisation. Beinahe überall ist die Familie der eigentliche Sitz der Erziehung. Die wichtigste tatsächliche Ausnahme dieses Grundverhältnisses bildet die Spartiatenerziehung. Sie beruhte auf der stets bedrohten Herrschaft, welche nur durch die größten Anstrengungen aufrechterhalten werden konnte, und auf der so entstehenden militärischen Ordnung der Gesellschaft selbst. Dahlmann sagt mit Recht[2], daß sie dem Staate Güter opferte, die mehr wert waren als ein Staat, der solcher Opfer bedarf. Dieser Einrichtung verwandt ist das auf Auflösung der Familie und Weibergemeinschaft gegründete Staatsideal Platos. Und wir müssen ferner annehmen, daß bei den Naturvölkern auf der Stufe der Gemeinschaft von Frauen und Männern innerhalb eines Stammes sowie der des Mutterrechtes Zucht und Regierung der Kinder familienlos geregelt war. Die Kultur der alten Völker entwickelte die väterliche Gewalt. Aristoteles[3] verlangt, daß die väterliche Gewalt im Hause stark sei wie im Staat die Gesetze, und sieht in ihr die notwendige Ergänzung der Staatsgesetze. Die römische patria

[2] Politik § 259.

[3] Nikomachische Ethik X, 10.

potestas gab dem Vater über die Kinder eine fast unbeschränkte Herrschaft, und nur natürliche Liebe und Sitte mäßigte den Gebrauch dieses Rechts. Jedes Haus war so mitten im Freistaat ein Königtum. Die Herrschaft des römischen Rechts hat in der europäischen Gesellschaftsordnung das Fundament dieses Erziehungsverhältnisses der väterlichen Gewalt festgelegt. Das Christentum verstärkte jedoch auf der anderen Seite das Bewußtsein vom unbedingten Werte der Person, als welche für sich allein in der Beziehung zur Gottheit sich findet, aus deren Lichte sie ein Funke ist. Die katholische Kirche nimmt das Kind in eine Organisation auf, welcher gegenüber jede irdische verhältnismäßig wertlos ist. So gewinnt die Kirche ein mächtiges und direktes Herrschaftsverhältnis den Unmündigen gegenüber. Erst mit der Ausbildung der modernen Staaten gelangten auch diese zur Beteiligung an der Erziehungsaufgabe. Aber Kirche und Staat haben in der modernen Gesellschaft nur eine ergänzende Stellung im Verhältnis zur Familie.

Sonach entscheidet die Gesamtverfassung der äußeren Organisation eines gesellschaftlichen Ganzen über die Art, wie die einzelnen Zentren dieser Organisation, Familie, Gemeinde, Staat und Kirche, zu der Funktion der Erziehung zusammenwirken.

Die nähere Gestaltung des Erziehungsverhältnisses ist sodann durch das Prinzip der Arbeitsteilung in der Gesellschaft bedingt. Die Funktion der Erziehung löst sich teilweise von der Familie los, Lehrer und Anstalten entstehen. War nun die Familie durch Verhältnisse von Abhängigkeit und Gemeinschaft in Gemeinde, Staat und Kirche eingefügt, war der Wille des Familienhauptes hierdurch bedingt, so können diese Zentren Anstalten ihren Ansprüchen um so leichter unterwerfen. Wo materielle Mittel für die Schulen, Macht innerhalb der Gesellschaft und Energie der leitenden Ideen einem solchen Zentrum der Organisation eigen sind, tritt es auf, Anstalten gründend, Aufsicht führend, Lehrer anstellend. Es bestimmt dann das Ziel der Erziehung in seiner Richtung. So hat im Mittelalter die Kirche das Ziel der Erziehung bestimmt und hierdurch die Geister beherrscht. Der mündig gewordene Staat ringt mit der Kirche, und erst vom 18. Jahrhundert ab hat er einen leitenden Einfluß erlangt.

Die Beziehungen werden immer feiner und komplizierter. Wissenschaftliche Korporationen, Familien, Kirche, Staat üben ihre Wirkung, und es ist nicht zu befürchten, daß ein wirksamer Faktor sich von seinem Einfluß auf die Schule absperren läßt. Die höchste Regel ist: jeder gesellschaftliche Körper soll nach dem Maß, nach welchem er ein Element von dem höchsten Zweck der Erziehung vertritt, auch an ihr teilnehmen. Die Familie repräsentiert vor allem das Element des persönlichen Glückes. Die Gemeinden repräsentieren die Brauchbarkeit in der ökonomischen Welt, der Staat die Fähigkeit, für das Ganze nach allen Seiten leistungsfähig zu sein, dabei dem Gesetz sich unterzuordnen und es maßvoll fortzubilden. Die Kirche arbeitet an dem höchsten Ziel der Person, in welchem sie gleichsam einsam sich der Gottheit gegenüber findet. So bemerkt man, wie gerade in dem Gleichgewicht dieser Herrschaftskräfte, welche die moderne Gesellschaft ausmachen, die Allseitigkeit der Erziehung gesichert ist. Sie wird in Einseitigkeit erstarren, wenn jemals einer dieser Faktoren, eine dieser herrschenden Kräfte sich der Kindesseele ausschließlich bemächtigte. So erstarrte die Lebendigkeit der Menschen unter dem ausschließenden Druck kirchlicher Erziehung in Spanien. Die Schulverfassung der modernen Gesellschaft wird aber das Gleichgewicht dieser herrschenden Kräfte immer wieder anders nach dem Maße bestimmen, in welchem eine von ihnen die Geister beherrscht.

Zugleich bewirkt die Arbeitsteilung eine Differenzierung der Berufsarten in der Gesellschaft. Ihr muß dann die Differenzierung der Schulen entsprechen. Von den Klosterschulen des Mittelalters ab sieht man Universitäten sich bilden, kirchliche Elementarschulen entstehen, Schulen, die dem Bürgerlichen in der Gemeinde dienen, bilden sich in den mächtigen Städten, das Gymnasium entsteht. In mannigfachen Berufsschulen nimmt die Differenzierung zu. Nun stehen wir heute vor der Aufgabe, die Anarchie in den Verhältnissen dieser Schulen zueinander zu überwinden und sie durch Entwicklung der lebendigen Beziehungen zwischen ihnen in ein System zu gestalten. Die höchst Regel ist hier: die in der Nation vorhandenen psychischen Kräfte dem Lebensberuf zuzuführen und für denselben zu bilden, in welchem sie am meisten Befriedigung für sich und Nutzen für das Ganze erreichen. Eine mächtige Steigerung des Erziehungsberufes in der modernen Gesellschaft steht bevor. Der Erzieher allein vermag nach längerer Schulung über die Anlagen des Zöglings zu urteilen, und ihm gebührt daher eine Mitwirkung bei der Feststellung des Verhältnisses dieser Anlagen zur Berufswahl. Sonach müßten diese Anstalten so gegliedert sein, daß auf jeder Stufe ein Übergang in die richtige Schule noch möglich ist. In dem Verhältnis der unteren Klassen der realen Schulen und der Humanitätsschulen zueinander ist diese Aufgabe bei uns schon teilweise erfüllt. Der Staat, welchem es zuerst gelingen wird, die in ihm vorhandenen psychischen Kräfte ohne Verlust in der ihnen entsprechenden Bahn auszubilden und zu verwerten und so eine wirkliche Ökonomie der geistigen Kräfte herbeizuführen, wird in bürgerlicher Rücksicht ein ebensolches Übergewicht erlangen, als es in militärischer die Durchführung der allgemeinen Wehrpflicht eine Zeit hindurch dem deutschen Volke gegeben hat.

So besteht in der Gesellschaft einerseits die Aufgabe der Regelung des Verhaltens der Erwachsenen, deren Wissenschaft als Politik abgegrenzt wird, und anderseits der Ausbildung der Unmündigen, deren Wissenschaft als Pädagogik abgegrenzt wird. Die Alten, welche das Staatsleben überhaupt unter den Gesichtspunkt der Pädagogie stellten, haben daher in einer Wissenschaft beides zu umfassen gesucht. Die Abgrenzung ist zu verfolgen, seitdem die Idee der Selbständigkeit des Individuums die Aufgabe der Erziehung in den Beziehungen der Mündigen zueinander zurücktreten ließ und in dem allgemeinen Erziehungsgeschäft den Selbstzweck der Individuen in den Vordergrund stellte. So war sie einerseits bedingt durch den Gedanken des Rechtsstaates und nicht der Politik, anderseits durch den Gedanken der Ausbildung der Individuen als von Selbstzwekken in der engeren Erziehungslehre.

Die Erziehung der Heranwachsenden ist sonach, von der einen Seite angesehen, die Entfaltung und Entwicklung eines einheitlichen, individualen, in sich wertvollen Seelenlebens, anderseits ist von ihr die Erhaltung und Steigerung der Leistungskraft der Gesellschaft in ihren verschiedenen Organen abhängig. Die Erziehung hat sonach zwei getrennt auftretende Zielpunkte. Sie will den Individuen eine sie befriedigende wertvolle Entwicklung, und sie will den Gemeinschaften den höchsten Grad von Leistungskraft verschaffen. Diese Gemeinschaften waren ursprünglich die Lebenseinheiten der Familie und der Geschlechter. Nach mannigfachen Veränderungen liegen sie heute in den nationalen Einheiten. So entsteht das Problem, eine nationale Erziehung zu organisieren, welche die Leistungsfähigkeit des nationalen deutschen Staates im Wettkampf der Nationen auf das höchste Maß brächte und derselben doch zugleich die höchste Dauerhaftigkeit ermöglichte.

Die scheinbar auseinanderliegenden Aufgaben haben einen Koinzidenzpunkt, von welchem aus die einheitliche Aufgabe des Erziehungsgeschäftes erblickt werden kann. Dieser liegt in der Beziehung der psychologischen Tatsache der individuellen Anlagen auf die gesellschaftlichen Tatsachen der Arbeitsteilung und der getrennten Berufsarten. Diese Beziehung ist teilweise dadurch bedingt, daß die Funktionen des Seelenlebens die der Gesellschaft bestimmen, teils ist sie durch die Möglichkeit der Anpassung so mannigfacher individueller Anlagen an die mannigfachen Bedürfnisse und Leistungen der Gesellschaft, sonach die mannigfachen Berufsarten bedingt. So ergibt sich, daß die individuelle Entwicklung des Individuums und die Ausbildung seiner Person in Richtung seiner Anlagen das Interesse derselben an der Übung seiner Kräfte unterhalten und ihm ermöglichen, zu einer es ausfüllenden Tätigkeit überzugehen. Indem diese an einem Beruf angepackt wird, lebt es für das Ganze und leistet, was es zu dessen Steigerung zu leisten vermag. So wirkt die Erziehung im Interesse des Ganzen und bildet zugleich das eigentümlich Menschliche des Individuums als den in ihm liegenden selbständigen Wert aus. Damit löst sich der Widerstreit der utilitarischen Richtung auf das für die Gesellschaft

Richtige und der Forderung Rousseaus, das Individuum für sich selber auszubilden, auf dem Boden des tatsächlichen Lebens.

Indem die Pädagogik der Erziehung dieses umfassende und einheitliche Ziel stellt, überblickt sie zum ersten Male den ganzen Umfang der Aufgabe des Erziehungsgeschäftes und der Organisation des Schulwesens. Der Erzieher soll die individuellen Anlagen des Zöglings erkennen und demselben zum Bewußtsein bringen. Er soll hierdurch die Selbsttätigkeit des Zöglings einleiten. Er soll die Ausbildung des Zöglings in der Richtung seiner Anlagen zur Anpassung an eine Berufstätigkeit fortleiten. So wird die Erziehung aus einer dem zufälligen Willen der Zöglinge oder Eltern dienenden Technik zur freien, großartig in das Ganze der Gesellschaft greifenden Kunst.

Eine Organisation der Erziehung, welche diese Aufgabe lösen sollte, müßte ermöglichen, daß die individuellen Anlagen erkannt würden und daß die Ausbildung alsdann auch in den Weg, sie zu entwickeln, geleitet werden könnte. Dies würde voraussetzen, daß der große Prozeß der Spezifikation der Schulen, welcher in der Geschichte des Unterrichtswesens der Trennung, Steigerung der Berufsaufgaben der Gesellschaft entspricht, eine Ergänzung finde durch die Herstellung eines Zusammenhanges zwischen denselben in der Art, daß die unteren Stufen bis zur Erkenntnis der individuellen Anlagen gemeinsam seien und die Selbsttätigkeit auch auf diesen Stufen geweckt werde. Diese einfache Anforderung könnte aber auch in einem verwickelteren Schema verwirklicht werden. Die innere Struktur, die Verbindungen zwischen den Anstalten würden so zunehmen. Auf diesem Wege enthält die Fortbildung des Schulwesens einen Beitrag zur Lösung der sozialen Frage. Diese ist ja in Wirklichkeit ein Bündel von Fragen, und die Auflösung derselben vollzieht sich daher durch ganz verschiedene Systeme von Maßregeln. Der Druck, der auf den körperlich hart arbeitenden Klassen lastet, würde am edelsten gemindert durch die Hoffnungen, welche ihnen gestatten, den Kindern jeden ihren Anlagen entsprechenden Beruf nicht nur in abstracto rechtlich offen, sondern tatsächlich zugänglich zu sehen.

II. Der Zögling

Das Verhältnis zwischen dem Erzieher und seinem Zögling ist dem verwandt zwischen dem Staatsmann und der Gesellschaft, auf die er wirkt, dem Künstler und dem Publikum, das ihn genießt. Aber die künstlerische Anlage wird auch walten und schaffen, wenn der Künstler allein auf einer wüsten Insel lebte. Man kann also bei der Betrachtung dieses Verhältnisses von dem Genius des Künstlers ausgehen. Anders ist es mit dem Schaffen des Erziehers; dieses ist bedingt durch die sich entfaltende Seele, auf welche er wirkt. Sie regt in ihm die bildende Kraft an und gibt dieser ihr Gesetz. Von ihr also ist zu beginnen.

Herbart stellt mit Recht an den Beginn der Psychologie den Begriff der Bildsamkeit des Zöglings. Dieser Begriff drückt eine höchst zusammengesetzte Erfahrungstatsache aus. Zweierlei muß in diesem Tatbestande enthalten sein.

Das Seelenleben bildet eine Entwicklung. Anlagen entfalten sich zu vollendeten Eigenschaften und Leistungen. Zunächst gilt dies von demjenigen Zeitraum, welchen die Erziehung umfaßt, ja die Grenze dieses Zeitraums wird eben gebildet durch diejenige Seelenverfassung, in welcher der Mensch selbständig in Erwerbsleben, Staat und Kirche übertreten kann. Da die Entwicklung hiermit nicht abgeschlossen ist, ist dieser Zeitpunkt nicht durch die Natur festgelegt, sondern er ist durch die sozialen Verhältnisse bedingt. Die Natur dieser Entwicklung selber kann zunächst äußerlich durch folgende Bestimmungen bezeichnet werden. Beständige Zunahme von Erfahrungselementen; zunächst Sinneserfahrung, dann Reflexion auf die eigenen Zustände. Einübung der elementaren Prozesse, durch welche diese Elemente unterschieden und bezogen werden. Entstehung eines Bildes der Wirklichkeit aus ihnen. Ausbildung der elementaren Regungen und Triebe, in denen gegen äußere Eindrücke unser Seelenleben reagiert; inhaltliche Verknüpfung derselben zu einer Einheit des Gemütes und Charakters; zunehmende Anpassung und Übung der von hier ausgehenden Willenshandlungen. Das allgemeine Gesetz dieser Entwicklung der Menschennatur steht im Gegensatz zu demjenigen Grundgesetz, welches die äußere Natur beherrscht. Dort regiert das causa aequat effectum und, hierdurch bedingt, das Gesetz von der Erhaltung der Kraft. Hier aber regiert ein Grundgesetz der Steigerung, nach welchem zwar jeder Vorgang im Seelenleben von anderen erwirkt ist und seine Wirkungen hat, aber das, was in dem Produkt enthalten ist, nicht in den Faktoren aufgezeigt werden kann.

Zweitens aber enthält die Bildsamkeit des Zöglings in sich, daß es nur möglich ist, diese Entwicklung zu befördern, Hemmungen zu beseitigen, Steigerungen herbeizuführen, wenn man die Gesetze des Seelenlebens kennt und als erziehender Künstler zu benutzen versteht, und wenn man zu dieser allgemeinen Kenntnis die der individuellen Seele hinzunimmt und es versteht, deren eigentümliche Anlagen zu einer Bildung zu leiten, die mit einem Beruf in der Gesellschaft einstimmig ist.

III. Der pädagogische Genius und die Erzieher

1. Der pädagogische Genius

Äußerungen von Dichtern über sich selbst lassen uns hineinblicken in elementare Züge ihrer Organisation, welche sie zu ihren Leistungen befähigen. Auch in dem pädagogischen Genius ist etwas Ursprüngliches. Seltener vielleicht als der dichterische ist er in der Geschichte aufgetreten. Sokrates, Plato, Abaelard, Comenius, Pestalozzi, Fröbel, Herbart sind unzweifelhaft von dieser Art. Sie treten neben die großen Dichter als Personen desselben Ranges, aber einer ganz anderen Gemütsbeschaffenheit.

Die geschichtliche Kenntnis von ihnen kann nicht aus Selbstzeugnissen über die Art ihres Produzierens abgeleitet werden, sondern sie ist in Schilderungen enthalten. So schildert Plato im Symposion die magische Gewalt, mit welcher Sokrates Jünglinge an sich zog und festhielt. So hat Herbart Pestalozzi in der Schulstube geschildert. Die Pädagogik ist ein zusammenhängender Beweis dafür, daß das Seelenleben unter allgemeinen Gesetzen steht. Wäre unser Seelenleben ohne gesetzlichen Zusammenhang, dann würde eine planmäßige Einwirkung auf dasselbe unmöglich sein. Herrschten nicht unter Zögling und Erzieher dieselben Gesetze, dann verstünden sie einander nicht. Aber je höher die Kunst der Erziehung steigt, desto mehr verknüpft sie Benutzung dieser Gesetze mit der Achtung vor der individuellen Anlage. Was und wieviel Erziehung über den Zögling vermag, ist eine alte Streitfrage der Erziehungskunst und der Erziehungslehre. Es ist die Frage nach den Maßbestimmungen in dieser Bildsamkeit. Die ganze Pädagogik ist die Antwort auf diese Frage.

Das elementare Phänomen in solchen Seelen ist so wenig absichtlich und erlernbar als das in der Seele eines Dichters. Es ist etwas ganz Ursprüngliches. Es ist in der Macht unwillkürlicher Regungen im Gemüt gegeben. Man bemerkt, daß die Anziehungskraft, die ein Mensch auf andere ausübt, durch die Art, wie er sich hingibt, bedingt ist.[4] Impulsive Naturen allein üben eine solche Macht. Wo nun solche starken Gefühle Kindern gegenüber empfunden und von diesen leidenschaftlich erwidert werden, da ist eine elementare Anlage vorhanden. Zunächst ist jede Beobachtung von Kinderseelen auf diesen Gefühlsregungen begründet. Sie ist nicht eine Sache bloßer intellektueller Operationen. Wir verstehen einen Menschen nur, indem wir mit ihm fühlen, seine Regungen in uns nachleben; wir verstehen nur durch Liebe. Und gerade an ein unentwickeltes Leben müssen wir uns annähern durch die Kunst der Liebe, durch ein Mindern unserer

[4] Stellen: Plato über Sokrates als Darstellung des Urphänomens. – Pestalozzis leidenschaftliche Verhältnisse zu Schülern und Genossen. Schilderung Fröbels unter den Kindergärtnerinnen usw.

eigenen Gefühle in das Dunkle, Unentwickelte, Kindliche, Reine. Alles Raisonnement tritt nur als sekundär hinzu. Hiermit hängt zusammen, daß in dem pädagogischen Genius Gemüt und Anschauungskraft vorherrschen, gar nicht der Verstand. Man bemerkt auch im Leben, daß gerade Menschen von nicht besonders scharfem Verstande dieses angeborene Talent besitzen, ja daß eine gewisse Unbestimmtheit, gesunde unreflektierte Naivität des Gemütslebens besonders an solchen Personen hervortritt.

Es ergibt sich also als zweiter Grundzug, welcher mit dem ersten eng zusammenhängt, daß eine ungebrochene Naivität im Grunde der Seele den Erzieher dem Kinde annähert. Urphänomen Fröbel, wie er sich in das Spiel einlebt. Wo sie mit einem starken intellektuellen Vermögen verbunden ist, entsteht eine ganz besonders ergreifende Gestalt des Seelenlebens wie in Sokrates und Plato. In anderen Fällen, wie bei Herbart, vermag sie der Übermacht der Reflexion nicht standzuhalten, und man gewahrt, wie der freie pädagogische Blick sich mindert und die Theorie siegt über die Kunst. Das ist der Weg von den ersten pädagogischen Schriften Herbarts zu seinem Grundriß.

Auf diesem Grunde naiven unmittelbaren Verstehens bemerkt man aber bei dem pädagogischen Genie ein Sinnen über Seelenleben, das so lebendig, so voll Realitätssinn ist, daß es gegen die für Erkenntnis unvermeidliche Analyse und Abstraktion widerspenstig verbleibt. Aber die herrlichen Jünglingsgestalten Platos entstehen so: ein einziges Denkmal des pädagogischen Eros. Es entstehen Pestalozzis Gestalten in Lienhard: der schönste Volksroman aller Zeiten, Verhältnisse erziehender Einwirkung mit denen menschlichen Helfens wunderbar gemischt, Phantasien über die Menschenseele und die Entwicklung der Menschheit: tiefsinnig, elementar, konkret, wahrhaftig, nicht nach dem Richtmaß der wissenschaftlichen Analyse zu messen, ein Ding für sich in der Welt des Grübelns über Menschennatur. Wer könnte die „Abendstunde eines Einsiedlers" ohne Gemütserregung lesen? So entstehen Fröbels Spekulationen, von Krause wohl beeinflußt, doch jene selbständige Grübelei über das Menschenherz, wie sie aus einem Herzen voll Liebe, das immer bewegt ist von der Lebendigkeit persönlicher Relation, entspringt, durch ein Auge geht, in dem das Gefühl erzittert. Wir lesen, und wir fühlen, daß die Welt nicht arm sein kann, solange so Leben, Welt, Familie empfunden werden. Und hier wird man auch des wunderbaren Mannes gedenken, dessen Gefühlsmacht durch eine wundersame Anomalie in Phantasiebildern sich verlor, in Willenshandlungen nicht überging, des Genius im pädagogischen Blick, der die Erziehung revolutionierte und seine Kinder aussetzte – Jean Jacques Rousseaus. Etwas von diesen Großen zeigt sich in mindern Zügen täglich. Beim Elementarlehrer, Kind des Volkes, wenige Jahre nur von der ländlichen Bevölkerung in der Schule, im Seminar getrennt, vor sich einen hölzernen psychologischen Schematismus – aber etwas von der Wärme der Kinderseele wird ihm dann fühlbar, und alle seine naiven Erfahrungen leben in und über diesem Schematismus – Regeln, die mechanisieren, was als Erziehungskunst lebendige Kunst ist, aber mehr ist ihm Beispiel, Vorbild, was er von Pestalozzi, Fröbel, Diesterweg in seiner einsamen Stube liest. Von diesen wird er geführt. Der psychologische Theoretiker mag über Diesterweg und Fröbel oft lächeln, aber doch nur, wie auch Herbart und Schleiermacher wohl über die pädagogischen Neuerer des 18. Jahrhunderts, des goldenen Zeitalters, an ihrer Spitze Pestalozzi, lächeln mochten. O ihr Weisen, die ihr in dieser pädagogischen Literatur überall auf Grübeln wie von Träumern stoßt! Es sind Menschen, die in Kinderseelen lasen, täglich, stündlich, viele Jahre, und die volle Lebendigkeit durch Analysis und Abstraktion nicht lösen konnten, nicht lösen wollten! Unbehilflich wie Kinder mit diesen Werkzeugen! Aber ihr Gefühl des Lebens, ihre Empfindung der Kinderseele – sie ist es, durch die sie uns Theoretikern allen überlegen sind.

Die Techniker werden erst in dem nächsten Zuge sich zu Hause fühlen: Ebenso ursprünglich ist im pädagogischen Genius *grübelnde Erfindsamkeit in bezug auf Gestaltung der Seele, auf Mitteilung, auf Methode, auf Unterricht.* Wie im Dichter von den im Gefühl wachsenden wogenden Bildern aus der Erfahrung die schöpferische Erfindung ausgeht, die Fabel und ihre Charaktere, und nun erst das Werk des Genius aufblitzt, so wie im Staatsmanne aus der leidenschaftlich kalten Erwägung der Kräfte der Staaten, der Intentionen der Personen usw. der Plan: so entspringt im pädagogischen Genius die Methode, das System der Mittel, durch welche Kinderseelen gebildet werden. In der Schulstube entspringt sie, Kinder vor den Augen. Urphänomen, wie Pestalozzi die verwahrlosten Kinder vor sich hat, ringt mit der konkreten Aufgabe. Welch ein Kontrast: die Aufklärung der Salons in Frankreich, und dort Rousseau, phantasierend, sein Buch auf den Tischen der Weltfrauen, seine Kinder im Findelhause, sein Leben einsame Träumerei, und die Pädagogik der deutschen Aufklärung, das goldene Zeitalter genialer Erziehungsversuche, Fürsten und Minister, die helfen wollen, Familienväter, die aus ihren Kindern Menschen bilden wollen, ein Publikum, das mit Begeisterung folgt, und die Aufopferung echt pädagogischer Naturen, wie Pestalozzi, Salzmann, Campe, Fröbel, welche unter Kindern in einfachsten Verhältnissen ihr Leben mit dem mächtigen Gefühl des Fortschreitens der Menschenbildung als der wichtigsten Angelegenheit unseres Geschlechtes erfüllen. Alsdann welch ein Kontrast: die methodischen Phantasien Rousseaus, und Pestalozzis Erfindungen, Fröbels Erfindungen! Solche Erfindungen sammeln sich, entwickeln sich. Jedoch sie sind im Genie Bestandteil einer Technik, die historisch bedingt ist und daher auch nur von einem neuen Künstler verwandt werden kann. Das mögen die bedenken, welche glauben, man könne auf die verba magistri iurare.

2. Der pädagogische und der religiöse Genius

Dem pädagogischen Genius am nächsten verwandt, ja an seinen Anlagen und Leistungen teilnehmend ist jede Art von Pädagogie in dieser Welt, die so sehr das bedarf, am meisten die religiöse, aber auch die philosophische. Das letzte Wort des Philosophen auf dem modernen kritischen Standpunkt ist die Pädagogie; denn alles Spekulieren ist um des Handelns willen. Und Augustin, Luther, Melanchthon, Schleiermacher sind pädagogisch im Innersten. Denn vor Gott und seinem Reich sind alle Menschen Kinder und alle Geschichte des Menschen wie des Geschlechtes Erziehung.

Hier tritt ein Verhältnis auf, das zu den schwierigsten für den pädagogischen Theoretiker gehört. Das Verhältnis des Erziehers zum Geistlichen, zur Kirche. Im 18. Jahrhundert waren die protestantischen Geistlichen Volkslehrer, und so war die Schule von ihrer Tätigkeit gleichsam umfaßt. Dieser Standpunkt ist verlassen. Sobald der Geistliche das spezifisch religiöse Verhältnis ausschließlich entfaltet, kann er nur mitwirken wollen an der Schulaufsicht, aber nicht sie erhalten. Denn seine Auffassung von der Bestimmung des Menschen und der Erziehung ist einseitig. Oder er müßte neben diesem seinem Beruf sich zu allseitiger Auffassung unserer Kultur bilden. Die Schulfrage in dieser Beziehung ist zugleich Bildungsfrage der Theologen. Das Kulturexamen haben sie abgeschüttelt. Dasselbe wäre doch, was der Staat für die Schulaufsicht fordern muß. Oder er muß eine Mitwirkung gestatten. Aber in jedem Fall ist der Geistliche seinem Amte nach Pädagoge und daher in seinen Leistungen auf Zusammenwirken mit der Schule angewiesen. Und eine harte Trennung beider Sphären wäre ein Unglück.

3. Die Erzieher

Der Genius ist selten, wie überall, so in der Erziehung. Die Erziehung kann nicht auf ihn warten. Die Organisation des Erziehungswesens liegt eben darin, daß der Genius praktisch, theoretisch eine Technik des Erziehungswesens für eine Nation vorausschaut, anbahnt. Helden erstehen, eine Bewegung. Auch untergeordnete Köpfe können an der Durchbildung dieser Technik mitarbeiten; der tüchtige, herzliche, kinderliebe, treue Mensch kann in dieser Technik mithelfen, mittun. So sehen wir durch Sokrates und Plato die Technik einer Philosophenschule entworfen und lange wirken. So Abaelard usw. So Luther und Melanchthon und die Humanisten, dann die Schulrektoren – Schulordnungen können immer nur im allgemeinen regeln und gute tüchtige Schulmeister lehren. So Philanthropen und Pestalozzi – Herder, Wolf, Humboldt, Schleiermacher und von da die schönste Blüte unseres Unterrichtswesens, die goldene Zeit europäischer Pädagogik.

Vierter Abschnitt
Analytische Darstellung der Vorgänge, die in der Erziehung ineinanderwirken, und Versuch einer Ableitung allgemeingültiger Normen der Erziehung

Das erste Glied in dem dargestellten teleologischen Zusammenhang bilden die intellektuellen Bestandteile und Vorgänge. Dieselben haben in der Teleologie des Menschenlebens ihren Zweck in der Erkenntnis der Wirklichkeit und den mit ihr in festem Verhältnis stehenden Bedürfnissen und Idealen ihrer Fortgestaltung.

1. Satz: Die Vollkommenheit der Bestandteile und Vorgänge, aus welchen das intellektuelle Leben besteht, hat ihre oberste Regel in dem Zweck dieser Vorgänge, eine den Bedürfnissen angepaßte Erkenntnis herbeizuführen, wie er in dem teleologischen Zusammenhang des Seelenlebens erfahren wird.

Die Unbestimmtheit, mit welcher das Ziel in dieser Formel ausgedrückt ist, ist bedingt durch die Anforderung der Allgemeingültigkeit an diese Formel. Für dieselbe, abstrakt und unbestimmt, wie sie ist, werden dann in der konkreten Pädagogik bestimmtere Formeln eingesetzt, Das Maß der Ausbildung von Bestandteilen und Vorgängen, das in dieser Formel liegt, ist nur darin gegeben, daß die über das Bedürfnis hinausgehende intellektuelle Ausbildung für das Individuum nicht erfordert ist, ja ausgeschlossen werden kann im Interesse eines Gleichgewichtes seelischer Kräfte, welches im Zusammenhang dieser Funktionen nach Zwecken liegt. Die Alten haben die hier enthaltene oberste Formel als Maß, Verhältnis zwischen den seelischen Leistungen ausgedrückt. Das 17. Jahrhundert setzte die bestimmtere Vorstellung eines Gleichgewichtes. Auf Grund unserer Erörterung können wir hierfür die lebendigen Beziehungen in dem teleologischen Seelenzusammenhang einsetzen.

2. Satz: Dieses Ziel gibt nur eine Regel für Maß (Stärke, Intensität) sowie Ausbreitung (Extension) und Richtung (Verteilung) der Ausbildung von Bestandteilen und Prozessen des intellektuellen Lebens, sofern das Bedürfnis im teleologischen Zusammenhang allgemeingültig festgestellt werden kann; innerhalb hiervon empfängt das einzelne Individuum aus der Bestimmbarkeit seines besonderen Bedürfnisses die Regel. Dies kann sich in den Größenbeziehungen nur in zwei Grenzen darstellen, der Grenze nach unten und oben. Diese können je-

doch zunächst nur allgemein definiert werden als untere Grenze der jedem teleologischen Seelenzusammenhang notwendigen Bestandteile und Prozesse und obere Grenze der noch nützlichen. Diese Größenbestimmungen sind nicht ohne die inhaltlichen Bestimmungen der von ihnen umschlossenen ausführbar. Und zwar können diese formalen Bestimmungen erst ihren Inhalt erhalten durch die kausale Einzelbetrachtung, in welche wir eintreten.

1. Regeln über das Spiel als unterste Stufe in der intellektuellen Erziehung

Die Prinzipien, die hier auftreten, sind zuerst entwickelt worden von Rousseau, den Philanthropen und Fröbel, ich habe alsdann die umfassende Formel über die Natur des Spieles aus meiner Psychologie hinzufügen können.

Spiel und Arbeit sind beide der Ruhe oder dem bloßen passiven Aufnehmen entgegengesetzt als Weisen von Selbsttätigkeit. Aber während die Arbeit ein außerhalb dieser Tätigkeit liegendes, reelles, d. h. in die Bedürfnisse des Lebens eingreifendes Ergebnis anstrebt, auch mit Überwindung, hat das Spiel seine Befriedigung in der Tätigkeit selber. Das Kind macht noch keinen Kraftaufwand, der die realen Bedürfnisse durch zwischenliegende Akte von Arbeit in der Zukunft zu befriedigen verspricht. Ernst, Arbeit kennt es zunächst nicht. Es spielt. Der Zusammenhang des Spiels setzt sich aus Akten und Zuständen fröhlichen Genusses, der Lust, zusammen. Aber im Spiel wird der Zusammenhang ausgebildet, welcher als Fortgang von Vorstellungen durch angeregte Gefühle zu Willenshandlungen im Ernst des Lebens und der Arbeit dann wirksam wird. Das Seelenleben des Kindes vermag sich nur erst im Spiel und seinen Fiktionen auszuatmen. In dem Spiel wird die Gesundheit der Kindesseele durch solche freie Betätigung erhalten. Es ist die erste Regel aller Erziehung: das Spiel ist für das Kindesleben eine notwendige Funktion, Unterstützung desselben durch den Erzieher darf nur die im Kinde angelegte Art der Vorgänge fördern und die Freiheit nicht einschränken. Wenn die Wahrnehmungsspiele die Bilder der Gegenstände entwickeln, wenn die Phantasiespiele das innere eigentümliche Leben des Kindes ausbilden, wenn die Übungsspiele Gesundheit, Stärke des Körpers und Moralität stärken und heben: so ist solcher einzelner Nutzen überall zu pflegen, aber der eigentlichen Funktion desselben einzuordnen. Der Übergang vom Spiel zur Arbeit des Kindes wird durch Anschauungsübungen gebildet, welche zunächst spielend vorgenommen werden können. Über diese soll bald die Rede sein.

2. Die vollständige Ausbildung der in der menschlichen Sinnlichkeit enthaltenen Sinneselemente, der Unterscheidungen und Beziehungen zwischen ihnen in Wahrnehmung und Sinnesurteil. Der Anschauungsunterricht

Die Prinzipien, die hier auftreten, sind in der Pädagogik zuerst von Lokke, dessen Empirismus sie forderte, Rousseau, Pestalozzi, Herbart und Fröbel durchgebildet worden. Pestalozzi schreibt: „Wenn ich mich frage, was habe ich denn eigentlich für das Wesen des menschlichen Unterrichts geleistet, so finde ich, ich habe den höchsten obersten Grundsatz des Unterrichts in der Anschauung als dem absoluten Fundament aller Erziehung festgelegt." Und zwar hat Pestalozzi das Prinzip der Anschauung im Zusammenhang mit der ästhetischen Epoche durchgeführt, für welche überall sinnliches Erfassen und sinnliche Phantasie die Unterlage des Denkens war.

Unter diesem Prinzip verstehen wir eine Formel, welche die Bedingungen eines pädagogischen Wirkungselementes verzeichnet. Ein Prinzip ist also die Formel für das Walten eines pädagogischen Wirkungselementes. Solche Formeln gelangen geschichtlich zum Bewußtsein, und sie können nachträglich mit der fortgeschrittenen Psychologie in Beziehung gebracht werden.

Das oberste Prinzip des Anschauungsunterrichtes ist unter der Einwirkung Bacos von Comenius und seinen Nachfolgern formuliert worden. Seine Formel ist: der Unterricht darf nur dem Gang der Natur folgen, dieser aber geht von der Anschauung zu Begriff und Wort, und zwar von dem Ganzen, das in der Anschauung gefaßt ist, zu den Teilen. Die Methoden, durch welche man dieses Prinzip in der Erziehung durchzuführen suchte, sind sehr verschieden und bilden einen Hauptteil der pädagogischen Reformtätigkeit im 17. und 18. Jahrhundert.

2. Prinzip: Der Anschauungsunterricht hat von der näheren Umgebung aus das Ganze der in der Anschauung gegebenen Welt zu umschreiben. So ergänzt er das in den kindlichen Erfahrungen Gegebene vermittelst der dem Kinde geläufigen Operationen in den ihm geläufigen Richtungen. Jeder Einzelunterricht hat hier seine Wurzel, die feste Unterlage von Interesse und Verständnis. Dies Prinzip ist von Comenius gesehen und von Rousseau durchgeführt worden.

3. Prinzip: Auffassen, Gewahren ist in Abbildung, Bezeichnung der Einzeldinge einzuüben. Es war ebenfalls von Comenius aufgestellt und ist von Basedow durchgeführt worden. Die Durchführung dieses Prinzips führt darauf, ein weiteres Prinzip zu Hilfe zu nehmen.

4. Prinzip: Dasselbe reicht viel tiefer in die Menschennatur, und es ist von Pestalozzi aufgestellt worden. Die Anschauung, die allem abstrakteren

Denken zugrunde liegt, wird nur unvollkommen durch das aufmerksame Auffassen der Objekte geübt. In aller Anschauung wiederholen sich Elemente. Daß jedes dieser Elemente in höchster Energie, in Reinheit und Sicherheit hervorgebracht werde, ist die Voraussetzung, unter welcher dann die Anschauung die höchste Vollkommenheit erreicht. Diese Elemente treten in dem Anschauungskreise des Räumlichen, der sinnlichen Qualitätskreise, der Tonreihe, den Sprachlauten auf. Die Pädagogik sucht nicht letzte psychische Elemente, sondern Bestandteile, aus denen sich die Anschauung und ihre Sprachdarstellung, die ihrerseits ja auch eine Anschauung ist, zusammensetzt. Die Übungen, welche ihre vollkommene Hervorbringung zum Ziele haben, müssen natürlich von den Anschauungen ausgehen, und das Enthaltensein der Elemente in ihnen ins Bewußtsein erheben. Diese Übungen sind von Pestalozzi erfunden, von Herbart, Fröbel und anderen weiterentwickelt worden. Ich möchte zweierlei Verbesserungen vorschlagen. Einmal ist psychologisch genommen in der Raumzergliederung auf die Richtung oder gerade Linie zurückzugehen, von dieser aus entstehen Winkel, Dreiecke usw. Alsdann ist der Farbenkreis, wie er im Bande des Prisma gegeben und durch die zusammenschließenden Farben erzeugt und so in sich zurückgeführt wird, dem Kinde ein so bezaubernder Anblick, die Modifikationen der Farben schließen sich so unterrichtend an, daß denselben zum Einüben des wichtigsten Qualitätenkreises zugrunde zu legen, gewiß sehr förderlich ist.

5. Prinzip: Die Sinnesanschauungen werden als Unterlage alles Erfahrens und aller Begriffe ergänzt durch das Auffassen innerer Zustände. Das Gewahren derselben, als Aufmerken, tritt bekanntlich später auf als die Sinneswahrnehmungen, und nach einem psychischen Grundgesetze wird es zuerst außer uns aufgefaßt, dann erst in der Reflexion auf uns selber vollzogen. Die Bestandteile, aus denen die Wahrnehmungen innerer Zustände zusammengesetzt sind, lassen sich nicht so voneinander durch bloßes Unterscheiden am Zusammengesetzten trennen. Die Einübung läßt sich am Hervorbringen der Mannigfaltigkeit dieser Zustände selber genügen. Alle Poesie: Märchen, Erzählung, Epos erfüllen diese Aufgabe im Seelenleben des Kindes. Das hier auftretende Prinzip ist also das der Erweckung und reinen energischen Darstellung innerer Erfahrungen vermittels des Umgangs sowie der Erzählung von Märchen, Sage, Epos, Historie.

3. Interesse und Aufmerksamkeit als die bewegende Kraft, durch welche der Unterricht die Vorstellungsbilder im Schüler herbeiführt

Schon die Anschauungen bedürfen der Aufmerksamkeit zu ihrer Ausbildung. In Interesse und Aufmerksamkeit ist aber überhaupt die bewegende Kraft enthalten, welche für alle Wirkungen im Unterricht erforderlich ist. Das Bewußtsein wird immer nur einer geringen Zahl von Wahrnehmungen oder Vorstellungen zuteil. Wie sich dieser Kreis erweitert oder verengert, ist hiermit eine Veränderung der Energie der Vorstellungen in gesetzmäßigem Verhältnis. Nach diesem quantitativ noch nicht experimentell bestimmten Verhältnis muß mit der Erweiterung des Umfangs des Bewußtseinshorizontes die Energie der in ihm gegebenen Elemente abnehmen. Und umgekehrt mit der Zunahme dieser Energie verengert sich der Umkreis des in ihm enthaltenen Mannigfaltigen. Sonach kann unsere Aufmerksamkeit als eine Kraftsumme angesehen werden. Die Aufmerksamkeit wird aber durch das Interesse geleitet. Unter diesem verstehen wir den Anteil der Seele an einer Vorstellung oder Vorstellungsverbindung. Dies Interesse ist eine Art von Gefühl und regt in der Aufmerksamkeit eine Spannung an, welche dem Willen vergleichbar ist. Können verschiedene Klassen von Interesse unterschieden werden, so muß dieser Unterschied für die Methoden des Unterrichts von entscheidender Bedeutung sein. Wir nennen direktes Interesse dasjenige, welches eine Vorstellungsverbindung für sich erregt. Indirektes Interesse kommt hinzu, sofern wir durch einen bewußten Vorgang mit unseren Zwecken eine Vorstellungsverbindung in Beziehung gebracht finden. Das Interesse ist hier also nicht dem Vorstellungszusammenhang immanent, sondern es wird ihm durch eine willkürliche Verbindung mit unseren Zwecken zugeteilt. Diesem Unterschied entspricht die unwillkürliche und die willkürliche Aufmerksamkeit. Die unwillkürliche Aufmerksamkeit wird durch die Bilder und Vorstellungsvorgänge als solche hervorgerufen und wendet sich daher ohne Anstrengung den Objekten zu. Das Interesse, das ihnen beiwohnt, hat Erregung der Bewußtheit zur Folge, Festhalten im Gedächtnis, Unterscheidung der Bestandteile und Auffassung ihrer Beziehungen: kurz, es ist der Hebel des ganzen Unterrichts. Die willkürliche Aufmerksamkeit entsteht aus einer Anstrengung des Willens, welche dem Gegenstande zugewandt wird. Diese Willensspannung hat ein Motiv zur Unterlage, um dessentwillen also die Aufmerksamkeit unterhalten wird, während sie dem Objekt nach seiner Relation zu unseren geistigen Operationen für sich nicht zukäme. So wird sie an sich uninteressanten Vorstellungen vermöge ihrer Nützlichkeit für unsere Zukunft oder durch die Furcht vor Strafe und die Hoffnung auf Lohn, durch Ehrgeiz und Freude am Wettstreit zuteil. Der Unterschied ist natürlich nur relativ. Gegenüber äußeren oder inneren Störungen muß auch bei aus der Sache fließendem Interesse Willensanstrengung aufgerufen werden.

1. Prinzip: Das Interesse und die in ihm enthaltene Aufmerksamkeit ist die Kraft, welche alle Vorstellungsbildung im Unterricht herbeiführt. Sie bezeichnen den Anteil, den an den Anschauungs-, Vorstellungs- und Be-

griffsvorgängen das ganze Seelenleben nimmt. Und unser Prinzip sagt aus, daß in diesem Anteil die bewegende Kraft dieser Bildungsvorgänge liegt.

Soweit ein Objekt Gegenstand des direkten Interesses und der unwillkürlichen Aufmerksamkeit sein kann, muß der Unterricht dieses hervorzurufen wissen. Nur wo nach der Natur des Zöglings oder des Gegenstandes dies unmöglich ist, tritt die willkürliche Aufmerksamkeit ergänzend ein. Dies Prinzip ist zuerst von Herbart aufgestellt und zur Geltung gebracht worden. Dieses Prinzip ist später als das des natürlichen Fortganges von Anschauungen zu begrifflichem Denken aufgefunden worden. Es bezeichnet die innere Seite in dem Unterrichtsvorgang, während Anschauung, Vorstellung und Begriff die Außenseite darstellen. Stellten Herbart und seine Schüler zuerst dieses Prinzip auf, so haben sie doch die ganze Tragweite desselben darum nicht erkennen können, weil ihnen die Bedeutung des Gefühls, das hier als Interesse auftritt, und der Willensanspannungen, die hier die Form von Aufmerksamkeit annehmen, nicht aufgegangen ist. In Wirklichkeit ist die innere Triebkraft der gesamten Vorstellungsbildung darin gegründet, daß durch die Verwebungen der Vorstellungen miteinander sie alle als Totalzustände irgendeinen Grad von Interesse und Spannung hervorrufen können.

In dem Prinzip sind aber die folgenden Einzelformeln enthalten, welche die Wirksamkeit desselben näher bestimmen:

Aufmerksamkeit wird zuerst durch die Stärke der Wahrnehmung oder durch das Gefühlsinteresse, das ihr anhaftet, angeregt. Helle Farben, lautes Sprechen, strahlendes Blau, reiner Klang fesseln sie. Alsdann wächst sie und wird unterhalten in dem Grade, in welchem Zusammenhang des einzelnen, Leichtigkeit der Übersicht, Verknüpfung mit starken Interessen in einem Vorstellungskreise zunehmen. (Herbarts Unterschied der primitiven und apperzipierenden Aufmerksamkeit.) Und alles, was die Lebendigkeit der Vorstellungsprozesse zu verstärken vermag, wirkt in derselben Richtung. Daher muß in erster Linie der Lehrer die Lebendigkeit der Person in sich ausbilden. In seiner Persönlichkeit selbst muß das Interesse an allem Wissenswürdigen, die Lust am Auffassen und Schließen, die tiefe Bewegung des vom Zusammenhang der Dinge ergriffenen Gemütes wie verkörpert sein. Er muß wie phosphoreszieren von logischer Kraft.

Eine zweite Bedingung wird in dem stetigen Zusammenhang, gründlichen Fassen und doch nicht langweiligen Zaudern, im methodischen Stufengang des Unterrichts liegen. Eine dritte Bedingung liegt in der Herstellung der Verbindung zwischen Wissen und Können, Lernen und Anwenden, Aneignung und eigenem in Willenshandlung wirkenden Gestalten. So setzt sich der Zusammenhang des Seelenlebens, der im Spiel bestand, im Unterricht fort. Eine letzte Bedingung der unwillkürlichen Aufmerksamkeit liegt in Herstellung günstiger körperlicher und äußerlicher Verhältnisse und in Abhaltung innerer und äußerer Störung. Das Kind ist träge und in seinen Interessen eingeschlossen: dann weicht es geschickt aus, oder es ist nicht gewöhnt an Aufmerksamkeit, und der Wechsel des unbeherrschten Vorstellungslebens führt von außen und innen Bilder herzu, welche zerstreuen. Hier muß schon ein Rhythmus von Arbeit und Erholung zweckmäßig gewählt und angewöhnt sein. Die Dauer des Verweilens bei einem Gegenstande, Geschwindigkeit und Stärke des Sprechens, der Wechsel der Gegenstände müssen den Aufgaben angepaßt sein. Vielleicht ist unsere Stundeneinteilung zu mechanisch sowohl in bezug auf die Dauer, in der ein Unterrichtsobjekt fesseln kann, als in bezug auf einen Wechsel, der erfrischt. Dann muß das Auge des Lehrers die ganze Klasse beherrschen. Die Bewegungsimpulse müssen durch vorhergegangene Erholung zur Ruhe gebracht und durch zweckmäßige Körperhaltung vermindert werden usw.

Die andere Formel hat die Bedingungen der willkürlichen Aufmerksamkeit und ihren Nutzen zu erörtern. Schon indem bei unwillkürlichem Interesse Willensinteresse die Störungen abhält, macht sich die willkürliche Aufmerksamkeit als ein Bestandteil in dem unwillkürlichen Aufmerken geltend. Hinzu tritt dann, daß die Freude am Fortschritt, ein fremdes Interesse, doch aus dem Lernen selbst hervorwachsend, wirksam wird. Wetteifer, Lohn, Strafe, die Rücksicht auf Schul- und Lebensziele sind dann die vier großen Hebel, die allein das Getriebe des Unterrichtslebens im Gang erhalten. Darf man so die Bedeutung der willkürlichen Aufmerksamkeit für den Unterricht nicht unterschätzen, so ist dieselbe für die Charakterbildung ungleich größer. Strafreden und Ermahnungen sind bekanntlich Hausmittel hilfloser Mütter und schlechter Schulmeister für die Bildung des Charakters. Aber die willkürliche Aufmerksamkeit ist die erste Form, in welcher der Wille lernt, Vorstellungen und Triebe stetig zu beherrschen, fest zu regieren. Grammatik und Mathematik in ihrer spröden widerstrebenden Natur disziplinieren den Geist des Knaben und befähigen ihn später, zu gehorchen und zu herrschen.

4. Das Gedächtnis als Eigenschaft der Vorstellungen selber, durch welche die Ausbildung eines Zusammenhangs des Seelenlebens als geistiger Substanz des Menschen hergestellt wird, und die Mittel des Unterrichts, diese Aufgabe zu lösen

Die moderne Psychologie vernichtet die Vorstellung vom Gedächtnis als einem besonderen Vermögen der Seele, als einem Gefäß, in das Vorstellungen, Eindrücke hineingegeben, in dem sie aufbewahrt, aus dem sie hervorgeholt würden. Sie zeigt, wie das Gedächtnis die Folge einer allgemeinen Eigenschaft aller Vorstellungen ist, welcher gemäß ihr Zusammenauftreten jede von ihnen befähigt, die andere zurückzurufen. Sie zeigt so, daß das Gedächtnis ebenso wie die Einzelvorstellungen auch ihre Verbindungen reproduzierbar macht. So ist die Leistung des Gedächtnisses nach ihr die Ausbildung eines Zusammenhanges unseres Seelenlebens, welcher, einmal erworben, jeden bewußten Seelenvorgang beeinflußt, ohne selber bewußt zu sein, und jeden Teil zur bewußten Reproduktion bringen kann. Diese Erkenntnis ist für die moderne Pädagogik von entscheidender Bedeutung. Sie vernichtet die alte Trennung von Lernen und Denken, von Gedächtnis und Urteilskraft, von Aneignung und Verarbeitung. Gedächtnis als Fortexistenz, Wirken, Reproduzierbarkeit von Vorstellungen und Verbindungen derselben ist dem Seelenleben überall immanent. Jede schöpferische Arbeit hat Gedächtnisakte in sich. Die Phantasie selbst ist nur eine besondere Form der Reproduktion. Ist dies der Fall, dann ist die Aufgabe für den Unterricht, einen Zusammenhang der Vorstellungen herzustellen, der die Wirklichkeit repräsentiert und von dem aus sie erklärt und beeinflußt werden kann, durchweg von Gedächtnisoperationen getragen und abhängig. Der Zusammenhang unseres Seelenlebens ist ja nur als im Gedächtnis festgehaltener Erwerb für uns da.

Das oberste Prinzip ist sonach: die Aneignung von Vorstellungen und deren Verbindungen ist durch den Unterricht in dem Maß und nach den Verhältnissen herzustellen, daß ein Zusammenhang des Seelenlebens erarbeitet werde, welcher die Wirklichkeit repräsentiert, von dem aus sie erklärt, künstlerisch gestaltet, religiös, sittlich behandelt werden kann und von dem aus das Individuum die Einwirkungen auf dasselbe zu üben vermag, die seiner Lage und seinem Beruf entsprechen.

Dieses Prinzip konnte erst aufgestellt werden, nachdem die moderne Psychologie die Vorstellungen selber und ihre Verbindungen als den Sitz der Gedächtniskraft erkannt hatte. Hierzu tritt dann die von mir aufgestellte Lehre vom erworbenen Zusammenhang des Seelenlebens als einer wirkenden Totalmasse. So ergibt sich, daß die Aneignung bloßen Stoffes ohne planmäßige Verknüpfung nur, wo sie unvermeidlich ist, erlaubt erscheint. „Es gibt keinen Verstand, der nicht erst vom Gedächtnis produziert wäre, und es gibt ebensowenig Gedächtnis, das nicht einen gewissen Grad von Verstand besäße.“[5] So entsteht die wichtigste Formel: jede Aneignung im Gedächtnis ist in der Ökonomie des Unterrichtslebens nur berechtigt, sofern sie entweder selbst ein notwendiger dauernder Bestandteil des seelischen Zusammenhanges oder die notwendige Bedingung für einen solchen ist. Also hinweg mit den veralteten Vorstellungen von Gedächtnisübung um der Übung willen! Nur was auf irgendeiner Stufe des

[5] F. Th. Waitz, Allgemeine Pädagogik § 24.

Seelenlebens für den Zusammenhang desselben erforderlich ist, darf dem Gehirn und der Willensanstrengung zugemutet werden.

Hieraus ergeben sich nun Einzelregeln, welche das Wirken dieses Prinzips unter den besonderen Bedingungen des Unterrichts bestimmen.

1. Regel: Das Gedächtnis als eine Leistung insbesondere der großen Hirnrinde ist in seiner plastischen Kraft ursprünglich körperliche Anlage, und diese Anlage wird durch mäßiges Leben, Vermeiden der Affekte, eine Freude machende, mäßige, in sich zusammenhängende Tätigkeit frisch erhalten. Sonach sind von der Kindheit ab diese Gesundheitsverhältnisse zu pflegen und jede zu anhaltende Anstrengung des Gehirns in dieser Rücksicht zu vermindern.

2. Regel: Die Reproduzierbarkeit einer Vorstellungsmasse im Gedächtnis ist abhängig von den folgenden Faktoren, die zu der eben behandelten körperlichen Ausstattung hinzutreten. Die Stärke des Interesses, Art und Energie des Zusammenhangs, Zahl der Wiederholungen und Abstand der letzten Wiederholung vom gegenwärtigen Gedächtnisakt bestimmen die Reproduzierbarkeit einer Vorstellung oder Vorstellungsverbindung. Sonach ist die Ökonomie des geistigen Lebens das erste Hauptmittel, die vorhandene Gedächtniskraft zu benutzen. Mit Ausschluß von Liebhabereien muß ein umschränktes Gebiet das ganze Interesse in sich konzentrieren. Innerhalb desselben finden dann von selber regelmäßige Wiederholungen statt.

3. Regel: Ordnung des geistigen Lebens und Zusammenhang desselben, womöglich pedantische Ordnungsliebe in der geistigen Arbeit, und zusammenhängender Aufbau aller Bestandteile desselben siegen auch über schlechte Naturanlagen.

4. Regel: Kontinuität und Energie des Interesses erhält allein das im Seelenleben Erworbene. Sonst bleiben nur wertlose Trümmer desselben übrig. Hierbei kann vieles unter die Reproduzierbarkeit zurücksinken. Bei Kontinuität des Interesses wirkt es doch fort. So im Künstler die erworbene und doch vergessene anatomische Erkenntnis, im Arzte eine Physik und Physiologie, im Schriftsteller eine deutsche Grammatik.

Das Verhältnis, in welchem diese auf die Reproduzierbarkeit wirkenden Faktoren zueinander stehen, ist ein quantitatives. Aber wir haben kein Mittel, es als solches zu erkennen. Daher können die Regeln für das Gedächtnis nicht in eine einzige Formel gebracht werden, was ja das Ideal sein würde.

5. Die Einübung des logischen Operationskreises und die Ausbildung eines Zusammenhangs der Vorstellungen, welcher die Wirklichkeit repräsentiert und ihre Leitung und Gestaltung ermöglicht

Zwischen den Sinnesinhalten finden elementare Vorgänge statt: außer dem Wiedererkennen, Verschmelzen, das Ineinssetzen und Unterscheiden, Zerlegen und Verbinden. Ihre Zahl ist unbestimmt. Denn an Ineinssetzen und Unterscheiden schließt sich Wahrnehmen von Ähnlichkeit, Graden, Unterordnen, Bewußtsein eines Allgemeinen, an das Zerlegen und Verbinden das Beziehen, Auffinden von Relationen, und die Verwandtschaft solcher Vorgänge untereinander gestattet keine Abgrenzung derselben in eine feste Zahl. Einfache Vorgänge gehen ineinander und in die zusammengesetzteren über. So wirken sie zwischen den Sinnesinhalten, gestalten die Wahrnehmungen, lösen sie in Bestandteile auf und lassen so Urteil und Begriff entstehen, führen unsere Einbildungskraft von Sinnesinhalt zu Sinnesinhalt. Indem aber der Wille in der Richtung auf die Repräsentation der Wirklichkeit mitwirkt, entstehen elementare logische Operationen.

So entsteht der logische Operationskreis. In diesem führt Ineinssetzen gleicher Inhalte, vermittels einer Richtung der Aufmerksamkeit, durch die von Unterschieden abstrahiert wird, zur allgemeinen Vorstellung, dem Begriff und der Unterordnung des Allgemeinen unter das Besondere. Gleichheit, Ähnlichkeit, Grad, Unterschied, Zahl entstehen hier. Induktion, Deduktion und Einteilung bilden sich als logische Operationen. Die zweifachen Operationen, Zerlegen und Verbinden, stellen sich als Analysis und Synthesis dar. In der Synthesis werden die Beziehungen zum Bewußtsein gebracht. Indem nun aus unseren zusammengeratenen Sinneseindrücken das Zusammengehörige ausgesondert wird, erfaßt das logische Denken dieses in den Beziehungen von Abhängigkeit, d. h. in den notwendigen Beziehungen, welche nur ihre äußere Seite in den Verhältnissen des Allgemeinen und des Besonderen haben. Hier liegt der Schlüssel für das Verständnis der Induktion. Diese sucht das Notwendige vermittels des Allgemeinen.

Von diesen psychologischen Sätzen aus kann nun die Methode des Unterrichts hinausgeführt werden über das, was in dieser Rücksicht die Methodiker seit Rochow aufgefunden haben. Die katechetische Methode mit ihrer Aufsuchung der Merkmale und Abgrenzung der Begriffe entspricht nicht der gegenwärtigen Einsicht in die elementaren wissenschaftlichen Operationen. Der lebendige Erkenntnistrieb wird in den Schulen verbildet. Derselbe ist darauf gerichtet, die inneren Bänder im Wirklichen, die einfachen Verhältnisse, durch welche dieses für den Intellekt durchsichtig wird, zu erfassen. Die Befriedigung dieses Bedürfnisses liegt darin, daß wir die konkreten Beziehungen zwischen den Erscheinungen feststellen. Diese lassen sich schließlich alle abstrakt als Verhältnisse der Abhängigkeit vorstellen. Wir vermöchten aber nicht solche Abhängigkeitsverhältnisse an den aneinandergeratenen Sinnesinhalten festzustellen, wenn nicht in dem, was in der Wiederkehr gleichförmig ist, d. h. in regelmäßiger Verbindung oder Aufeinanderfolge, uns das äußere Merkmal innerer Abhängigkeit der Erscheinungen voneinander gegeben wäre. Diese Gleichförmigkeit wird erst genau, wo sie als Gleichheit in Zahl oder Raumgröße auftritt: einfache Beziehungen von Größen aufeinander in regelmäßiger Wiederkehr sind das Zeichen der Gottheit mitten in dem verworrenen Spiel des sinnlich Veränderlichen. So wirken zusammen die Induktion, die anders angesehen Analysis ist und in dem Experiment ihr Hilfsmittel hat, und die mathematische Konstruktion.

Ich behaupte nun, daß diese wahren Operationen des modernen wissenschaftlichen Geistes an dem Stoff des Wirklichen von Anfang an geübt werden können. Hier ist der Punkt, an welchem unsere Unterrichtsweise mit der gegenwärtigen Lage der Wissenschaft in Übereinstimmung gebracht werden muß. Und von diesem Punkte aus ist auch eine neue Belebung des höheren Unterrichts möglich. Der Wahnglaube von einer formalen Vorbildung dehnt bis in das 19. Lebensjahr die Vorbereitung für Vorbereitungen zum Leben aus. Aus diesem Bewußtsein im Schüler stammt die Langeweile, die sich über die höheren Schulen verbreitet, und die Ungeduld, sie zu verlassen. In den Jahren, in welchen der Wissenstrieb erwacht, wird er vertröstet, bleibt unbefriedigt, schwindet zusammen. In diesen Jahren muß vielmehr der Kern der modernen Wissenschaft, welcher jetzt schon einer großen Vereinfachung fähig ist und es immer mehr sein wird, der wissensdurstigen Seele des Jünglings aufgeschlossen werden. So möge man von Platos Jünglingstypen ihren Wissensdrang und die ernsthafte Befriedigung desselben durch das philosophische Denken sich als Vorbild dienen lassen.

So entsteht das folgende Prinzip: das Denken des Schülers soll überall an den Erfahrungen reelle und dauernd wertvolle Operationen vornehmen, indem es vermittels des Verhältnisses zwischen dem Einzelnen und dem Allgemeinen allgemeingültige Kausalbezeichungen erfaßt und indem es vermittels des Vergleichens, Messens und Zählens, vermittels der Grundverhältnisse der Zahlenordnung und der räumlichen Ordnung diese Kausalbeziehungen quantitativ bestimmt. So soll sich schon auf der Schule das Innere der Natur in gewissen Hauptgesetzen ihres Verfahrens aufschließen. Zugleich soll auch der Zusammenhang der geschichtlichen Wirklichkeit aus der Analyse der griechisch-römischen Sprache, Literatur und Politik gewonnen werden. Die Hauptstufen des Ganges, in welchem dies geschieht, sind erstens: Erfassung der Beziehungen, Ausgehen von dem natürlichen Horizonte des Kindes, beschreibende Erweiterung desselben,

Einübung einfacher Begriffe, insbesondere mathematischer, welche zur Orientierung dienen. Zweitens: Einübung der allgemeinen Beziehungen, wie sie in der Sprache zum Ausdruck kommen, Vergegenwärtigung der Art, wie sie im Abbild des Wirklichen, in der Rede, an den Elementen auftreten und miteinander verknüpft sind. Drittens: daneben beständige Erweiterung, Erkenntnis des Materials. Viertens: Arbeit des Verstandes an allen Punkten desselben, um sich gesetzlichen Beziehungen anzunähern, samt dem Bewußtsein des Verstandes über diese seine Operationen.

Für die geschichtliche Wirklichkeit bietet hier das Altertum einen Stoff, der noch dem Boden nahe, einfach, elementar ist. Wie in dem Lehrplan eines Sturm noch geschah, muß hier die Aneignung des geschichtlich Wirklichen überall mit der Analysis, welche grammatische, logische, rhetorische, politische Theorie gewinnt, verbunden werden.

Herbart glaubt den Gang des Unterrichts durch folgende drei Stufen festlegen zu können.[6] Erstens: Da dem Unterricht die Erfahrung des Lehrlings zugrunde liegt, beginnt er mit dem, welcher die Erfahrung nachahmt: wir bezeichnen ihn als darstellenden Unterricht. Zweitens: Es folgt der analytische Unterricht, wobei der Schüler zuerst seine Gedanken äußert und diese Gedanken, wie sie eben sind, unter Anleitung des Lehrers auseinandergesetzt, berichtigt und vervollständigt werden. Die Erfahrung gibt die Verbindung früher als das Einzelne, der analytische Unterricht löst auf. Der analytische Unterricht auf der ersten Stufe sind die Verstandesübungen Rochows, Niemeyers. Er ist dann ein Bestandteil alles weiteren Unterrichtes. Drittens: Jeder Unterricht ist synthetisch, in welchem der Lehrer selbst unmittelbar die Zusammenstellung dessen bestimmt, was gelehrt wird.

Diese Stufenfolge suchen wir so einfach zu fassen. Der synthetische Unterricht hat überall das breite Feld der Schulen okkupiert. Seit den Stoikern ist jeder Unterrichtszweig von seinen Elementen aufwärts synthetisch aufgebaut worden. So empfing die Grammatik jene alexandrinische Form, welche den lebendigen Satz nicht mehr als Anfangspunkt hat und eine wahre Syntax, welche nur an der Hand einer wahren Logik möglich ist, nicht erreicht. Die Geometrie wurde so konstruiert, der Gang des Katechismus hat selbst den Unterricht von Moral und Religion in diese Form gebracht. Überall wurde so das Leben vertrieben. Zunächst ist also notwendig, daß der lebendige Zusammenhang des Ganzen überall die Unterlage bilde. Dies geschieht in Anfangsübungen, die sich an den Anschauungsunterricht anknüpfen. Das Kind hat ja äußere Erfahrungen vom Naturlauf, Erlebnisse, an sie angeschlossen Erfahrungen vom Seelenleben aus Umgang und zerstreuter Lektüre. Dieser Kreis von Erfahrungen muß sich

[6] J. F. Herbart, Umriß pädagogischer Vorlesungen, § 105–107.

abrunden. Die abgerissene zufällige Erfahrung des Kindes, die darangeknüpften, vom wechselnden Interesse geleiteten Assoziationen, Allgemeinvorstellungen, Unterscheidungen werden zunächst ergänzt, vervollständigt im darstellenden Unterricht. Dann aber gilt es, die Sinneselemente und die inneren Zustände zur Einzelperzeption zu bringen; die einfachsten Funktionen, durch die sie verbunden sind, werden eingeübt, zusammengesetztere hergestellt. Dann sind auch die vom Gedankenlauf entwickelten Gebilde aufzulösen. Ding, Merkmal, Allgemeinvorstellung, Subjekt, Prädikat, Art, Gattung bezeichnen Denkvorgänge, die überall einzuüben sind. Ich erkenne an, daß diese Übungen am Anfang des Unterrichts von erheblichem Nutzen sind, aber zunächst müssen die hier eingeübten Operationen ergänzt werden durch die Induktion und die Einteilung, wie sie ebenfalls von Anfang an im Seelenleben wirksam sind und die im Kinde vorhandenen Vorstellungen überall bedingt haben. Alsdann aber ist die beständige Wiederkehr solcher Übungen auf jeder Stufe zum Zweck der Orientierung hervorzuheben. Der Zusammenhang mit dem Lebendigen, dem Ganzen, muß im Verlauf des Unterrichts beständig unterhalten bleiben. Während der kindliche Geist abstrakte Elemente aufbaut, muß die Lösung von Aufgaben den Übergang zum lebendigen Können wirksam erhalten. Das induktive Verhältnis zur Wirklichkeit muß deren Totalität im Bewußtsein erhalten. Mathematik muß die Beziehungen zur Natur stets erneuern. Geschichte muß ihr Gerüst durch die Beziehungen zur gegenwärtigen Gesellschaft beständig beleben. Sprachunterricht muß die Beziehungen zur lebendigen Rede, dem wirklichen Satz bewußt halten und im Sprechen und Schreiben erneuern.

So sind die Unterscheidungen Herbarts nicht als Stufen im Unterrichtsgang zu betrachten. Sie mechanisieren, stellen starr hintereinander. Darstellender Unterricht, analytischer, synthetischer sind vielmehr lebendige Seiten, ineinander wirkende Bestandteile auf jeder Stufe. Denn überall, wie alt und wissenschaftlich wir auch werden, verbleibt dasselbe Grundverhältnis: unsere Erfahrung ergänzt sich, sie ist komplex, und wir suchen ihre Bestandteile, dann verknüpfen wir diese zu fortschreitenden Erkenntnissen.

Die Aufgabe einer wirklichen modernen Pädagogik wäre nun, die Methoden zu finden, durch welche die einzelnen Fächer so in den inneren Zusammenhang einer möglichst einfachen Repräsentation des Zusammenhangs der Wirklichkeit gebracht werden können. Der Fortgang der modernen Wissenschaften und der des Erziehungswesens arbeiten hier nach demselben Ziele: Vereinfachung des Zusammenhangs, welcher die Wirklichkeit repräsentiert, sowie die Begründung desselben aus der Wirklichkeit. In dem Maße, in welchem wir uns diesem Ziele nähern, löst sich die pädagogische Frage. Die Wissenschaft hat durch die Ausdehnung und

Verwicklung ihrer Sätze die Schwierigkeit herbeigeführt: sie muß durch Vereinfachung im Fortgang sie mindern. So wird sie die Wunde heilen, die sie geschlagen!

6. Die Einzelprinzipien der Didaktik oder von der Gruppierung der Unterrichtsfächer, der Abschätzung ihrer Erziehungswerte, dem Gesetz ihrer Aufeinanderfolge und der Methode der einzelnen Unterrichtsgegenstände

Diese Einzelprinzipien sind von der gegenwärtigen Pädagogik zuerst entwickelt worden. Ich gebe sie nur kurz an:

Das Prinzip der Gruppierung der Unterrichtsgegenstände. Aus der Auffassung äußerer Objekte ist die Naturwissenschaft entsprungen; aus der Auffassung eigener Zustände, dem Umgang mit Menschen, den Erfahrungen von den sozialen Zuständen, den Aufzeichnungen hierüber, sind die gesellschaftlich-geschichtlichen Wissenschaften entstanden. Dem Ursprung in der Menschheit entspricht der Entwicklungsvorgang im Kinde. Aus der äußeren Wahrnehmung der Objekte, die es umgeben, entsteht das Interesse am Naturerkennen; aus Umgang, innerer Erfahrung, dem Bemerken sozialer Zustände das Interesse an der geschichtlich-gesellschaftlichen Welt. Ihm ist das an den Sprachen eingeordnet. Der psychologische Ursprung dieser beiden Studienkreise, das Verfahren in ihnen, die Natur der geistigen Vorgänge, die in ihnen wirken, und die Lebensaufgaben, zu denen sie vorbereiten, sind verschieden. Hier ist also für die Gruppierung der Unterrichtsgegenstände das allgemeinste Prinzip gegeben. Die Bildung der ganzen Menschennatur erfordert eine ausreichende Entwicklung beider Interessen, beider Wissensgruppen. Zugleich aber ist in den Individuen eine psychologische Verschiedenheit gegeben, welche dem verschiedenen psychologischen Ursprung beider entspricht. Diese Verschiedenheit entspricht dann ferner der großen Teilung der Berufsarten: die einen erstreben Naturerkenntnis und vermittels ihrer Naturbeherrschung, die anderen Erkenntnis der geschichtlich-gesellschaftlichen Welt und Leitung derselben. Der natürlichen Trennung der Begabungen in den oberen Klassen entspricht die der höheren Unterrichtsanstalten. Aber sie darf erst eintreten, nachdem Neigung und Talent sich entschieden haben.[7]

[7] Von Comenius ab bildete sich aus der Betonung der Realien gegenüber den Sprachen durch die Reformpartei der Grundunterschied der Unterrichtsgegenstände: Sprachen und Sachen oder Realien. Dieser Unterschied ist in der Organisation unserer höheren Anstalten leitend geblieben. Hiervon war die nachteilige Folge die Loslösung der Sprache von der Geschichte. So konnte der natürliche Gesichtspunkt

Das Prinzip der Abschätzung der Erziehungswerte der einzelnen Unterrichtsgegenstände gegeneinander. Ein solches Prinzip ist zuerst von Bain und Herbert Spencer aufzustellen versucht worden. Diese glaubten einen absoluten Maßstab in der Nützlichkeit der Unterrichtsgegenstände für die Einzelperson und deren zu erwartende Bedürfnisse gefunden zu haben. Zumal Spencer behandelt seinen Zögling wie einen modernen Robinson auf der wüsten Insel der Gesellschaft und stattet ihn mit allem aus, was er brauchen würde außerhalb der Arbeitsteilung der menschlichen Gesellschaft. In Wirklichkeit läßt sich nur ein Prinzip aufstellen, welches die Relation zwischen der allgemeinen Bildung, dem Berufsleben und den Unterrichtsobjekten innerhalb eines gegebenen geschichtlichen Horizontes bezeichnet. Innerhalb der beiden höheren Unterrichtswege hat die durch die Vorbildung herzustellende allgemeine Bildung so weit zu reichen, daß das Interesse für Natur und geschichtliche Welt entwickelt ist, Elemente befestigt sind, welche Studieren der Einzelfragen ermöglichen, die Einheit der höheren nationalen Bildung bewahrt bleibt, den Berufsarten der Naturbeherrschung Humanität und Verständnis des Geschichtlichen erhalten wird, denen der geistigen und politischen Leitung ein gesundes Verhältnis zur Natur.

Die Unbestimmtheit dieses Prinzips zeigt, daß die Entscheidung im Einzelfall ganz durch die geschichtliche Lage bedingt ist. Es gibt keinen allgemeingültigen Studienplan, ja nicht einmal eine quantitativ bestimmte Regel, welche die eben bezeichnete Relation ausdrückte. Schöpferische Unterrichtstätigkeit ist so gut eine Kunst als die des Staatsmannes.

Prinzip der Aufeinanderfolge der Objekte im Unterricht. Der allgemeine Satz, daß die Anordnung des Stoffes dem Entwicklungsgang der Fähigkeiten angemessen sein müsse, sonach eine natürliche Ordnung des Unterrichts bestehe, ist seit Ratichius und Comenius anzuwenden versucht worden. Auch ist von diesen beiden Theoretikern daraus der Fortgang vom Ganzen, das noch unbestimmt ist, zu dem Einzelnen, Bestimmten, von dem Einfachen zum Zusammengesetzten, vom Konkreten zum Abstrakten empfohlen worden. Comenius hat dann das große Prinzip der natürlichen Abhängigkeit der Wahrheiten voneinander als Grundlage ihrer Aufeinanderfolge im Unterricht aufgestellt. Die Philanthropen fanden als Maßstab der natürlichen Abfolge die so entstehende Freude an der Auffassung, und Pestalozzi hat ein Verfahren herzustellen gesucht, die Erziehung zu einem Prozeß der Selbstentwicklung zu machen. Alle diese Teilprinzipien sind richtig und haben sich im Unterricht bewährt, doch ist die

sich nicht geltend machen, daß die Beschäftigung mit Sprache, Literatur und Staat der Alten gleichsam die Elementarlehre für alle höheren geschichtlich-politischen Studien ist, da diese mit komplexeren, naturferneren Zuständen zu tun haben.

Aufgabe, auch hier ein Prinzip zu entwerfen, welches die Beziehungen zwischen den verschiedenen wirkenden Momenten angibt …

7. Die Bildung des Gemütes

1.

Willens- und Gefühlsvorgänge sind zwar als Zustände im inneren Bewußtsein klar unterscheidbar, auch spricht hiergegen nicht, daß es Zustände gibt, welche weder der einen noch der anderen Klasse zugeschrieben werden können; denn solche Übergänge finden sich ebenso von den Vorstellungs- zu den Gefühlszuständen. Aber geht man auf die allgemeinen Bedingungen zurück, welche die einzelnen Gefühlsregungen oder Antriebe zur Folge haben, so kann man hier die Bedingungen der Gefühle und die der Willensvorgänge nicht trennen. Wir nehmen das hier als eine Tatsache hin. Wie allen farbigen Bildern von Objekten schließlich als allgemeine Bedingung der Kreis der Sinnesenergien des Auges zugrunde liegt, wie allen unseren Wahrnehmungen insgemein die in den Sinnen gegebene Mannigfaltigkeit der Qualitätenkreise, und wie dieses alles ein sehr zusammengesetztes, physiologisch bedingtes System ausmacht: so ist in unserer psychophysischen Natur, den Kern und Mittelpunkt derselben ausmachend, ein System gewisser Arten, auf Reize zu reagieren, in Gefühl und Regung und Trieb enthalten. Dieses System entscheidet über unser Glück und Unglück, in ihm ist jede Sprungfeder des gesellschaftlichen Lebens wie der persönlichen Entwicklung enthalten. Und das ist gerade die entscheidende Erkenntnis für dieses Gebiet: wie unsere Intelligenz ursprünglich ein Mannigfaches ist, wie in ihr das Viele das Erste ist und nur die Spekulanten Einheit im Anfang erklügeln, so ist auch im Gemüts- und Willensleben ein Mannigfaches von Reaktionsweisen in Gefühl, Regung und Trieb das Erste. Die Einheit im Charakter ist Arbeit und Erwerb der Entwicklung.

Schon im Tier treten ganz getrennte Triebe auf.[8] Spiel, Bewegung, Tätigkeitstriebe, Lustregungen, die mit solchen Leistungen verbunden sind, bilden eine erste Klasse. Ein[e] zweite wird von den Nahrungstrieben gebildet, an welche sich Besitztriebe einfach dadurch anschließen, daß Stoff für Nahrungslustgefühle aufgespeichert, versteckt, aufgehoben wird und so gleichsam eine Ansammlung zurückgehaltener Lustgefühle von Möglichkeit der Nahrungsbefriedigung stattfindet. Schutztriebe bilden eine dritte Klasse und sind ebenfalls mit der Lust am Besitz in der angegebenen Weise verbunden. Eine vierte Klasse wird bei vielen Tierarten von gesellschaftli-

[8] Tabelle derselben: G. H. Schneider, Der tierische Wille, Leipzig 1880, S. 397 f.

chen und Herrschaftstrieben gebildet, läßt Tierherden und Tiergeselligkeit entstehen. Begattungstriebe und Muttertriebe bilden eine folgende Klasse. Gegenüber den Reizungen ein Gefühl von Zorn und ein Drang nach Rache bilden ebenfalls eine Klasse. Schrecken eine andere. Lust an Sinneseindrücken ist auch hier schon zu bemerken. Stolz und Eitelkeit, Gefühle des Ich werden am Pferde oder dem Pfau beobachtet. Andere Gefühle und Triebe wie Ärger, Haß, Eifersucht, Freude an Grausamkeit sind zusammengesetzter Natur, treten aber als solche schon im Tiere auf.

Diese Regungen sind mit ungleicher Energie durch die Klassen der Tiere verteilt. Ihr Umfang und ihre Kräfteverteilung stehen zu dem psychophysischen Wesen der Tierklasse in Beziehung. Sie wirken im ganzen zweckmäßig, doch kann man nicht sagen, daß sie es durchweg täten, da vielmehr die Energie einiger dieser Triebe viele Tiere zur Vernichtung treibt. Aber eine gewisse rohe Zweckmäßigkeit ist in ihnen angelegt, das ist unverkennbar.

Mannigfacher noch sind die Reaktionsweisen, die im Menschen auftreten. Doch ist vielleicht noch sichtbarer als bei der Intelligenz des Menschen hier bei seinem Gemütsleben, wie das Seelenleben des Menschen sich an den Grundplan des tierischen anschließt. Auch hier sind Unzweckmäßigkeiten noch mit Zweckmäßigkeiten gemischt.

Die Struktur des Gemütslebens im Menschen ist der Psychologie bisher verdunkelt, weil sie das Verhältnis der allgemeinen Reaktionsweisen zu den Einzelweisen nicht erkannte und Gefühl und Willen auseinanderriß. Daher ist die unvollkommene Teleologie, welche hier vorliegt, noch niemals in ihren Grundzügen gesehen worden.

Hiervon war die Folge, daß die Pädagogik noch nicht in der Vervollkommnung und Unifizierung dieses natürlichen Systems das wahre Prinzip aller Zucht, aller Willensbildung erkannt hat.

2.

Dieser Grundplan des tierischen Seelenlebens, in welchem die Sinneseindrücke ein solches System von Reaktionsweisen durch Regungen, Gefühle, Triebe hervorrufen, woraus dann die Bewegungen, die Handlungen des Tieres entspringen, gibt demselben im ganzen die Mittel, sich zu ernähren, zu verteidigen, fortzupflanzen; Individuum und Art erhalten sich. In dem Menschen erfährt nun dieser Grundplan die Erweiterungen, welche seiner höheren Organisation entsprechen. Ich hebe die wichtigsten derselben hervor.

Während im Tier nur mit den Sinnesäußerungen, die zur Nahrungsaufnahme in Beziehung stehen, eine erhebliche Lust verbunden ist, wird in dem Menschen Wahrnehmung und Intelligenz gleichsam freier von dem harten Dienst des Nahrungsbedürfnisses. So ist mit den Farbenbildern, mit den Tönen Gefallen und ein Verlangen in dem Sinne nach Erfüllung durch sie verbunden. So rufen dann Beziehungen der Sinnesinhalte aufeinander Wohlgefallen hervor, das in Harmonie, Kontrast, Rhythmus gefühlt wird. So ist an die denkende Verknüpfung unserer Vorstellungen ein Mannigfaches von Gefühlszuständen gebunden. In der Neubegier des Kindes ist die Unruhe, solche angenehmen Prozesse hervorzurufen (Bain). Entdeckung der Identität des scheinbar Verschiedenen, etwa die Einsicht von der Identität des Blitzes mit dem elektrischen Funken ist mit Vergnügen empfunden (Bain). Indem wir mit einem einzigen Griff in der abstrakten Erkenntnis ein Mannigfaltiges von Tatsachen zusammenfassen, erregt auch das ein lebhaftes Vergnügen. Die Freude an dem Witz, an dem Komischen, die angenehme Überraschung, die ein scharfsinniges Urteil hervorruft, sind Gefühle, die in dem Tierleben in Wirklichkeit keine Analogie haben, trotz mancher überspannten Behauptungen von Tierpsychologen: sie sind die Kennzeichen der freien Intelligenz des Menschen. Insbesondere die Freude an dem Komischen gibt dem Menschen das Bewußtsein der Freiheit, in welchem er auch mit dem Unharmonischen spielt, und ist daher innerhalb der ästhetischen Gefühle der vollkommenste Ausdruck von der Souveränität der menschlichen Intelligenz. Jedoch das wichtigste, tiefreichendste unter allen diesen Gefühlen ist verdeckt in der Neugier des Kindes, in dem unablässigen eintönigen „Warum“: Kausalitätsbedürfnis, ein Trieb nach Erklärung, welcher allen Induktionen zugrunde liegt. So liegen in der Struktur der Menschenseele Gefühle, Regungen, Triebe, welche ganz elementar, im Kinde schon, unabhängig von den Zwecken des Lebens, die Vorgänge des Lernens mit Interesse und Lust zu erfüllen imstande sind. Hier hat die Erziehung einen ersten Angriffspunkt.

Wenn so schon in dem Grundplan der menschlichen Organisation die Einwirkung der Erkenntnis der Wirklichkeit, die Beziehung des Kausaltriebs auf die Beherrschung der Natur überall bemerklich wird, so liegt hierin zunächst ein Indizium für alle Erziehung. Durch die Erkenntnis des „Warum“ Dinge in seine Gewalt zu bekommen, das ist ein Vorgang in dem Kinde, welcher der Typus, das mächtigste Agens in der Geschichte der Zivilisation ist. So wird es zu der wichtigsten Regel der Erziehung, Kausalerkennen vom Zweckhandeln niemals loszulösen, Erklären nie vom Machen, Denken nie vom Handeln, für jede zu gewinnende Erkenntnis dem Kinde eine Stelle zu zeigen, an der sie gleichsam einen Hebel einsetzt. Zugleich aber steht dieser erste Grundzug mit anderen in Verbindung, durch welche der Grundplan des tierischen Lebens in der menschlichen Organisation gesteigert ist.

Der Reichtum des menschlichen Gehirns an Zellen und Leitungen gestattet in dem Fortgang vom Reiz zur Bewegung eine sehr zusammengesetzte, innerliche, zögernde Erwägung und Wertung der Reize. Das Gedächtnis gibt dem Seelenleben seine Innerlichkeit. Der erworbene Zusammenhang des Seelenlebens gibt ihm die Festigkeit dem einzelnen Reiz gegenüber. Eine lange Jugend, in welcher dies menschliche Gehirn allmählich sich entwickelt vor der Selbständigkeit der Person und vor der Pubertät, lassen die plastische Kraft selbsttätigen Schaffens, die Freude an der Tätigkeit, an Bilden und Gestalten unabhängig von der Notdurft des Lebens schon auf den niedrigsten Kulturstufen sich entwickeln. Es ist eine anthropologische Fabel der Darwinisten, daß eine solche Freiheit erst später dem Menschengeschlecht zuteil geworden sei; sie ist die Mitgift der Menschheit von der ersten Familie ab auf Grund der langen Kindheit, die in unserer physischen Organisation angelegt ist. Daher wird ein, wenn auch noch so roher Kunsttrieb, wenn auch noch so rohe mythische Bilder immer dagewesen sein, wann Menschen waren. Die Pädagogik findet auch hier ein weiteres Indizium, das sie zu leiten vermag. Sie muß gerade diesen Zug der Menschennatur heilig halten. Das plastische Bilden, die Tätigkeit frei von der Notdurft, die in der langen Kindheit und Jugend des Menschen liegt, müssen geschützt werden gegenüber etwaiger Benutzung des Kindes, sie müssen gestützt, gesteigert und dürfen nicht durch bloße Fronarbeit der Schule ertötet werden.

Ein weiterer Zug, der die menschliche Organisation unterscheidet, schließt sich hier an. Das freie Bilden von den Wahrnehmungen aus drängt, wie zu Mythus und Dichtung, der *Sprache* entgegen. Die Intellektualität des Menschen, seine geistige Armierung gleichsam, machen ihn von Anfang zu einem geselligen Tier, und auch diese Seite seines Wesens drängt der Sprache entgegen. Pestalozzi sah mit Recht, wie unermeßlich die pädagogische Bedeutung des lebendigen Sprachprozesses mitten in der Schule sei. Seine Anschauung hiervon ist in geschichtlichem Einverständnis mit dem Humanismus Humboldts und Schleiermachers. Die gesellschaftlichen Triebe der Menschennatur werden in diesem Zusammenhang gestärkt.

An unsere gesellschaftliche Natur schließen sich die Regungen, welche allen *Rechtsvorstellungen* zugrundeliegen. Sie sind doppelter Art. In den Beziehungen von Gemeinschaft und Unterordnung, die schon in dem rohesten Familienverbande bestehen, bildet sich eine Abgrenzung von Fürsorge, Herrschaft, Recht auf Pflege, Pflicht von Gehorsam. Diese Gefühle, wie rudimentär man sie auch denke: sie gehören zu den der menschlichen Zivilisation eben wieder auf Grund der langen Kindheit besonders wichtigen. Gleichviel, ob bei einem Naturvolk Gemeinschaft der Frauen und Männer in einem Stamme bestand oder das Mutterrecht oder der Raub der Frauen in dem Stamme: in jedem Fall mußte in dem Geschlechtsverband oder Stamm eine solche Abgrenzung von Leistungen und ihnen entsprechenden Gefühlen auftreten. Hier ist der Ursprung einer objektiven Rechtsabgrenzung, erste Rechtsverfassung. Und indem eine Familie, oder ein Geschlecht oder ein Stamm so eine Besitzeinheit bildeten und nach außen sich schützten, entstand ein anderes Grundgefühl: Ahndung bei Verletzung der Rechtssphäre in Leib und Leben oder im Besitz. Auch das ein Ursprung vom Recht, Kriminalrecht und Zivilrecht. Gefühle, die zu jeder Zeit mit dem Herdenleben dieser menschlichen Tiere verbunden waren und die doch auch in der höchsten Zivilisation die lebendigen Elemente alles Rechtsbewußtseins sind. Auch hier wieder ein Indizium für den Erzieher. Jede Schule wie jede Familie ist eine solche Gemeinschaft, in welcher lebendiges Rechtsgefühl, Gehorsam, Pflichtbewußtsein sich gestalten. Aber sie wollen mit Zartheit gepflegt sein. Sie kommen eben nicht von außen, sondern in jedem Kinde erzeugen sie sich neu, und daher empfindet das Kind die Verletzung so elementarer Gefühle so leicht, ist es der Belehrung über die Abgrenzung seines Besitzrechtes, seiner Befugnisse, so zugänglich, fühlt es aber auch den gewaltsamen Eingriff so schwer. In jeder Schule muß etwas von dem Geiste der Trotzendorfschen Einrichtungen bestehen, und hierin liegt vielleicht der größte Vorzug der englischen höheren Schulen vor den deutschen.

An diese Anlagen der Menschennatur schließt sich dann die religiöse. Auch von dieser ist in der tierischen Organisation nichts bemerkbar. Sie enthält aber das am meisten schwierige Problem für die psychologische Betrachtung. Aus der Teleologie des Seelenlebens geht hervor, daß das menschliche Handeln einen absoluten Punkt im Gemüt fordert und braucht, wenn es seiner selbst gewiß sein soll. Und da das Seelenleben sich in seiner lebendigen Erfahrung als teleologischen Zusammenhang besitzt, so werden alle es berührenden Ereignisse in diese selbe Form des Zusammenhangs aufgenommen. Das Absolute umfaßt sie alle in dieser Form von Zusammenhang. So ist die Gottheit für die ursprüngliche Menschheit und entsprechend für den kindlichen Geist Macht der Fürsorge, der sittlichen Vorschrift und Strafe.

3.

Diese Organisation hat in sich eine Zweckmäßigkeit. Es gibt keine primitive Regung im Menschen, die nicht irgendwie sich als zweckmäßig erwiese. Wie man es betrachte, teleologisch oder darwinistisch: nur weil sie es ist, ist sie da. So ist die oberste Formel aller Moral und Pädagogik, daß der Mensch insofern gut sei, als die in ihm angelegten Reaktionsweisen für sein Leben und das der Gesellschaft Zweckmäßigkeit besitzen.

Aber im wilden Zustande des Menschen sind diese Regungen impetuose Kräfte. Daher ist die Unstetigkeit ein Grundzug im Leben aller Naturvölker. Indem sie ihr Maß, das im Zusammenhang der Organisation liegt, als vereinzelte impetuose Kräfte überschreiten, wirken sie als Leidenschaften. Der wilde Mensch ist von Leidenschaften geteilt und zerrissen. Der

Gang aller Zivilisation wie aller Moralisierung im Menschengeschlecht wie im Individuum ist von einem Bewußtsein der zweckmäßigen Tendenz dieser Organisation, also von dem Auftreten eines Ideales des Lebens bedingt. Dies setzt voraus, daß eine Inhaltlichkeit des Lebens ihr den angemessenen Zusammenhang gebe. Und zwar vollzieht sich dieser Vorgang, indem das Zusammenleben die Eigenschaften bevorzugt und entwickelt, die in ihm angelegt sind, Sympathie, Bewußtsein der Bindung usw. Schon in der Familie elementare Schule der Sittlichkeit usw. Dazu kommt, daß die Gemeinschaft Ehre an ihr nützliche, Schande an ihr schädliche Folgen knüpft, die Natur Schaden, die Herrschaftsmacht im Staate Strafen und Lohn. So bildet sich ein Apparat von stetigen Einwirkungen. So werden die Menschen diszipliniert und zivilisiert kraft der Wirkungen der Gesellschaft und ihrer Formen. Das Individuum lernt Trägheit und Unstetigkeit, Treulosigkeit und Zorn usw. überwinden. Aber das alles würde die Gesittung nicht zur Folge haben, wenn nicht in besonders veranlagten Individuen ein inhaltliches Bewußtsein des Zweckes menschlichen Daseins auf Grund seiner teleologischen Organisation, erwirkt von den inhaltlichen Lebensbedingungen, Vorstellungsmassen usw. entstünde. Der sittlich-religiöse Genius entsteht und wirkt führend. Er äußert sich in Mythen, in Dichtungen, in Rechtsordnungen, in gnomischen Dichtungen usw.

Der Inhalt dieser menschlichen Sittlichkeit besteht aber in Verbindungen der elementaren Regungen, wie sie durch die Gesetze des Gefühls und des Willens in den zerstreuten Regungen eine Einheit des Charakters hervorrufen. Hier begegnen und bedingen sich die Entwicklung des Individuums und die der Gesellschaft. Wie diese ineinandergreifen, das ist eine der tiefsinnigsten Tatsachen alles Menschlichen und Geschichtlichen. Das Individuum wird nur in der Gesellschaft zur Einheit des Charakters gebildet, und nur weil im Individuum diese Bildung möglich, gelangt die Menschheit dazu.

Es war der Grundfehler der englischen Schule, die aus Gefühlen erklärte, daß sie die zusammengesetzten, ja die aus einer längeren Entwicklung hervorgegangenen Gefühle wie Elemente behandelte. Wir werden nunmehr zeigen, wie aus den eben beschriebenen, für uns nicht weiter analysierbaren Reaktionsweisen nach Gesetzen der Gefühle und des Willens die im Leben auftretenden sittlichen Gefühle und Antriebe sich in einer Entwicklung gebildet haben, welche teilweise dem einzelnen Individuum angehört, teilweise in der Menschheit sich vollzogen hat. Von diesen ist alsdann ein weiterer Schritt zu der durch den Inhalt einer gegebenen Zeit bestimmten Totalanschauung des Sittlichen. Dieser gehört jedes sittliche Ideal an, das in der Religion oder Poesie auftritt. Ihr gehören alle die Begriffe vom höchsten Gut, Tugenden, Pflichten an. Es wird übersehen, daß diese Begriffe stets sich auf ein Ganzes beziehen, als dessen Bestandteil sie auftreten, daß sie also einem noch Zusammengesetzteren angehören. Unter den Gesetzen, welche die Beziehungen zwischen Gefühlen, Willensvorgängen regeln, heben wir hier vier hervor.

1. Gesetz: Gefühle treten als Affektionen des Ich oder Selbstbewußtseins auf. Da dieses eine Einheit ist, verschmelzen sie, sofern sie nicht durch Vorstellungsinhalte in ihm voneinander getrennt sind. Und wo das letztere der Fall ist, wird nach ihrer Beziehung zu dem Ich, dessen Affektionen sie sind, ihre Dissonanz oder Harmonie empfunden.

2. Gesetz: Sofern Gefühle in Antriebe übergehen, kann derselbe Moment nur von einem Antrieb erfüllt sein. Als ein solcher einer Antrieb muß auch der Zustand von Fluktuation betrachtet werden, in welchem mehrere gefühlte Vorstellungsmotive um Vollzug oder Hemmung einer Handlung streiten. Das Grundgesetz des Willens ist also die aus der Einheit des Ich entspringende einheitliche Richtung.

3. Gesetz: Da in dem Ichbewußtsein Gefühle, Regungen, Antriebe auch in ihrer Sukzession zu einem Plan der Lebensführung schon in dem unvollkommenen Individuum verbunden sein können, wird die Befriedigung dieser Regungen, ein erreichter Gleichgewichtszustand in ihnen, in einem Bilde allgemeiner Befriedigung vorgestellt. Die Einheit hierin ergibt sich aus dem zweiten Gesetz. Diese Einheit wird als Befriedigung oder Glück empfunden und ersehnt. In dem Grade, in welchem zwischen Wahrnehmung und Handlung das Zwischenglied sich zusammensetzt, Erinnerung und Zukunft in sich aufnimmt, den direkten Ablauf hemmt, nimmt die Übermacht dieser Tendenz auf Befriedigung über die einzelnen, wenn auch noch so starken Regungen von Zorn, Rachsucht, sinnlichem Affekt zu. Es ist die Leistung der Zivilisation, daß so allmählich ein in sich einheitlicher Plan der Befriedigung, der sich auch mit der Umgebung in Einklang setzt, das Übergewicht über starke, doch schädliche Affekte gewinnt. Hier liegt eine Tendenz der gesellschaftlichen Entwicklung begründet, die einer solchen Harmonie des Individuums mit sich und der Gesellschaft nützlichen Antriebe zu bevorzugen und die ihr unnützen in ihrer Kraft zu vermindern.

4. Gesetz: Diese Regulierung der Triebe in der Gesellschaft wird durch verschiedene in ihr auftretende Kräfte gefördert. Es ist schon in der Familie als der Urzelle von Stamm oder Staat das Verhältnis von Herrschaft, Gehorsam und Gemeinschaft, und so werden von dem herrschenden Willen Lohn und Strafe als Hebel in Bewegung gesetzt. Aus dem Bewußtsein von Gemeinschaft, gemeinsamen Interessen bilden sich starke Urteile von Ehre und Schande, welche die einzelnen aus dem Kreise sympathischer Gemeinsamkeit ausschließen oder ihnen in demselben eine hervorragende Stelle geben. Aber diese Hebel würden nur eine äußere Legalität erwirken, entstünde nicht inmitten der Gesellschaft in Individuen von her-

vorragender Energie des Vollkommenheitsstrebens und der für die Gesellschaft günstigen Antriebe ein Enthusiasmus des Wohlwollens, der pflichtmäßigen Handlung, der Vollkommenheit des Daseins in der Aufopferung selbst, durch welchen sie als sittliche und auf Grund weiterer Zusammenhänge als religiöse Genien einen inhaltlichen Zusammenhang schöpferisch hervorbringen, der als Lebensideal, als sittliche Gesetzgebung, als religiöse Unterordnung des eigenen Interesses die Gesellschaft beeinflußt.

Vermittels dieser Gesetze bilden sich aus den Einzelbestandteilen die im sittlichen Leben konkret auftretenden sittlichen Antriebe. Diese sittlichen Kräfte sind also aus den primitiven Reaktionsweisen zusammengesetzt und gebildet.

Die erste sittliche Willensrichtung ist die auf Erhaltung und Vervollkommnung des eigenen psycho-physischen Wesens. Das Auge, vom Licht dauernd abgesperrt, wird unruhig. Der Muskel, in Untätigkeit erhalten, ruft den Drang nach Bewegung hervor. Jede Anlage strebt nach Erfüllung durch Reize, welche ihr angemessen sind. Diese energische Betätigung, Entfaltung findet so das Individuum als für seine Befriedigung unerläßlich. Es strebt dann einen Zustand seiner Kräfte an, welcher ihm solche Entfaltung möglich macht. Zugleich findet es darin eine Befriedigung seines Selbstgefühls, ja wie dieses nur die andere Seite des Selbstbewußtseins ist, so bildet das Streben nach Herstellung eines reichen, erfüllten, entfalteten Selbst die erste praktische Seite des Selbstbewußtseins. Und das Bedürfnis, von anderen geschätzt zu werden, verstärkt diese sittliche Willensrichtung. So entspringen die sittlichen Ideale. In diesen tritt die Herrschaft der Vernunft über die Leidenschaften und die so entstehende innere Freiheit als schönstes Merkmal des verwirklichten sittlichen Ideales auf. Die zweite sittliche Willensrichtung besteht in der Achtung des anderen innerhalb seiner Sphäre, liegt in dem Bewußtsein von Pflicht, Verbindlichkeit, Halten des Versprochenen, Rechtschaffenheit, den damit verbundenen Tugenden der Wahrhaftigkeit und Treue. Diese Willensrichtung setzt sich zusammen aus mehreren Bestandteilen in sehr komplexen Formen. Es entspringt aus der Natur der Gefühle, daß das Individuum nicht anders kann als in sich einen selbständigen Mittelpunkt voll Befriedigungen zu sehen. Sofern es ein anderes Wesen sich ganz gleichartig findet, muß es auch in diesem den Selbstzweck achten, und zwar folgt dies nicht mit logischer Notwendigkeit, wohl aber ist es ein Zwang des sittlichen Lebens, der hierzu antreibt. Tritt nun hierzu Gefühl und Willen der Kontinuität des Selbst hinzu, so entsteht die Bindung des eigenen Willens durch frühere Akte gegenüber anderen. Das ist ursprünglich in jedem Pflichtbegriff enthalten. Die Bindung sich selbst gegenüber ist nur übertragen und ist nicht eine Triebfeder von derselben Stärke. Wahrhaftigkeit ist in dem Verhältnis von Bindung, das in den Äußerungsmitteln liegt, enthalten. Und sie muß daher um so peinlicher festgehalten werden, je enger das Verhältnis von Bindung, von Pflicht ist, in welchem Personen zueinander stehen. Eine dritte sittliche Willensrichtung ist in dem Wohlwollen, der Hingabe und Aufopferung enthalten. Es sind ursprüngliche Regungen von Sympathie, welche wir hier usw. In dem Zusammenleben der Gesellschaft werden sie verstärkt und verknüpft.

Verletzung der Pflicht schließt aus allen Gegenseitigkeitsverhältnissen in der gesellschaftlichen Ordnung aus und entzieht folgerecht die gesellschaftliche Ehre. Mangel an Wohlwollen schließt aus jenen Beziehungen von Sympathie, welche frei zwischen Individuen sich schlingen, aus und beraubt daher ein Individuum der Sympathie seinesgleichen. Mangel an Vollkommenheit hat nur in dem Spiel der Schätzungen eine Minderung in der Taxation zur Folge. Die Begriffe Pflicht, Tugend und Ideal sind zunächst der Ausdruck dieser drei Richtungen.

Ideal und Vervollkommnung von Begriffen usw. als Ideen entspringen aus der Steigerung der Wirklichkeit in der Phantasie. Große Bedeutung dieses Vorganges für die jugendliche Seele. Entspricht der Jugend der Völker. Übergang vom Ästhetischen zum Sittlichen. Schillers ästhetische Erziehung hat dieses festgelegt, aber nicht richtig. Zusammenhang der religiösen Vollkommenheitsbegriffe damit. Pflicht und Tugend usw. Alle diese Begriffe historisch. Erziehung: der natürliche Gang wie in Gesellschaft. Jugend der Völker und die Heldenideale Homer und Nibelungen usw. Andererseits Zucht durch die Ordnung in der Gesellschaft. Die Schule als ein kleiner Staat. Die Gerechtigkeit des Lehrers und das reizbare Gefühl des Knaben dafür usw.

Vergleichende Betrachtung der pädagogischen technischen Systeme der verschiedenen Kulturkreise und -zeiten und Schlüsse in Bezug auf das gegenwärtige deutsche Erziehungssystem aus dieser vergleichenden Geschichte

Die bisherige Erkenntnis drängt von selber zu folgenden weiteren Problemen:

1. Wie entsteht aus diesen pädagogischen Elementarvorgängen, wie sie an die entwickelten Normen gebunden sind, ein technisches System der Erziehung, das als Bildungs- und Unterrichtssystem einen Kulturkreis regiert? Eine geschichtsphilosophische Frage.
2. Studium der Struktur eines solchen Systems.
   a) Die immer gleiche Natur der Elemente eines jeden Systems, die immer gleiche Natur der zusammenfassenden Technik wirkt unter historischen Bedingungen, welche nach Zeit und Ort variabel sind. Diese

Bedingungen sind in einem bestimmten Kultursystem enthalten. Was unter einem solchen zu verstehen und wie sie abzugrenzen seien, ist zu entwickeln.

b) So bildet dieses System einen Kausalzusammenhang, welcher von der anderen Seite angesehen ein teleologischer Zusammenhang ist. Dieser Zusammenhang ist in seiner Grundlage, die wir entwickelten, durch den teleologischen Zusammenhang des Seelenlebens bedingt, und darum kausal-teleologisch. Dieser kausal-teleologische Charakter eignet zunächst der ganzen Kultur einer Epoche. Denn diese ist der Ausdruck des Strebens der Menschenseele in einem Kulturkreis nach Befriedigung. So entsprechen hier einander der Typus des Menschen in dieser Epoche, die kulturelle Struktur usw. Und auf dieser Unterlage entwickelt sich nun das Kultursystem der Erziehung und Bildung (Erziehungs- und Bildungswesen). Der kausal-teleologische Charakter dieses Kultursystems ist gegeben in der Teleologie des Seelenlebens, welche diesem das Gesetz seiner Entwicklung vorschreibt, und der absichtlichen Tätigkeit des Erziehers, der diese Entwicklung leitet. Es ist also Zweckzusammenhang.

c) In diesem Zweckzusammenhang ist nun gemäß dem Entwickelten der Gehalt, welcher dem Zweckstreben Einheit gibt, ein geschichtliches Produkt. Er entsteht in der Korrelation einer Stufe der Erkenntnis und einer Weise, der Zusammenfassung der Regungen und Triebe, welche auf Eindrücke, Vorstellungen und Erkenntnis reagieren. Sonach ist dieser Inhalt, trotz seiner Einheit, ein komplexer. Ein solcher Inhalt ist z. B. der Humanitäts- oder Aufklärungsgedanke des 18. Jahrhunderts. Als komplex und viele Gefühle in sich schließend ist er in jedem Begriff nur ungenügend ausdrückbar, als irrational kann er in keine Formel gebracht werden. Dies ist die eigentümliche erkenntnistheoretische Antinomie: Einheit, die doch nicht in einem Begriff ausdrückbar. Merkwürdige Erscheinung, daß das Produkt vieler Faktoren ein Einfaches sein kann.

d) Die Glieder eines pädagogischen Systems liegen in der teleologischen Verknüpfung der Einzelschulen, der Methoden in ihnen usw.

3. Worin können nun solche Systeme verglichen werden?

a) Regel: die vergleichende Methode empfängt ihr Ziel methodisch aus der Betrachtung der Struktur des Systems, auf welches sie angewandt wird. Hier also des Kultursystems der Bildung und Erziehung.

b) Hierin gegeben Grenzen und positives Ziel dieser Methode. Sie kann nicht hoffen, Gesetze, wie das der Lautverschiebung und das Thünensche Gesetz zu finden. Denn diese sind immer psycho-physisch. Andererseits sind die Einzelformen hier gerade durch die voranschreitende Entwicklung in der Bildung der Menschheit miteinander verbunden. Sonach ist es möglich, die Tendenz der Entwicklung durch vergleichende Betrachtung zu bestimmen. Sonach kann durch diese Methode ein praktisches Ergebnis gewonnen werden.

c) Und zwar bildet den zentralen Vergleichspunkt 1. der Gehalt, welcher als Bildungsziel der Erziehung vorschwebt, und 2. analytisch die in ihm gegebene Korrelation der Wirklichkeitserkenntnis und der praktischen Einheit der Triebe, Regungen usw. Dies ist das Zentrale, das zur Vergleichung gelangt. 3. Indem von hier die Struktur bedingt ist, wird auch diese verglichen = Struktur der Bildungselemente (Philosophie – Rhetorik, Sprache – Realien, äußere – innere Welt).

4. So ergibt sich
   a) für die Gegenwart die Tendenz aus der Entwicklung,
   b) kritische Prüfung derselben im Verhältnis zu dem vorhandenen politischen, sozialen usw. System = Feststellung der Bestandteile, welche nicht variabel im System der heutigen Kultur sind. Problem von da aus: Bestimme von diesen festen Punkten aus gemäß der Tendenz der Entwicklung die festzuhaltenden und abzuändernden Punkte.

Feste Punkte:

1. Die Bildung der ganzen Nation, welche gleiches direktes Wahlrecht, muß geeignet sein, staatserhaltend, versittlichend, religiöses Bewußtsein erhaltend zu wirken, d. h. sie muß den in Abschnitt 7 entwickelten Gemütsnormen entsprechen und inhaltlich usw.
2. In unserer Kultur zwei Gruppen von Realien: Naturwissenschaft, Geisteswissenschaft usw.
3. Spezifikation.
4. Steigerung durch (?) Bindung der Kräfte erforderlich, Regel aus Teil II, aber alle Kräfte usw.
5. Ökonomische Bedingungen.

Über die Möglichkeit einer allgemeingültigen pädagogischen Wissenschaft (1888)

Die hervorragenden pädagogischen Systeme beanspruchen das Ziel der Erziehung, die Werte der Lehrgegenstände und die Methoden des Unterrichts allgemeingültig, sonach für ganz verschiedene Völker und Zeiten, zu bestimmen. Herbart und Schleiermacher, Spencer und Bain, Beneke und Waitz stimmen hierin überein. Solche Ansprüche der Systeme müssen die radikale Neigung befördern, die ein einförmiges Ideal ohne Rücksicht auf die Verschiedenheit der Nationen und das Bedürfnis der Staaten dem bestehenden Schulwesen aufdrängen möchte. So wird ein Irrtum in der pädagogischen Theorie zu einer Gefahr für unser Schulwesen. Auf dem engeren und stilleren Gebiet der Schule wiederholt sich in unseren Tagen, was sich im achtzehnten Jahrhundert auf der Bühne des Staatslebens abspielte. Eine abstrakte, mit falschem Anspruch auf Allgemeingültigkeit auftretende Theorie wirkt revolutionär und zersetzend auf die geschichtlichen Ordnungen der Gesellschaft. Aus diesem Verhältnis empfängt die Kritik unserer heute herrschenden Pädagogik eine erhebliche praktische Bedeutung.

I. Die wissenschaftliche Rückständigkeit der herrschenden pädagogischen Systeme

Die heutige Pädagogik entstand im 17. und 18. Jahrhundert und ist ein Teil jenes natürlichen Systems, welches damals als Naturrecht, als natürliche Religion oder Theologie und als allgemeingültige Moral, Ästhetik und politische Ökonomie sich entwickelt hat. Als das Wachstum der Naturwissenschaften und die Ausbildung der weltlichen Monarchie das europäische Bildungsideal umgestalteten und nun die neue höfische und naturwissenschaftliche französische Bildung alle Begabteren mit ihrem Zauber an sich zog: mußte für das erweiterte Material des Lernens in dem Leben und den Köpfen der Jugend durch einfachere Methoden Raum geschafft werden. Zugleich war nun in den neuen Methodenlehren von Bacon, Descartes und ihren Genossen das Hilfsmittel geschaffen, eine Didaktik als Methodenlehre des Unterrichts zu begründen. So entstand die allgemeingültige Didaktik des 17. Jahrhunderts. Ihr Grundgedanke war: es gibt einen natürlichen Gang der Ausbildung unserer Intelligenz durch den Unterricht, und dieser geht von Erfahrungen zu abstrakten Wahrheiten, von der lebendigen Sprache zu den Regeln derselben, von der nächsten Umgebung des Kindes zur Orientierung im Weiten. Von diesem natürlichen System des Unterrichts schritt dann das 18. Jahrhundert zu dem der gesamten Erziehung fort. Die natürliche Entwicklung und die Vollkommenheit der Person wurden nun auf dieser Grundlage für das Jahrhundert Ziel und Prinzip der ganzen Erziehung. Trapp, Schwarz und Niemeyer haben zuerst auf dieser Grundlage regelrechte pädagogische Systeme geschaffen.

Konnten diese und die ihnen folgenden pädagogischen Systeme ihren Anspruch, die Erziehung allgemeingültig aus Grundsätzen zu regeln, auch verwirklichen? Eine Pädagogik, welche solchen Ansprüchen genugtun will, muß von der Ethik die Kenntnis ihres Zieles empfangen und von der Psychologie die Kenntnis der Einzelvorgänge und Maßregeln, in denen die Erziehung dies Ziel zu erreichen strebt. So wird sich fragen, was diese beiden Wissenschaften für die Pädagogik zur Zeit leisten können.

Nur aus dem Ziel des Lebens kann das der Erziehung abgeleitet werden, aber dies Ziel des Lebens vermag die Ethik nicht allgemeingültig zu bestimmen. Dies kann schon aus der Geschichte der Moral erkannt werden. Was der Mensch sei und was er wolle, erfährt er erst in der Entwicklung seines Wesens durch die Jahrtausende und nie bis zum letzten Worte, nie in allgemeingültigen Begriffen, sondern immer nur in den lebendigen Erfahrungen, welche aus der Tiefe seines ganzen Wesens entspringen. Dagegen hat sich jede inhaltliche Formel über den letzten Zweck des Menschenlebens als historisch bedingt erwiesen. Kein moralisches System hat bisher allgemeine Anerkennung erringen können.

Derselbe Schluß kann aus der psychologischen Analyse abgeleitet werden. Da wir ein metaphysisches welterklärendes Prinzip von unbestrittener Geltung nicht besitzen, so können Prinzipien des sittlichen Lebens nur aus den lebendigen Regungen und Trieben abstrahiert werden, dergleichen die Sympathie, das Streben nach Vollkommenheit und Glück und das Gefühl der Verpflichtung in gegenseitiger Bindung sind. Aber die begriffliche Fassung dieser Antriebe und die Verbindung der so entstehenden Formeln zu einem Ganzen ist immer eine Interpretation derselben, und eine solche Interpretation ist stets als ein ethisches Ideal oder System historisch bedingt oder begrenzt. Ja diese Regungen selber, zusammengesetzt wie sie sind, sind geschichtlich in ihrer Beschaffenheit wie ihren Stärkeverhältnissen veränderlich.

Dasselbe läßt sich endlich noch tiefer erkenntnistheoretisch begründen. Das sittliche Urteil ist nicht eine Aussage, welche durch die Sinnfälligkeit der Wahrnehmung oder durch die Evidenz der Verknüpfung im Denken gewährleistet wäre. Der moralische Satz ist niemals in dem Sinne allgemeingültig, in welchem ein logischer oder ein mathematischer Satz es sind. Die Verurteilung einer Handlung ist vielmehr entweder ein Gefühl, eine Willensregung, welche sich in dem Täter selbst gegen seine Handlung wendet, oder eine Art von Repulsion, die von den umgebenden Willen ausgeht. Und zwar zeigt dieser Widerstand des Gefühls und Willens, den wir als Verurteilung bezeichnen, sehr charakteristische Unterschiede. Wenn der, durch eine förmlich geäußerte Versprechung Gebundene diese Bindung seines Willens durch die übernommene Pflicht mißachtet, findet er sich aus dem Bezirk ausgeschlossen, in welchem gegenseitig auf Treue und Pflicht gerechnet wird. Wenn aber ein Wille dem Wohlwollen und der Sympathie, die wir fremden Leiden entgegenbringen, sich nicht überläßt, sondern diese in Gefühl und Handlung verletzt, findet sich derselbe aus der gegenseitigen Hilfsbereitschaft und Teilnahme ausgeschlossen, wie sie die kleineren und größeren Kreise der menschlichen Gesellschaft umschlingt. Und wenn endlich in einem Willen das Streben nach Entfaltung und Vervollkommnung erstorben ist, dann wird er nur durch eine mildere Art von Mißbilligung aus dem Kreise derer, in denen solches Streben energisch wirkt, ausgeschlossen. Und nicht nur der Kreis, welcher ausschließt, sondern auch die Art und Weise der Repulsion ist in diesen drei Grundfällen eine ganz verschiedene.

Sätze oder Regeln, welche aus solchen Willensvorgängen abstrahiert sind und daher nach ihrem Gefühls- oder Willensgehalt einen ganz verschiedenen Ursprung und Wert haben, können nicht in allgemeingültiger Weise zu einem moralischen Prinzip vereinigt werden, ja sie erschöpfen überhaupt nicht in allgemeingültiger und eindeutiger Weise den Gehalt der Willensvorgänge. Denn die Verbindlichkeit, welche diese Sätze oder Regeln aussprechen, hat in den angegebenen verschiedenen Fällen einen ganz verschiedenen Sinn und Wert. Sie drücken Realitäten aus, von denen jede in der moralischen Organisation des Menschen für sich steht. So ist es unmöglich, sie durch bloße logische Operationen zu dem Ganzen eines Moralsystems zu verbinden. Das sittliche Leben selber, von dem inhaltlichen Zusammenhang einer Kultur aus, verknüpft sie zu höheren Gebilden. In dem sittlichen Leben entsteht dem Willen eine solche inhaltliche Einheit, in welcher seine einzelnen Regungen und die mit ihnen verknüpften Gefühle ineinander verwoben werden. Aber in dies Gewebe tritt der konkrete Lebensgehalt einer Zeit und eines Volkes ein. Mag dann ein Dichter diese im Willen gestaltete Einheit als Lebensideal aussprechen, oder ein Philosoph als höchstes Gut, als sittliches Prinzip: sie finden nur das Wort für das, was die Geschichte geschaffen hat. Die Normen des poetischen Schaffens, welche zeitlos aus der Natur des Menschen entspringen, verknüpfen sich in der dichterischen Arbeit von Generationen zu der Technik einer bestimmten poetischen Epoche. Derselbe Vorgang findet in dem sittlichen Leben statt, und auch was hier als Lebensideal, höchstes Gut, sittliches Prinzip entsteht, ist ein Inhaltvolles, durch den ganzen Gehalt des geschichtlichen Lebens Bedingtes: es ist historisch erwachsen und historisch eingeschränkt.

Die Pädagogik ist zweitens von der Psychologie abhängig. Von ihr empfängt sie die Erkenntnis, wie die Einzelvorgänge im Seelenleben einer den anderen erwirken, und damit die Möglichkeit, in diesen Kausalzusammenhang absichtlich durch Maßregeln der Erziehung einzugreifen. Die wissenschaftliche Psychologie, welche den Kausalzusammenhang mit den Mitteln der Beobachtung und des Experimentes erforscht, ist noch in der ersten Jugend. Die Psychologie der klassischen Erziehungslehre im 18. Jahrhundert war eine Vermögenslehre. Ihr war das Bewußtsein eine Bühne, auf welcher, wenn das Stichwort fällt, Witz, Verstand, Begierden auftreten: sie streiten, eine Seelenkraft unterstützt die andere, eine Seelenkraft unterwirft die andere, bald findet ein Monolog, bald ein Duo oder Trio zwischen ihnen statt, sie verschwinden wieder hinter den Kulissen und warten bis ihr Stichwort sie zurückruft. Die auf eine solche Lehre gegründete Pädagogik gelangte nur zu ganz unfruchtbaren Anweisungen: entwickle deine Kräfte, aber keine derselben einseitig und im Übermaß; gebrauche dieselben, doch mißbrauche sie nicht. Diese ganze Theorie von den Seelenvermögen bildete nur die in der Sprache und dem gebildeten Umgang erwachsenen allgemeinen Vorstellungen durch, und so reichten auch ihre Leistungen niemals über eine edle Popularität hinaus. Dann entsprang die Reform der Psychologie durch Herbart eben in dem Bedürfnis der Pädagogik, die Vorstellungen als Kräfte zu behandeln und die Erscheinungen des Seelenlebens aus den gesetzlichen Beziehungen dieser Kräfte zueinander abzuleiten. Die fundamentale Hypothese dieser Psychologie ergab sich Herbart schon aus den pädagogischen Erfahrungen Pestalozzis. Von da ab blieb die Psychologie mit der Erziehungslehre in engem Zusammenhang. Aber einige für die Pädagogik unentbehrliche Partien, wie die Lehre von den Gefühlen und dem Willen, sind bis jetzt einer strengeren wissenschaftlichen Behandlung nicht zugänglich geworden. So kann und wird Psychologie einmal Grundlage der Pädagogik, Pädagogik einmal angewandte Psychologie sein, aber noch ist nicht abzusehen, wann die Seelenlehre so hohen Anforderungen wird entsprechen können.

Aus dieser Stellung im Zusammenhang der Wissenschaft erklärt sich das Schicksal der Pädagogik. Sie empfing ihr Ziel vom leitenden sittlichen Gedanken des 18. Jahrhunderts, daß das letztlich Wertvolle in allem Lärm der Geschichte und der Gesellschaft die Aufklärung der Individuen sei. Dies Prinzip trat als eine absolute und allgemeingültige Wahrheit auf, war aber nur der Ausdruck der Denkweise des 18.Jahrhunderts. Die Pädagogik empfing andererseits von der Methodenlehre und Anthropologie des 17. und 18. Jahrhunderts die Regel für die Erziehung des Individuums, daß der Fortgang der Entwicklung von Anschauung zu Begriff, von Tatsachen zu Abstraktionen gehen müsse. Doch ist diese Regel in ihrer Unbestimmtheit für die Auflösung der tieferen pädagogischen Fragen nicht ausreichend. So waren die pädagogischen Formeln des 18. Jahrhunderts begrenzt und von relativem Werte, als der abstrakte Ausdruck für das Lebens- und Erziehungsideal jener Tage und als die Anwendung einer nur ganz unzureichenden Psychologie. Denn das ist überhaupt die den Erfindern solcher Formeln nicht bewußte Ironie der Geschichte, die Komödie, welche sie mit ihnen aufführt: sie müssen das Leben und die Kenntnis eines begrenzten geschichtlichen Kreises aussprechen, während sie sich über Ort und Zeit zur Region des Allgemeingültigen in ihrem abstrakten Fluge aufzuschwingen wähnen.

Und diese Unmöglichkeit eines allgemeingültigen pädagogischen Systems, das die Erziehung zu leiten vermöchte, wird auch durch die weitere kurze Geschichte der Erziehungslehre bestätigt. Trapp, Niemeyer und Schwarz versuchten nur die Erfahrungen der großen Reformzeit von einem sittlichen Grundgedanken aus zu ordnen und durch die Vermögenslehre in Verbindung zu bringen. An der strengen Wissenschaftlichkeit der Erziehungslehre verzweifelnd, flüchteten sie sich in jene edle Popularität, die das Kennzeichen mißlingender Wissenschaftlichkeit ist, und sie banden nur in ihren Bestimmungen über das Erziehungsziel die schönsten Blumen vom Felde des sittlichen Lebens, Glückseligkeit, Vollkommenheit, ethische Persönlichkeit, Ebenbildlichkeit zu einem freundlichen Kranze zusammen.

Dann hat Herbart zuerst eine wissenschaftlich begründete Pädagogik aufzustellen versucht. Die von ihm und Beneke, von Waitz und Willmann angestellten Untersuchungen über Interesse, Aufmerksamkeit, Sinnlichkeit, Gedächtnis und Denken haben für die Didaktik des 17. Jahrhunderts die feste psychologische Unterlage nachträglich aufgefunden. Für diesen didaktischen Teil der Erziehungslehre ist das Ziel der Erziehung klar und deutlich erkennbar gegeben in der Ausbildung der Intelligenz zu einem Zusammenhang, welcher der Wirklichkeit entspricht. Auch war innerhalb der Lehre von der Intelligenz zuerst die psychologische Analysis gelungen. Dagegen ist die Psychologie dieser Schule nicht imstande gewesen, die Einzelvorgänge, die in der Erziehung von Gefühl und Wille zusammenwirken, in befriedigender Weise analytisch darzustellen, und die ethischen Formeln Herbarts befriedigen so wenig als die von Kant oder von Schleiermacher. Dann ist in der neuesten Zeit von den Engländern und ihren deutschen Anhängern die utilitarische Auffassung des Lebens zugrunde gelegt worden. Bain und andere begründeten die Benutzung dieser Auffassung in der Pädagogik darauf, daß dieser niederste und mindeste Zweck des Lebens von keiner Schule geleugnet werden könne, gleichviel ob außer ihm höhere Zwecke bestünden. Aber sie verkannten, daß die Ausschließung eines Zweckes aus dem Erziehungsplan gerade so bestimmend auf die Konstruktion der Erziehung wirkt als die Setzung eines solchen. Auch die Hoffnung Herbert Spencers, eine Abmessung des Erziehungswertes der Lehrobjekte aus der Anwendung des utilitarischen Prinzips auf die Bildung des Individuums zu gewinnen, ist trügerisch. Denn indem Herbert Spencer für jedes Individuum gleichförmig in utilitarischer Atomistik diese Rechnung ansetzt, erhält er einen Zögling, der vor allem Medizin erlernen muß, um für seine Gesundheit, sein höchstes Gut, als Medizinalpfuscher zu sorgen, ferner politische Ökonomie, um seine Kapitalien rationell anzulegen, und man würde sich nicht wundern, wenn er diesen von ihm erfundenen Robinson inmitten der Gesellschaft auch kochen lernen ließe. Die Erziehungswerte der Lehrobjekte können eben nur aus der Arbeitsteilung und den Bedürfnissen, wie sie in einer gegebenen Gesellschaft bestehen, abgeleitet werden. Diese aber ist immer geschichtlich bedingt und begrenzt.

Diese abstrakte und allgemeingültige pädagogische Wissenschaft, in allen ihren bisherigen Gestalten, ist die Genossin der natürlichen Theologie und des Naturrechts, der abstrakten Nationalökonomie und Staatslehre. Während die historische Schule sonst überall längst das natürliche System verdrängt und eine geschichtliche Auffassung herbeigeführt hat, ist die Pädagogik allein rückständig geblieben. So ist sie eine Anomalie in der gegenwärtigen Wissenschaft. Die Mißachtung, mit der man ihr begegnet, beruht auf dem richtigen Gefühl, daß sie eine Wissenschaft im modernen Verstande noch gar nicht sei. Sie meistert die großen geschichtlichen Gestalten des Erziehungswesens, welche aus dem Ethos der einzelnen Völker hervorgegangen sind: blind gegen den geschichtlichen Tiefsinn und das sinnvolle Gefüge dessen, was ist. Doch kann diese Pädagogik auch nicht im Sinne der historischen Schule durch eine Analyse der geschichtlichen Formen des Unterrichtswesens ersetzt werden. Noch ist die Aufgabe eben erst angegriffen, das archivalische und gedruckte Material, Schulordnungen, Schulbücher, alsdann die gedruckten Aussagen von Privatpersonen über Ergebnisse der Erziehung, zu unserer Kenntnis des Kulturzusammenhangs in Verhältnis zu setzen. Aber so wertvoll rein historische Arbeit aus diesen Materialien sein wird: wir wollen doch schließlich nicht nur wissen, wie die Dinge gewesen sind; unsere Zeit, wie jede andere bedarf Regeln des erziehenden Handelns. Wenn die historische Schule nur die Kunde dessen, was gewesen ist anstrebt, so kann sie das vernichtete natürliche System nicht ersetzen. So findet sich auch auf diesem Gebiete, wie auf den verwandten der Ethik, der Poetik, der politischen Ökonomie, die Wissenschaft vor der Frage: an welchem Punkt entspringt aus der Erkenntnis dessen was ist, die Regel über das, was sein soll?

II. Eigenschaften des Seelenlebens, welche ein System von Regeln der Erziehung ermöglichen

Regeln des menschlichen Handelns können zunächst bedingt, sonach von anderen Regeln oder Zwecken abhängig sein. Solche Regeln sind die der Erziehung; denn diese ist nicht Zweck für sich, sondern sie dient der Entfaltung des Seelenlebens als Mittel. Oder Regeln sind der Ausdruck einer Richtung des Willens, welche von einem nicht weiter rückwärts bedingten Zweckinhalte bestimmt ist. In solchen Regeln muß der Zweck des Lebens dargestellt werden. Nun ist bisher ein solcher letzter Zweck des Lebens aus der metaphysischen Ordnung der Welt nicht auf allgemeingültige, allgemein anerkannte Weise abgeleitet worden, und es scheint auch nach den bisherigen Erfahrungen dazu keine Aussicht in absehbarer Zeit vorhanden zu sein. Sonach kann nur in dem Seelenleben selber eine Teleologie aufgesucht werden, deren Ausdruck jeder allgemeingültige Satz über den Zweck des Lebens und jede solche Regel des Handelns schließlich sein muß.

Jedes empfindende, bewegliche Geschöpf sehen wir angemessen der Erhaltung, ja Steigerung der eigenen Existenz wie der Existenz seiner Gattung dahinleben. Die Handlungen, welche diesen Charakter an sich tragen, bezeichnen wir als zweckmäßig. Nun könnte man sich ein Geschöpf denken, in welchem dieser Charakter von Zweckmäßigkeit aus seiner eigenen Einsicht in den Kausalzusammenhang zwischen seinem Organismus, der Außenwelt und seinen Handlungen entspränge. Ein solches Geschöpf würde von seiner Geburt ab ein Wissen von der Beschaffenheit der Luft haben, in welcher es am besten atmet, und würde sich hiernach seine Luft auswählen. Es würde wissen, in welcher Temperatur es am besten gedeiht und welche Speisen ihm die gesündesten sind und sich von Kindesbeinen ab nach dieser theoretischen Kenntnis sein Leben einrichten. Dasselbe wäre ein kleines Wunder von Intelligenz: denn die Zweckmäßigkeit seiner Handlungen würde durch die Anpassung derselben an Erkenntnisse herbeigeführt, die von der Geburt ab als eine Art von Allwissenheit ihm zur Verfügung ständen. In Wirklichkeit wird in sehr verkürzter und zugleich in sehr unvollkommener Art durch unsere Gefühle dasselbe geleistet. Die Gefühle treten zwischen die Bilder oder Vorstellungen einerseits und die Willensantriebe, Bewegungen oder Handlungen andererseits. Diese Einrichtung hat einen teleologischen Charakter. Derselbe besteht in einer Struktur unseres Seelenlebens, nach welcher unsere Vorstellungen und Gefühle die Triebe ins Spiel setzen und diese dann Handlungen erwirken, und zwar so, daß diese Gefühle den Wert des in der Vorstellung Aufgefaßten für unser psychophysisches Wesen ungefähr, wenn auch sehr unvollkommen und eingeschränkt, ausdrücken. So sind unsere Geschmacksempfindungen von Gefühlen begleitet, welche das unbedingt und unter allen Umständen der Ernährung Schädliche als widrig abstoßen. In derselben Weise lehren uns Gefühle, welche den Atmungsvorgang begleiten, schädliche Luftarten vermeiden. Schmerzen sind in diesem Zusammenhang vorwiegend Korrelaterscheinungen der einem Körper schädlichen Vorgänge, und Lustgefühle entsprechen den nützlichen Vorgängen.

Auf dieser Zweckmäßigkeit im seelischen Zusammenhang beruht die Möglichkeit, daß sich die Arten erhalten und eine Steigerung der Organisation innerhalb der Lebewesen eintritt. Ebenso enthält dieser teleologische Zusammenhang die Wurzeln aller zweckmäßigen Effekte im Menschenleben, Gesellschaft und Geschichte. Man kann also auch von einer Struktur oder einem Typus des Seelenlebens reden, der von den niedersten Stufen des tierischen Daseins aufwärts bis zu dem Menschen reicht, und zwar werden innerhalb dieses Typus der Glieder des Zusammenhangs zwischen Reiz und Bewegung immer mehrere und die Verbindungen zwischen ihnen werden immer mannigfaltiger. So entsteht auf dem Gipfel dieser psychischen Entwicklungsreihe der Typus des Menschen. Aus dem Milieu, in welchem er lebt, stammen Reize; sie werden in Empfindung, Wahrnehmung und Denken aufgefaßt und verarbeitet; diese Reize und die in ihnen erscheinenden Objekte haben ein Verhältnis zur Erhaltung, Entwicklung und Glück des Individuums sowie zur Erhaltung der Art, und in Lust und Unlust, im Spiel der Gefühle wird der Mensch der so entstehenden Werte der Dinge für sein Eigenleben inne; alsdann werden von diesen Gefühlen und Affekten als von Motoren die Willensvorgänge und Bewegungen getrieben, welche unser Eigenleben den Lebensbedingungen anpassen oder wo diese Bedingungen unveränderlich sind, denselben unsere Zustände akkomodieren. Hiernach besteht der Typus des vollkommenen Menschen in der Vollkommenheit dieser drei Arten von Vorgängen, in der richtigen Abmessung ihrer Stärke und in einem angemessenen Ineinandergreifen derselben. Das erste Glied dieses teleologischen Zusammenhangs ist uns in seiner Leistung ganz durchsichtig; Empfindung, Wahrnehmung und Denken beleuchten gleichsam die Objekte, an denen entlang wir uns bewegen. Das letzte Glied ist ebenfalls einfach verständlich; Trieb, Begehren, Wille breiten von den niederen Organismen ab ihre Fangarme der Wirklichkeit entgegen. Dagegen liegen in der Funktion unserer Gefühle die Rätsel, von deren Auflösung der Einblick in den teleologischen Zusammenhang unseres Seelenlebens einmal zu erwarten ist. Die Zergliederung findet hier Gefühle und Triebe zwar in der Form des Geschehens voneinander verschieden, doch in ihrer Inhaltlichkeit nicht trennbar.

Satz 1. Gefühle und Triebe treten im Seelenleben als zusammengesetzte Zustände auf; es lassen sich in dieser Zusammensetzung bestimmte Arten, auf Vorstellungen zu reagieren, als einfachere Bestandteile unterscheiden; diese gehen dann durch die Formen von Gefühl und Trieb hindurch.

So kann das Streben, die Verletzung der eigenen Daseinssphäre zu ahnden, nicht von dem in diesem Streben enthaltenen Gefühl getrennt werden. Oder wenn in unserer Personalität gegründet ist, daß wir das gegebene Wort unabhängig vom Wechsel der Zeit festhalten, so ist auch hierin Gefühl und Antrieb miteinander verbunden. Wohl ist es für die innere Form des Charakters ein entscheidender Unterschied, ob in ihm Gefühle durchgehends in Handlungen überzugehen streben, oder in Ausdruck und Aussprache verpuffen, aber es verlaufen, inhaltlich angesehen, stets dieselben bestimmten Arten der Reaktion auf Vorstellungen zunächst in den Gefühlen, dann in den Trieben, als in verschiedenen Formen des seelischen Geschehens. Eine solche bestimmte Reaktionsweise ist es, wenn qualitative Empfindungen, denen das Interesse sich zuwendet, einen Gefühlston erhalten, wenn zwischen unseren Tonempfindungen oder Gesichtsempfindungen Kontrast oder Harmonie entsteht, sowie wenn die Auffassung der Gemütszustände anderer Personen Sympathie, Mitgefühl hervorruft.

Satz 2. Die Reaktionsweisen, welche die Analyse so aus den zusammengesetzten Gefühlen und Willenszuständen aussondert, können als eine Mannigfaltigkeit von Gefühls- und Triebkreisen dargestellt werden.

So sind zunächst in unseren zusammengesetzten Zuständen die elementaren Gefühle enthalten, welche von den Empfindungsinhalten aus unter der Bedingung eines konzentrierten Interesses hervorgerufen werden, und dieselben bilden als Mannigfaltigkeit des Gefühlstons der Empfindungen einen Gefühlskreis für sich. Ferner können Gefühle, welche durch Beziehungen von Sinnesinhalten aufeinander hervorgerufen werden, wie Harmonie und Kontrast, Symmetrie und Rhythmus, unterschieden werden, und auch sie machen einen Gefühlskreis aus. Solche Regungen, Gefühle und Triebe entscheiden über die Art, wie sich der Mensch in der Welt fühlt und diese behandelt. Wir finden sie in dem Kinde als eine Mannigfaltigkeit getrennter Modalitäten von Gefühl und Trieb; so bilden sie die Charakteranlage des Menschen. In ihnen ist das Elementarische, Widerspruchsvolle, Irrationale der Menschennatur doch zugleich das Machtvolle und zu einer höheren Harmonie aufwärts Strebende. Durch sie vollbringt der Mensch, was er niemals im gemeinen Lauf des Glückseligkeitsstrebens vermögen würde. Hier sind die Triebkräfte für die harte Arbeit der Person und der Menschheit; hier ist die Erdnähe des Menschen und seine Erhabenheit zugleich angelegt, das Doppelantlitz der Menschennatur, das dem tiefsinnigen Pascal den Menschen als einen entthronten König und dem scharf beobachtenden Kant zugleich als ein Sinnengeschöpf und als ein Vernunftwesen erscheinen ließ. In dieser ursprünglichen Mannigfaltigkeit sind alle unausgesprochenen Disharmonien unseres Wesens gegründet. Wir sind uns selber vermöge ihrer ein Rätsel und oftmals anderen.

Satz 3. Diese verschiedenen Reaktionsweisen des Gefühls und Triebes auf Vorstellungen sind am Anfang der seelischen Entwicklung noch nicht miteinander verbunden. Jede von ihnen wirkt, wenn auch in roher und eingeschränkter Art, zweckmäßig. Aber erst die Entwicklung des Seelenlebens stellt durch beständige Anpassung zwischen ihnen die Beziehungen her, durch welche dann ein vollkommener teleologischer Zusammenhang des Seelenlebens in dem Individuum und in der aufsteigenden Entwicklung des Seelenreiches und der Geschichte entsteht.

Man beobachte ein Kind! Der Trieb nach Nahrung, die Reaktion auf Verletzungen, die zärtliche Hingabe treten in ihm isoliert, ohne Beziehung auf das Ganze seiner Bedürfnisse und ohne eine hierdurch ermöglichte Abschätzung ihres Wertes und Anspruchs auf. Wie Sonnenschein fliegt Zärtlichkeit über sein Gesicht und macht sogleich anderen Gefühlen und Antrieben Platz. Im Charakter des Naturmenschen ist das Unstete seiner Antriebe und Strebungen stets besonders charakteristisch hervorgehoben worden. Aber jede dieser Regungen wirkt teleologisch. Man entferne aus dem Naturell des Kindes oder des Naturvolks die Regung der Rache, und die Schutzwehr gegen die Unbill des Lebens wäre zu schwach.

Die bisherige Pädagogik hat den in diesen Sätzen umschriebenen teleologischen Zusammenhang des Seelenlebens und die zentrale Bedeutung der Gefühle und Triebe in diesem Zusammenhang noch nicht erkannt. Ihre wissenschaftlichen Vertreter waren durchweg intellektualistisch; aber auch Lehren wie die der Kirche von der Erbsünde und die Rousseaus von der natürlichen Unschuld drücken die beiden Hälften des hier kurz beschriebenen Tatbestandes nur einseitig und summarisch aus. Es bedarf der geduldigsten psychologischen Analyse, den Tatbestand so weit darstellbar zu machen, daß der Erzieher den Zusammenhang in der Kindernatur nach seinen Bestandteilen und Gesetzen erfassen kann. Zumal alle Frauenerziehung hat gerade hier ihren Mittelpunkt; in diesen Zügen, welche das Naturell ausmachen und aus denen der Charakter sich bilden soll.

Aus diesem teleologischen Zusammenhang des Seelenlebens lassen sich nun die Merkmale ableiten, welche den unterscheidenden Charakter der geistigen Welt verglichen mit der Naturordnung ausmachen. Diese Merkmale bilden dem entsprechend auch die fundamentalen Begriffe für das Verständnis der Erziehung und die Konstruktion einer wissenschaftlichen Pädagogik. An den geistigen Tatsachen treten Zweckmäßigkeit und Vollkommenheit auf. Sie sind Normen unterworfen, und der Lebensverlauf, der sie im Individuum und der Menschheit umschließt, zeigt eine Entwicklung.

Die Auffassung des seelischen Zusammenhanges zeigte uns zunächst den *teleologischen Charakter* desselben; die mechanische Naturordnung ist auf das Kausalgesetz begründet, dessen Formel ist: causa aequat effectum. Hier entspricht also die Wirkung genau den Ursachen, und die Beziehung der Glieder in einem gegebenen Zusammenhange erschöpft sich in dem Kausalverhältnis. Im Seelenleben erfahren wir von innen ein Verhältnis der Vorgänge als einzelner Glieder in einem Zusammenhang, welcher Erhaltung, Glück und Entwicklung der Individuen, Erhaltung und Steigerung der Art und Gattung herbeiführt. Einen solchen Zusammenhang bezeichnen wir als zweckmäßig. Hieraus ergibt sich dann, daß dieser Zusammenhang und seine Glieder ihren Zweck auf mehr oder weniger vollkommene Weise verwirklichen. Diese *Vollkommenheit* kann dann weiter in abstrakten Formeln ausgedrückt werden, und wir können dieselben jeder Entwicklung als ihre Regeln vorschreiben. Wir können die Eigenschaften desjenigen Zusammenhangs bestimmen, der seinen Zweck auf ganz angemessene Weise erfüllt, dem also der Charakter der Vollkommenheit zukommt. Wird die Vollkommenheit eines Gliedes in diesem Zusammenhang oder die Beziehung der Glieder in demselben allgemeingültig ausgedrückt, so entsteht eine *Regel* oder *Norm*. Und zwar verwirklicht sich in jedem Gebiete des geistigen Lebens diese Vollkommenheit durch ein System von Regeln. Diese Regeln des sittlichen Lebens, des künstlerischen Schaffens sind allgemeingültig, unabhängig von den wechselnden geschichtlichen Bedingungen und beständig mitten in der Entwicklung. Endlich stellt sich der Charakter des Lebens, welches aus dieser teleologischen Natur der Seele entspringt, als *Entwicklung* dar. Wie die organische Natur auf Steigerung hinarbeitet, so die geschichtliche Welt auf Entfaltung und Entwicklung. Der elementare Untergrund dieser Entwicklung liegt in den Reaktionsweisen des Trieb- und Gefühlslebens. Die mechanische Auffassung der Entwicklung, wie Montesquieu, Helvetius und Buckle sie durchgeführt haben, erklärt die Vervollkommnung des Menschengeschlechts aus dem Eintritt immer mehrerer Eindrücke aus der Außenwelt, welche das Wissen der Völker erweitern und ihr Naturell bestimmen. Die Entwicklungslehre des deutschen Idealismus, wie Schelling, Wilhelm von Humboldt und Hegel sie durchgeführt haben, sucht die Vervollkommnung des Menschenwesens in der aufsteigenden Reihe der Ideen auf. Beide Ansichten verkennen die Bedeutung der elementaren Kräfte, die als Gefühle und Triebe die mächtige Mitte des Seelenlebens ausmachen. Jede Lage der Kultur stellt zwischen diesen elementaren Kräften wie zwischen den sinnlichen Eindrücken eine inhaltliche Verbindung her. Sie bringt das Mannigfaltige der Eindrücke und Regungen in eine Einheit. In dem Ethos eines Volkes liegt eine solche Struktur, in der die elementaren Kräfte gebunden sind. So entwickelt jede Epoche einen bestimmten Typus des Menschen, und was sie erringt, wirkt in die Folge. Auf jedem Standort der Menschheit kommt doch zugleich nur eine teilweise Vereinigung zu einem vollständigen Zusammenhang des Seelenlebens zustande; elementare Kräfte, die nicht in die Verbindung der Kultur gebracht sind, machen sich geltend: schon hierdurch ist die Lebensdauer jeder Kulturstufe bestimmt.

Aus dieser Erörterung ergibt sich, in welchem Umfange eine allgemeingültige Erziehungslehre möglich ist, aus welchen Prinzipien sie folgt und welche Tragweite für die Auflösung der praktischen Erziehungsfragen ihr zukommt. Wie verschieden die Gestalten der Erziehung sein mögen: die Entwicklung jedes Kindes hat die Vollkommenheit der Vorgänge und ihrer Verbindungen herzustellen, die in dem teleologischen Zusammenhange des Seelenlebens zusammenwirken. Für jeden Teil dieses Zusammenhangs gibt es eine solche Vollkommenheit der Beschaffenheit und Leistung, und diese ist die Grundbedingung aller Tüchtigkeit des Menschen. Wir sahen, daß das inhaltliche Ziel des Lebens jederzeit geschichtlich bestimmt ist. Die Vollkommenheit des Seelenlebens in seinen einzelnen Vorgängen und seinem Zusammenhang ist die allgemeine im Menschen gelegene Bedingung, an welche die Erreichung jedes inhaltlichen Zieles gebunden ist. Diese Vollkommenheit ist also unter allen Umständen von der Erziehung anzustreben. Das Erziehungsideal einer Zeit und eines Volkes in seiner inhaltlichen Fülle und Wirklichkeit ist historisch bedingt und geartet. Dazu begegnen einander individuelle Anlage und Lebensausstattung auf der einen Seite, der entsprechende Beruf in der Gliederung der Berufsarten auf der anderen Seite, und so erst entsteht die Erziehungswirklichkeit, kraft deren ein Mensch in seiner Zeit, seinem Volke, seiner Gesellschaft sich dem ihm angemessenen Ziel seiner Leistung entgegen entwickelt. Aber für dies alles ist die Vollkommenheit des teleologischen Zusammenhangs, den ein Seelenleben im Ineinandergreifen seiner Vorgänge bildet, die allgemeine Bedingung. Was in ihr gelegen ist, kann allgemeingültig entwickelt werden. Es ist eine Abstraktion aus der geschichtlichen Lebendigkeit des Menschen, aber eben als solche einer wissenschaftlichen Darstellung zugänglich. Entsprechend ist eine pädagogische Darstellung der Mittel, durch welche diese Vollkommenheit des psychischen Zusammenhangs herbeigeführt wird, in allgemeingültiger Strenge herzustellen. Denn das gesetzmäßige Erwirken eines Vorganges, in welchem sich ein solcher psychischer Zusammenhang ausbildet, ist uns mehr oder weniger ausreichend bekannt, und so können die Maßregeln, welche die Erziehungskunst praktisch tastend und versuchend für die Herstellung desselben aufgefunden hat, überall psychologisch beschrieben und an vielen Punkten erklärt und ergänzt werden. Die Formel, welche der Ausbildung eines bestimmten Teils innerhalb des psychischen Zusammenhangs den Gang und seine Hilfsmittel vorschreibt, nennen wir eine pädagogische Regel. Sofern eine solche Formel ein einzelnes wirkendes Element, z. B. die unwillkürliche Aufmerksamkeit oder den Faktor der Wiederholung im Behalten nach den Bedingungen seines Wirkens darstellt, kann sie als Prinzip bezeichnet werden. Die Zahl solcher pädagogischen Prinzipien ist unbestimmt, da die Zahl der Teile unbestimmt ist, in welche der Zusammenhang pädagogischen Wirkens aufzulösen ist.

So hat sich uns die Möglichkeit einer allgemeingültigen Pädagogik ergeben; in der Vollkommenheit der Vorgänge und ihrer Verbindungen, die in der Teleologie des Seelenlebens verbunden sind, hat sie eine sichere allgemeingültige Unterlage; in der Deskription, der Analysis und Regelgebung vermag sie den Charakter strenger Sicherheit zu erreichen. Was hier von der Pädagogik aufgezeigt ist, gilt ebenso für die anderen Geisteswissenschaften, welche das Leben leiten sollen. So haben wir nun die Aufgabe, die wir uns stellten, gelöst, und in dem, was ist, einen Grund für das, was sein soll, gefunden, in der Wirklichkeit einen Grund der Regel.

Aber hiermit ist nun auch das ganze Gebiet einer allgemeingültigen Pädagogik umschrieben. Es ist eng, und Sätze, welche die großen schwebenden Erziehungsfragen entschieden, wachsen nicht auf ihm. Handelt es sich darum, wie diese pädagogischen Wirkungselemente zu dem Zwecksystem der Erziehung in einer gegebenen Zeit und einem bestimmten Volke sich verknüpfen, soll von der formalen Vollkommenheit der einzelnen Vorgänge zu dem inhaltlichen psychischen Zusammenhang in den wirklichen Seelen einer Zeit und eines Volkes fortgegangen werden: dann treten wir nunmehr erst aus dem Gebiet von allgemeingültigen Abstraktionen in das von Erziehungswirklichkeiten; und diese sind immer geschichtlich und darum immer nur von relativer Geltung. Daher können keine konkreten Erziehungsfragen durch eine allgemeingültige Wissenschaft aufgelöst werden.

III. Der so bedingte Zusammenhang der Pädagogik

Unter Erziehung verstehen wir die planmäßige Tätigkeit, durch welche die Erwachsenen das Seelenleben von Heranwachsenden bilden. Der Ausdruck wird in einem weiteren Verstande gebraucht, wenn die einem anderen Ziel zugewandte Tätigkeit Erziehung als Nebenerfolg erreicht. So erzieht der Vorgesetzte in dem Amtsverhältnis, oder der Geistliche in dem Gemeindeverhältnis, ja das Leben selber erzieht den Menschen. Derselbe Ausdruck Erziehung wird in übertragenem Sinne da gebraucht, wo sich die Bildung als Effekt eines Wirkens ergibt, zu welchem ein Subjekt und ein bewußtes Ziel von uns ergänzt wird. In diesem Sinne ist der Mensch der Zögling der Natur, die Erde das Erziehungshaus der Menschheit und die Offenbarung die Erziehung der Menschheit selber genannt worden.

Hier wird überall ein Subjekt ergänzt, das die Ausbildung des Menschen in planmäßiger Tätigkeit erwirkt. Erziehung im eigentlichen Sinne ist dagegen auf das oben angegebene Verhältnis eingeschränkt; und zwar bildet diese planmäßige Erziehung ein in sich geschlossenes System. So ist Pädagogik als die Erkenntnis dieses Systems zu bestimmen.

Zwar sind unter einem höchsten philosophischen Gesichtspunkt Bildung, Vollkommenheit, Entfaltung und Glück des Menschen der eigentliche Zweck aller Institutionen. Ja, die umfassendere Betrachtung, nach welcher die Natur selber auf diesen Zweck hinarbeitet, hat ihr Recht. In diesem Sinne kann Willmann eine Bildungslehre schreiben, in einem ähnlichen Lorenz von Stein das Bildungswesen zum Gegenstand einer umfassenden wissenschaftlichen Darstellung machen. Pädagogik in diesem Verstande ist das höchste praktische Ziel, zu welchem die Philosophie leiten kann. Aber so lange die Institutionen der Gesellschaft nicht dieses Ziel als letztes und höchstes wirklich verfolgen, wird die Lehre von der Erziehung sich auf die Tätigkeit der Erwachsenen an dem heranwachsenden Geschlechte zum Zweck der Bildung desselben einzuschränken haben.

Als Bilden bezeichnen wir jede Tätigkeit, welche die Vollkommenheit der Vorgänge und ihrer Verbindungen im Seelenleben herzustellen strebt, und Bildung nennen wir also eine solche erreichte Vollkommenheit. Daß diese Bildung als Selbstzweck zu betrachten sei, ergibt sich aus dem dargestellten teleologischen Charakter des Seelenlebens. Ist doch jeder Begriff von Zweck und Selbstzweck nur daher entnommen, daß in dem befriedigten Zustand unserer Gefühle alle Vorgänge ihren Mittelpunkt haben. Die Ausdrücke: Glück, Wert, Zweck und Selbstzweck bezeichnen ja nur dieses teleologische Verhältnis. Das Individuum kann gar nicht ein Lebensziel sich setzen, welches nicht innerhalb seiner eignen Gefühlszuständlichkeit läge. Und wie es durch einen Schluß der Analogie oder vielmehr durch einen Vorgang, der einem solchen Schluß äquivalent ist, von der Existenz eines fremden Seelenlebens etwas weiß, so muß es vermittels desselben Verfahrens auch in diesem fremden Seelenleben einen teleologigischen Zusammenhang seiner eigenen Art voraussetzen. Es weiß, daß auch jedes andere Seelenleben sich als Selbstzweck fühlt. Und wie die Innerlichkeit (die immer dem Erinnern verwandt ist) mit der Zunahme von Bildern, Vorstellungen und ihren Verbindungen wächst, werden die Vorgänge zwischen Reiz und Bewegung vielfältig verlangsamt: das Zentrum des Seelenlebens, das von Einwirkungen und Bewegungen unabhängig besteht, wird mächtiger, einheitlicher und fühlt sich selber in dieser seiner einheitlichen Selbständigkeit; so wächst das Bewußtsein, Selbstzweck zu sein: Person, Würde, moralischer Wert werden nunmehr innerlich erfahren und an anderen anerkannt. Nun empfängt auch der Begriff der Bildung einen noch tieferen Gehalt. Wir sehen in dem Tiere den Reizen elementare Reaktionen folgen, ohne daß zwischen beiden eine feste, inhaltvolle und ihrer bewußte Innerlichkeit bestände; und doch blickt uns aus den Augen des Tieres ein uns Verwandtes an, und wir fühlen das dann näher als eine Verwandtschaft der Regungen, der Triebe, der Gefühle. So entsteht ein sonderbares Verhältnis. Wir haben Mitleid mit dem leidenden Tiere und sind doch zugleich gewiß, es unseren Zwecken unterwerfen zu dürfen. Indem wir das tierische Geschöpf nach unseren Zwecken gestalten, erziehen wir es nicht, sondern richten es ab. Ebenso hat nun in der menschlichen Gesellschaft ein Widerspruch bestanden: das Gefühl der Überlegenheit von Rassen, Stämmen und Volksklassen höherer Stufe gegenüber den niedriger gearteten kämpfte mit dem nie ganz mangelnden Gefühl, daß alles was Menschenantlitz trägt, auf Entfaltung und Glück Anspruch hat. Auch der Sklave, der Leibeigene ist nur abgerichtet worden, nicht erzogen. Langsam entfaltete sich in dem Menschengeschlechte das zentrale Gefühl, das in dem Satze des Christentums liegt: liebe andere, wie dich selbst, sowie in dem Satze von Locke und Kant: Betrachte den Menschen, und zwar wie dich selbst, so auch den anderen, als Selbstzweck. Und wie dieser Satz sich entfaltete, breitete die Erziehung sich auf alle, auch die wirtschaftlich untergeordneten Klassen aus.

Der erste Teil einer wissenschaftlichen Pädagogik hat Aufgaben zu lösen, welche bisher größtenteils noch gar nicht gesehen, allesamt aber noch nicht wissenschaftlich behandelt worden sind.

Er untersucht zunächst den Ursprung der Erziehung, des Unterrichts, der Schulen und die zunehmende Gliederung des Schulwesens in der Gesellschaft. Hier gilt es, die Mitteilungen der Reisenden über die Erziehung der Naturvölker mit den ältesten Nachrichten über Erziehung und Schule bei den Kulturnationen zu verbinden. Hierbei enthüllt sich eine merkwürdige Gesetzmäßigkeit, in welcher gewisse Formen bei Völkern, die ganz unabhängig voneinander sind, gleichmäßig auftreten. Als die primitivste Form von Erziehung tritt bei weit voneinander entlegenen Naturvölkern die Weihe auf, welche bei dem Eintritt der Pubertät von den Alten des Stammes den Jünglingen zuteil wird und die mit der Einführung in die Überlieferungen dieses Stammes verknüpft ist. Eine jeder Schrift voraufgehende, rohe und doch den ganzen Menschen mit einem gewissen Tiefsinn umfassende Erziehung. Eine zweite sehr allgemein, von den Naturvölkern aufwärts verbreitete Form von Erziehung, welche noch dem Gebrauch der Schrift voraufgeht, findet in den Priester- und Sängerschulen statt. Der Lehrling wird hier in eine Genossenschaft aufgenommen und für sie gebildet. Hier werden dann auch später die Anfänge der Schrift überliefert. Mit der Verbreitung der Schrift von Volk zu Volk und einer ausgedehnteren Benutzung derselben ist dann durchgängig das Auftreten von Schulen in unserem Sinne verbunden gewesen. Zwei Formen treten hier im Zusammenhang mit Unterschieden der sozialen Gliederung auseinander. Von Sparta, Kreta und den Persern sind uns zufällig Nachrichten über eine öffentliche Erziehung in dem militärisch-politischen Verbande überliefert, und es darf angenommen werden, daß auch bei anderen Völkern das Überwiegen eines solchen Verbandes über den Familienverband einmal stattgefunden und dieselbe Folge für die Form der Schulung gehabt hat. Wo sich dagegen die Selbständigkeit der Familie durchgesetzt hat, sind Privatschulen entstanden, welchen die Familie die Kinder übergibt, oder die kirchliche Organisation hat von der Familie die Kinder in Empfang genommen. Die fortschreitende Arbeitsteilung, die Entwicklung der wirtschaftlichen Ordnung und der Kultur steht dann in einem festen gesetzlichen Verhältnis zu einer stets zunehmenden Abzweigung der Schulen, einer wachsenden Differenzierung des Schulwesens. Heute stehen wir vor der Aufgabe, in unserem vielgestaltigen Schulwesen durch eine planvolle Unterrichtsgesetzgebung solche Beziehungen der Schulen zueinander herzustellen, daß jede individuelle Kraft ihren Weg zu dem Beruf findet, der ihr entspricht. In dem Wettkampf der Völker würde unsere Nation einen wichtigen Vorsprung gewinnen, vermöchte sie gleichsam haushälterisch in einer planvollen Ökonomie der Kräfte jede Einzelkraft zur höchsten in ihr liegenden Leistung zu bilden und in Wirkung zu setzen. Diese Aufgabe in unserem Staate zu lösen, wird es zwar nicht eines Unterrichtsgesetzes, aber doch einer einheitlichen und folgerichtigen Schulgesetzgebung bedürfen, welche wie einst die pädagogische Reformgesetzgebung von Humboldt, Süvern und ihren Genossen nach einem vorhandenen konsequenten Plane verfährt.

Der erste Teil der Pädagogik hat alsdann weiter die Beziehungen zu untersuchen, in welchen Erziehung und Schulen zu den Zentren der äußeren Organisation der Gesellschaft: Familie, Gemeinde, Staat und Kirche stehen. Die äußere Organisation der Gesellschaft beruht durchweg auf den Verhältnissen von Herrschaft, Abhängigkeit und Gemeinschaft: in diesem Verhältnis ist auch das Erziehungsrecht über die Unmündigen begründet. Durch den Selbstzweck im Kinde ist dieses Recht begrenzt. Auch in diesen seinen Beziehungen zu der äußeren Organisation wird das Schulwesen im Laufe der geschichtlichen Entwicklung immer komplizierter. Der Überblick über die Geschichte lehrt auch hier weise Mäßigung. Gegenüber der gegenwärtigen Neigung, die Schule ausschließlich staatlich zu gestalten wird jeder gesellschaftliche Körper nach dem Maß, in welchem er ein Element des Erziehungswerkes in einer Zeit und in einem Volke vertritt, auch an der Regelung der Erziehung zu beteiligen sein. Die Familie repräsentiert vor allem das Element des menschlichen Glücks; die Gemeinde erstrebt die Brauchbarkeit in ihrer Wirtschaftsgemeinschaft; der Staat fordert die Fähigkeit, leistungsfähig für das Ganze zu sein, dessen Gesetz sich unterzuordnen und es maßvoll fortzubilden. Die Kirche arbeitet an dem höchsten Ziel der Person, in welchem diese einsam und gleichsam jenseitig sich der Gottheit gegenüber findet. So bemerkt man, wie gerade in dem Gleichgewicht dieser Kräfte, welche die moderne Gesellschaft ausmachen, die Allseitigkeit der Erziehung gesichert ist. Bemächtigte sich eine dieser herrschenden Kräfte ganz der Kinderseele, so würde die Erziehung in Einseitigkeit erstarren.

Die allgemeinsten Rechtssätze, welche aus der Natur der Sache, insbesondere aus den Beziehungen des Selbstzweckes im Kinde zu den Zentren der äußeren Organisation: Familie, Gemeinde, Staat und Kirche, entspringen und an dem Verwaltungsrecht der einzelnen Völker aufgezeigt werden können, bilden die Grundlage für das Verständnis des Verwaltungsrechtes der Schule bei einem einzelnen Volke. In dem preußischen Schulverwaltungsrecht, dessen festen Boden das Landrecht bildet, lassen sich dann durchgehende Rechtssätze aufzeigen, welche aus der besonderen Natur unseres Volkes und Staatslebens stammen.

Endlich wendet sich der erste Teil der Pädagogik gleichsam nach innen. Er betrachtet, beschreibt, analysiert das schaffende Vermögen des Erziehers und das Verhältnis dieses Vermögens zu den Anlagen des Zöglings. Dieses Verhältnis ist dem verwandt zwischen dem Staatsmann und der Gesellschaft, auf die er wirkt, zwischen dem Künstler und dem Publikum, das ihn genießt. Aber die künstlerische Anlage würde auch walten und schaffen, wenn der Künstler allein auf einer wüsten Insel lebte. So kann man bei der Betrachtung dieses Verhältnisses von dem Genius des Künstlers ausgehen. Anders ist es mit dem Schaffen des Staatsmanns, mit dem Bilden des Erziehers. Das Werk des Erziehers ist bedingt durch die sich entfaltende Seele, auf die er wirkt. Sie regt in ihm die bildende Kraft an und gibt dieser das Gesetz. Mit dem Zögling also ist zu beginnen.

Mit Recht stellt Herbart an den Beginn der Erziehungslehre den Begriff von der Bildsamkeit des Zöglings. Dieser Begriff drückt doch eine höchst zusammengesetzte Erfahrungstatsache aus. Das Seelenleben bildet eine Entwicklung. Die Grundlage für das Verständnis dieses Satzes haben wir oben gelegt, ausgehend von dem teleologischen Charakter alles Seelenlebens. Da findet beständige Zunahme von Erfahrungselementen statt. Einübung der elementaren Prozesse, durch welche diese Elemente in Beziehung treten, Entstehung eines Verständnisses der Wirklichkeit aus ihnen; nun aber zugleich, da wir auf diese Bilder der Objekte in Gefühlen und Trieben reagieren, Ausbildung dieser elementaren Regungen, inhaltliche Verknüpfung derselben zu einer Einheit des Gemüts und Charakters und zunehmende Übung der von hier ausgehenden Willenshandlungen. Das allgemeinste Gesetz dieser Entwicklung der Menschennatur steht im Gegensatz zu demjenigen Grundgesetz, das die äußere Natur beherrscht.

Dort regiert das causa aequat effectum und, hierdurch bedingt, das Gesetz von der Erhaltung der Kraft, hier aber regiert ein Grundgesetz der Steigerung. Alsdann besagt der Begriff der Bildsamkeit, daß es möglich ist, die Entwicklung des Zöglings zu befördern, deren Hemmungen zu beseitigen und das Seelenleben desselben seiner Vollkommenheit entgegenzuführen, wenn der erziehende Künstler die Gesetze des Seelenlebens kennt und zu benutzen versteht.

Und hier entsteht nun die reizvollste Aufgabe, welche Erziehungslehre kennt: sie soll den pädagogischen Genius beschreiben und analysieren, sie soll hierdurch den werdenden Erzieher mit dem Gefühl seiner Würde und mit der Begeisterung für seinen Beruf erfüllen. Auch in dem pädagogischen Genius ist etwas Ursprüngliches. Seltener vielleicht als der Dichter oder der bildende Künstler ist er in der Geschichte aufgetreten. Sokrates, Plato, Comenius, Pestalozzi, Herbart, Fröbel sind unzweifelhaft von dieser Art. Sie treten neben die Dichter als Personen desselben Ranges, aber von einer ganz anderen Gemütsbeschaffenheit. Die geschichtliche Kenntnis von ihnen schöpfen wir mehr noch aus Schilderungen anderer über sie als aus Selbstzeugnissen. Man bemerkt, daß die Anziehungskraft, die ein Mensch auf andere ausübt, durch die impulsive Macht bedingt ist, mit der er sich äußert und hingibt. In dem pädagogischen Genius herrschen daher Gemüt und Anschauungskraft vor, gar nicht der Verstand. So gewahrt man denn auch im Leben häufig, daß Menschen von nicht besonders scharfem Verstande dieses pädagogische Talent besitzen. Wir verstehen und bestimmen einen Menschen nur, indem wir mit ihm fühlen und seine Regungen in uns nachleben. Wir verstehen nur durch Liebe. Und gerade an ein unentwickeltes Leben müssen wir uns annähern durch die Kunst der Liebe, durch ein Mindern unserer eigenen Gefühle in das Dunkle, Unentwickelte, Kindliche, Reine. Eine ungebrochene Naivität im Grunde der Seele nähert den pädagogischen Genius dem Kinde. Pestalozzi in seiner Schulstube, Fröbel in den Thüringer Bergen, Kinderspiele erfindend und Kinderlieder, zeigen solche Gabe wie in einem Urphänomen. Wo dieselbe mit einem starken intellektuellen Vermögen verbunden ist, entsteht die ganz besonders ergreifende Gestalt des Seelenlebens, als welche Plato den Sokrates im Symposion dargestellt hat. Auf dem Grunde naiven Verstehens entspringt dann ein Sinnen über Seelenleben, so lebendig, so voll Realitätssinn, daß es gegen die wissenschaftliche Analysis widerspenstig verbleibt. Aus solchem Sinnen sind die herrlichen Jünglingsgestalten Platos entstanden als ein einziges Denkmal des pädagogischen Affekts, dann Pestalozzis Menschenbilder in dem Lienhart, dem schönsten Volksroman aller Zeiten, und seine wie Fröbels Phantasien über die Menschenseele und die Entwicklung der Menschheit: tiefsinnig, elementar, konkret wahrhaftig, nicht nach dem Richtmaß wissenschaftlicher Analyse zu messen, ein Ding für sich in der Welt des Grübelns über Menschennatur. Die Welt kann nicht verarmen, so lange Leben, Kind und Familie so empfunden werden. Hierin hat auch der Elementarlehrer seine Kraft: Kind des Volks, wenige Jahre nur von der Dorfschule durch das Seminar getrennt, vor sich einen hölzernen psychologischen und pädagogischen Schematismus, aber über und unter demselben leben ihm alle seine naiven Erfahrungen. Ja auch über Diesterweg oder Fröbel mag der pädagogische Theoretiker oftmals lächeln. Wie unbehilflich, Kindern gleich, arbeiten sie mit den Werkzeugen der Analyse, aber ihr Gefühl der Kinderseele – das ist es, durch das sie uns Theoretikern allen überlegen sind. Und nun entspringt in dem pädagogischen Genius aus immer neuer Beschäftigung mit Menschen- und Kinderseelen grübelnde Erfindsamkeit mit Bezug auf die Kunstgriffe zu bilden, zu unterrichten. In der Schulstube entspringen diese Erfindungen, Kinder vor den Augen, und das Urphänomen solchen Erfinders ist, wie Pestalozzi, verwahrloste Kinder um sich, mit den einfachsten, elementarsten Aufgaben ringt und die Elementarmethode erfindet. Welch ein Kontrast: die Aufklärung der Salons in Frankreich und dort Rousseau phantasierend, sein Buch auf den Tischen der Weltfrauen, seine Kinder im Findelhause, sein Leben einsame Träumerei, und die Pädagogik der deutschen Aufklärung, das goldene Zeitalter genialer Erziehungsversuche, Fürsten und Minister, die helfen wollen, Familienväter, die aus ihren Kindern Menschen bilden wollen, ein Publikum, das mit Begeisterung folgt, und die Aufopferung echt pädagogischer Naturen, wie Pestalozzi, Salzmann, Campe, Fröbel, welche unter Kindern in einfachsten Verhältnissen ihr Leben mit dem mächtigen Gefühl des Fortschreitens der Menschenbildung als der wichtigsten Angelegenheit unseres Geschlechtes erfüllen.

Der zweite Teil der Pädagogik umfaßt nun die analytische Darstellung der einzelnen Vorgänge, welche in der Erziehung ineinandergreifen, sowie die Ableitung allgemeingültiger Normen, welche die Erziehung so gut als die Kunst, die Wissenschaft oder das sittliche Leben regeln. Wir haben den Zusammenhang entwickelt, in welchem aus der teleologischen Verfassung des Seelenlebens der Begriff von Vollkommenheit seiner Vorgänge entspringt, und aus dem sich einzelne Regeln oder Normen auslösen und darstellen lassen. Jedoch kann nur die Bildung der Intelligenz auf Grund allgemein anerkannter psychologischer Einsichten in pädagogischer Regelgebung heute bereits dargestellt werden. Auf diese muß sich unsere Probe des Verfahrens einschränken. Dagegen würde die Lehre von der Bildung des Gemüts und des Willens eine neue psychologische Grundlegung erfordern, welche an dieser Stelle, im Umfang dieser Abhandlung, nicht geleistet werden kann.

Die unterste Stufe aller Erziehung der Kinderseele liegt in den Spielen. Das Kind macht noch keinen Kraftaufwand, welcher die realen Bedürfnisse durch zwischenliegende Akte von Arbeit in der Zukunft zu befriedigen verspricht. Es spielt. Das spielende Kind hat in der Tätigkeit selbst seine Befriedigung. Hier im Spiel wird nun zuerst der Zusammenhang ausgebildet und vertieft, welcher von Vorstellungen durch angeregte Gefühle zu Willenshandlungen und Bewegungen übergeht. So atmet sich die Seele des Kindes im Spiel zuerst aus. In ihm wird die Gesundheit der Kindernatur durch ihre freie und ganze Betätigung erhalten. So ist das oberste Prinzip der Erziehung durch Spiele: das Spiel ist für das Kindesleben eine notwendige Funktion, in welcher der Fortgang von Vorstellungen durch den Wechsel der Gefühle zu äußeren Bewegungen sich frei entfaltet. Wenn die Wahrnehmungsspiele die Bilder der Gegenstände entwickeln, wenn die Phantasiespiele das innere eigentümliche Bilden und Weben in der Kinderseele fördern, wenn die Übungsspiele Gesundheit, Stärke und Moralität ausbilden, so ist solcher einzelne Nutzen überall zu pflegen, aber der eigentlichen Funktion des Spiels unterzuordnen.

Auf den höheren Stufen der Erziehung handelt es sich dann zunächst darum, innerhalb des teleologischen Zusammenhangs der Seele die Vollkommenheit der Bestandteile und Vorgänge auszubilden, aus welchen das intellektuelle Leben besteht. Die oberste Regel für diesen Teil der Bildung liegt in dem Zweck dieser Vorgänge, eine den Bedürfnissen angepaßte Erkenntnis herbeizuführen.

Die erste Aufgabe ist hier die vollständige Ausbildung der in der menschlichen Sinnlichkeit enthaltenen Sinneselemente sowie die Entwicklung der Unterscheidungen und Beziehungen zwischen ihnen. Diese Aufgabe löst zunächst der Anschauungsunterricht. Verstehen wir unter einem Prinzip die Formel, welche die Bedingungen eines pädagogischen Wirkungselementes verzeichnet, so läßt sich am Anschauungsunterricht deutlich verfolgen, wie solche Prinzipien geschichtlich zum Bewußtsein gelangt sind und nun nachträglich mit der fortgeschrittenen Psychologie in Übereinstimmung gebracht werden können. Hier besteht sonach dasselbe Verhältnis, das ich in der Poetik aufgezeigt habe. Das oberste Prinzip des Anschauungsunterrichts ist unter der Einwirkung Bacos von Comenius und seinen Nachfolgern formuliert worden. Der Unterricht muß dem Gang der Natur folgen, dieser aber geht von der Anschauung zu Begriff und Wort, und zwar von dem Ganzen, das in der Anschauung befaßt ist, zu den Teilen. Die von diesem Prinzip aus gefundenen Methoden bilden einen Hauptteil der pädagogischen Reformtätigkeit im 17. und 18. Jahrhundert. Dann ist ein zweites Prinzip von Comenius gesehen, von Rousseau durchgeführt worden. Der Anschauungsunterricht hat von der nächsten Umgebung des Kindes aus das Ganze der umgebenden Welt zu beschreiben. So ergänzt er das der kindlichen Erfahrung Gegebene vermittels der dem Kinde geläufigen Operationen in den ihm geläufigen Richtungen. Ein drittes Prinzip war ebenfalls von Comenius aufgestellt und ist von Basedow durchgeführt worden. Auffassen der Objekte und Bezeichnung derselben ist einzuüben. Viel tiefer reicht nun aber das von Pestalozzi aufgestellte vierte Prinzip. In aller Anschauung wiederholen sich Elemente. Daß jedes dieser Elemente in höchster Energie, Reinheit und Sicherheit hervorgebracht werde, ist die Voraussetzung, unter welcher dann die Anschauung ihre höchste Vollkommenheit erreicht. Diese Elemente treten in dem Anschauungskreise des Räumlichen, der Zeitbestimmungen, der sinnlichen Qualitätenkreise, der Tonreihe und der Sprachlaute auf. Übungen, welche die vollkommene Hervorbringung dieser Elemente zum Ziel haben, sind von Pestalozzi erfunden und von Herbart, Fröbel und vielen anderen durchgeführt worden. Eine Ergänzung finden diese Prinzipien darin, daß auch die Erweckung, die reine und energische Darstellung von Elementen der inneren Erfahrung vermittels des Umgangs und der Poesie, der Religion und der Geschichtserzählung eine wichtige Unterlage des höheren Seelenlebens bildet.

Schon die Anschauungen bedürfen der Aufmerksamkeit zu ihrer Ausbildung. Interesse und Aufmerksamkeit müssen nun aber überhaupt als die bewegende Kraft angesehen werden, die für alle Wirkungen im Unterricht erforderlich ist. Die Aufmerksamkeit wird durch das Interesse geleitet. Unter diesem verstehen wir den Anteil der Seele an einer Vorstellung oder Vorstellungsverbindung. Können nun verschiedene Arten von Aufmerksamkeit unterschieden werden, so muß ein solcher Unterschied entscheidende Bedeutung für den Unterricht haben. Die unwillkürliche Aufmerksamkeit wird durch die Bilder und Vorstellungsvorgänge als solche hervorgerufen und wendet sich den Objekten ohne Anstrengung zu. Sie entsteht aus dem Interesse, das dem Objekte beiwohnt. Dieses hat Erregung von Bewußtsein zur Folge, Festhalten im Gedächtnis, Unterscheiden der Bestandteile und Auffassung ihrer Beziehungen, kurz es ist der Hebel des ganzen Unterrichts. Dagegen entspringt die willkürliche Aufmerksamkeit aus einer Anstrengung des Willens, die dem Gegenstande zugewendet ist. Diese hat ein Motiv zur Unterlage, um dessentwillen die Aufmerksamkeit unterhalten wird, während sie dem Objekt nach seiner Relation zu unseren geistigen Operationen für sich nicht zukäme. Sie entsteht im Kinde aus Furcht vor Strafe und Hoffnung auf Lohn, aus Ehrgeiz und Freude am Wettstreit, aus dem Bewußtsein der Nützlichkeit in der Zukunft. Das Prinzip, welches Herbart zuerst aufgestellt hat, fordert nun, daß der Unterricht überall da, wo ein Objekt Gegenstand unwillkürlicher Aufmerksamkeit sein kann, diese hervorzurufen bestrebt sei und verstehe. Nur wo nach der Natur des Zöglings oder des Gegenstandes dies unmöglich ist, tritt die willkürliche Aufmerksamkeit ergänzend ein. In diesem Prinzip sind dann Einzelformeln enthalten, welche die Wirksamkeit desselben näher bestimmen. Die erste Formel entwickelt die Bedingungen der unwillkürlichen Aufmerksamkeit, eine andere hebt die Bedeutung der Übung im willkürlichen Aufmerken für die Energie der Denkprozesse und die Ausbildung des Charakters hervor. Strafreden und Ermahnungen sind bekanntlich Hausmittel hilfloser Mütter und schlechter Schulmeister für die Bildung des Charakters. Aber die willkürliche Aufmerksamkeit ist die erste Form, in welcher der Wille lernt, Vorstellungen und Triebe stetig zu beherrschen und fest zu regieren. Grammatik und Mathematik in ihrer spröden, widerstrebenden Natur disziplinieren den Geist des Knaben und befähigen ihn, später zu gehorchen und zu herrschen.

Die Analyse der Erziehungsvorgänge hat dann weiter das Gedächtnis zu betrachten. Sie sieht in ihm eine Eigenschaft der Vorstellungen selber: durch diese wird die Ausbildung eines Zusammenhangs unseres Seelenlebens hergestellt, welcher, einmal erworben, jeden bewußten Seelenvorgang beeinflußt, obwohl er selber nicht in seinen Teilen zu klarem und deutlichem Bewußtsein erhoben wird, und welcher dann zugleich die Reproduktion jedes einzelnen Teiles dieses Zusammenhangs im Bewußtsein ermöglicht. Diese Erkenntnis ist für die moderne Pädagogik von entscheidender Bedeutung. Sie vernichtet die alte Trennung von Lernen und Denken, von Gedächtnis und Urteilskraft, von Aneignung und Verarbeitung. Die Aufgabe des Unterrichts, einen die Wirklichkeit repräsentierenden Zusammenhang der Vorstellungen herzustellen, ist also durchweg von Gedächtnisoperationen getragen und abhängig. Das oberste Prinzip ist sonach: die Aneignung von Vorstellungen und deren Verbindungen ist durch den Unterricht in dem Maße und nach den Verhältnissen herzustellen, daß ein Zusammenhang des Seelenlebens erarbeitet werde, der die Wirklichkeit repräsentiert und die erforderlichen Einwirkungen auf sie zu üben gestattet. Dieses Prinzip stellt sich in folgenden Einzelregeln dar. Da das Gedächtnis in seiner plastischen Kraft ursprünglich körperliche Anlage ist und diese Anlage durch mäßiges Leben, Vermeiden der Affekte und zusammenhängende freudige Tätigkeit frisch erhalten wird, sind von Kindheit auf diese Gesundheitsverhältnisse zu pflegen. Da die Reproduzierbarkeit einer Vorstellungsmasse dann im einzelnen abhängt von der Stärke des Interesses, der Art und Energie des Zusammenhangs, der Zahl der Wiederholungen und dem Abstande der letzten Wiederholung vom gegenwärtigen Gedächtnisakt, so ist Ökonomie des geistigen Lebens das erste Hauptmittel, die vorhandene plastische Kraft des Gedächtnisses zu benutzen: Ordnung und Zusammenhang des geistigen Lebens siegen auch über schlechte Naturanlagen.

Nunmehr analysieren wir die Einübung des logischen Denkens und die Ausbildung eines Zusammenhangs der Vorstellungen in einer Erkenntnis, welche die Wirklichkeit repräsentiert und ihre Gestaltung ermöglicht. Im Dienst dieser Aufgabe ist seit Rochow zunächst die katechetische Methode ausgebildet worden. Doch ist sie mit ihrer Aufführung von Merkmalen und ihrer Abgrenzung der Begriffe nur von eingeschränktem Werte, ja in gewissem Sinne ein Überbleibsel aus der Zeit vor unserer modernen Wissenschaft. Der lebendige Erkenntnistrieb ist darauf gerichtet, die inneren Bänder im Wirklichen, die einfachen Verhältnisse, durch welches dieses für den Intellekt durchsichtig wird, zu erfassen. Die Befriedigung dieses Bedürfnisses liegt darin, daß wir die konkreten Beziehungen zwischen den Erscheinungen festzustellen suchen, die sich dann schließlich alle auch als Verhältnisse der Abhängigkeit abstrakt darstellen lassen. Wir vermöchten aber nicht, solche Abhängigkeitsverhältnisse festzustellen und aus dem Zusammengeratenen das Zusammengehörige auszusondern, wäre uns nicht in der Regelmäßigkeit der Verbindung das äußere Zeichen der Abhängigkeit einer Erscheinung von der anderen gegeben. Hier liegt der Schlüssel für das Verständnis der Induktion. Dieselbe sucht das Notwendige vermittels des Allgemeinen. Indem sie von Fall zu Fall fortschreitet, löst sie aus den Sequenzen oder Koexistenzen der Wirklichkeit genau, womöglich quantitativ bestimmte Vorgänge oder Bestandteile von Vorgängen aus, welche in fester Beziehung zueinander stehen. Diese Gleichförmigkeit wird erst genau faßbar, wo sie als Gleichheit in Zahl oder Raumgröße auftritt. Einfache Beziehungen von Größen aufeinander in regelmäßiger Wiederkehr sind das Zeichen der Gottheit mitten in dem verworrenen Spiel des sinnlich Veränderlichen. So wirken die Analysis und die von ihr untrennbare Induktion zusammen mit der Synthesis und der Deduktion. Die Hauptoperation unter diesen, Feststellung der Beziehungen in einem unverstanden uns gegenübertretenden Ganzen, wird am meisten lebendig im sprachlichen Auffassen eines Satzes oder einer Satzverbindung eingeübt, zumal wenn diese Einübung von den genauen Hilfsmitteln grammatischer Kenntnis unterstüzt ist. Zugleich bringt die Grammatik die konkreten Beziehungen am Wirklichen zum Bewußtsein, und die Mathematik übt uns, die Beziehungen im Quantitativen aufzufassen. Will man dies Bewußtmachen der Beziehungen am Wirklichen und die Einübung ihrer Auffassung als formale Bildung bezeichnen, so ist dieselbe natürlich die Unterlage für diesen ganzen Teil der Erziehung. Aber eine falsche Übertreibung der formalen Vorbildung dehnt auf dem Gymnasium bis in das 19. oder gar 20. Lebensjahr bloße Vorbereitung für weitere Vorbereitung zu dem schließlich so kurzen Leben aus. Aus diesem Bewußtsein im Schüler stammt die Langeweile, die sich über die höheren Schulen verbreitet, sowie die Ungeduld, sie zu verlassen. In den Jahren, in denen der Wissenstrieb erwacht, bleibt er unbefriedigt, wird vertröstet und schwindet zusammen. Dem ist das folgende Prinzip gegenüberzustellen: mitten im Bewußtmachen der Beziehungen, im Einüben der logischen Operationen, in der

Erweckung der Freude am Wettstreit des logischen Denkens muß doch schon auf den höheren Vorbereitungsanstalten selber die Wißbegier des Jünglings entfacht und zu einer inneren Befriedigung geleitet werden; das Denken des Schülers soll überall an den Erfahrungen reelle und dauernd wertvolle Operationen vornehmen, es soll sich vor allem auf die Kausalbeziehungen richten, welche zumeist vermittels des Verhältnisses zwischen dem Einzelnen und Allgemeinen, also induktiv erkannt werden; es soll auch schon lernen, diese Kausalbeziehungen quantitativ zu bestimmen. So soll sich schon dem Schüler die Natur aufschließen. Er soll den Zusammenhang der geschichtlichen Wirklichkeit aufzufassen sich üben. Und hier ist ein großer Segen, daß das griechisch-römische Altertum gleichsam eine Elementarschule für das Verständnis der geschichtlichen Welt ist: Alles hier noch einfach, elementar, dem Boden nahe und dem jugendlichen Geiste verwandt. Der Fortgang der modernen Wissenschaften und der des Erziehungswesens arbeiten nach demselben Ziele: Vereinfachung des Zusammenhangs, der die Wirklichkeit repräsentiert, und der Begründung desselben. Die Wissenschaft hat durch die zunehmende Ausdehnung ihres Gebiets, die noch bestehende Künstlichkeit in manchem ihrer Teile, den Mangel an Zusammenhang in anderen, die Schwierigkeiten herbeigeführt, welche das höhere Schulwesen belasten: sie wird dieselben durch Vereinfachung allmählich mindern.

Eine ausgeführte Didaktik hat dann schließlich die Unterrichtsfächer zu gruppieren, ihre Erziehungswerte gegeneinander abzuschätzen, ihre Aufeinanderfolge zu bestimmen und die Methoden der einzelnen Unterrichtsgegenstände festzustellen. Überall sind hier die allgemeingültigen Prinzipien unbestimmt und erhalten erst durch den Charakter eines nationalen Erziehungssystems eine genauere und dann geschichtlich eingegrenzte Fassung.

Wir sind an der Grenze der allgemeingültigen pädagogischen Theorie angelangt. Das angegebene Verfahren kann auch auf die Lehre von der Bildung des Gemüts und des Willens übertragen werden. Die leitenden Gesichtspunkte für eine solche Theorie sind in dem oben umschriebenen teleologischen Zusammenhang des Seelenlebens gegeben. Aus der zweckmäßigen Funktion der Gefühls- und Triebkreise in dem psychischen Zusammenhang ergibt sich, in welcher Richtung die Erziehung hier die Entwicklung zur Vollkommenheit anzustreben hat. Doch ist für diesen Teil der pädagogischen Wissenschaft erst der psychologische Unterbau im einzelnen herzustellen, was an dieser Stelle zu weit führen würde. Mehr als hier entworfen und angedeutet ist, kann in einer allgemeingültigen Theorie nicht geleistet werden. Die großen Fragen der Erziehung, welche zur Zeit die Nation bewegen, können nicht allgemeingültig für alle Zeiten und Völker entschieden werden, sondern sie können nur auf Grund der genaueren fachmännischen Kenntnis von Geschichte und jetzigem Leben der Erziehung durch eine Art von künstlerischem Handeln, in dem die Gabe des Staatsmannes und des Pädagogen zusammenwirken, ihre Behandlung finden.

Der Gedankenzusammenhang, in welchem das geschieht, bewegt sich durch folgende drei Untersuchungen hindurch. Zuerst entsteht die Frage: wie entspringt aus den pädagogischen Elementarvorgängen, welche wir entwickelt und in Regeln dargestellt haben, ein inhaltliches Bildungs-, Erziehungs- und Unterrichtssystem, wie es in einem bestimmten Kulturkreis regiert? Die entsprechende Frage habe ich in der Poetik behandelt und dort gezeigt, wie jede Technik der Dichtung der einen Dichtungsart ihre Einheit nur aus der Inhaltlichkeit einer geschichtlichen Kultur erhalten hat. Eine allgemeingültige Technik der Tragödie oder des Epos gibt es nicht. Ebenso verhält es sich auf dem Erziehungsgebiet. Alsdann wird eine vergleichende Betrachtung der Erziehungssysteme anzustellen sein und sie wird ergeben, daß gerade hier die Einzelformen durch die voranschreitende Entwicklung der Menschheit miteinander verbunden sind. In gewissen Grenzen wird es hierdurch möglich, die Tendenz in der Entwicklung der Erziehung zu bestimmen und so unsere wissenschaftlichen Einsichten für die Leitung des Unterrichtswesens zu benutzen. Endlich wird die Vertiefung in unser nationales Erziehungssystem, in seine Geschichte und seine Gegenwart, die Auffassung der Beziehungen dieses Systems zu unserer Kultur, auf der Unterlage der ganzen hier umschriebenen Erkenntnis, imstande sein, dem künstlerischen Wirken der Unterrichtsverwaltung die Wege zu weisen, auf denen die vorsichtige Weitergestaltung unseres nationalen Schulwesens erreicht werden kann. Denn dem historischen Sinn ist es klar, daß das geschichtliche Ethos eines Volkes, das auch sein Erziehungswesen hervorgebracht hat, nicht verletzt und aufgelöst werden darf durch die Eingriffe einer radikalen Theorie, welche von einem allgemeingültigen System aus die Erziehung aller Völker regeln möchte.

Interpretation

Wilhelm Dilthey: Ein pädagogischer Klassiker, „der problemgeschichtlich unser höchstes Interesse verdient"

„Allgemeingültigkeitsschrift" und „Grundlinienschrift"

Auf die Frage, mit welchen Werken Wilhelm Dilthey als Klassiker der Pädagogik sich empfiehlt, ist ein derart Befragter erst einmal in eine gewisse Schwierigkeit entlassen, denn das nachgefragte spezifisch pädagogische Œuvre ist schmal. Dem erwartungsvollen Nachfrager muss zunächst zu erkennen gegeben werden, dass es lediglich eine und dabei nicht gerade umfangreiche systematische Schrift zur Pädagogik aus Diltheys Feder gibt. Bei ihr handelt es sich um die Veröffentlichung seiner Rede in der Sitzung der Königlich Preußischen Akademie der Wissenschaften vom 19. Juli 1888 in den Akademie-Sitzungsberichten des gleichen Jahres. Diese Akademierede hat – so unvollkommen die Veröffentlichung auch sein mag – über gut dreißig Jahre die Diskussion über die Bedeutung Diltheys für die deutsche Pädagogik bestimmt. Sie trägt den Titel: „Über die Möglichkeit einer allgemeingültigen pädagogischen Wissenschaft". Ihre Absicht ist, den Nachweis zu erbringen, dass alles pädagogische Handeln und die pädagogische Theorie immer an die jeweiligen gesellschaftlichen und kulturellen – damit geschichtlichen – Voraussetzungen gebunden sind, dass es keine Aussagen über Inhalte und Ziele von Erziehung, über Normen und Werte von Erziehung und Bildung geben könne oder besser: geben dürfe, die mit dem Anspruch aufträten, allgemeingültig zu sein. Und „allgemeingültig" heißt: notwendige und objektive Geltung zu besitzen für jeden Menschen an jedem Ort zu jeder Zeit, das bedeutet eben auch für jede Kultur, für jede Nation, für jede Religion, für jede Weltanschauung, jede Ideologie wie auch für jeden Winkel der Erde. Bis ins 19. Jahrhundert verstanden sich immer wieder pädagogische Aussagen bei wechselnden Legitimierungsquellen als derart allgemeingültige Festlegungen und Bestimmungen. Und auch die Gegenwart ist nicht davon ausgenommen: auch heute finden sich solche Positionen, wobei es sich nicht nur um religions- und weltanschauungsgebundene Gemeinschaften handelt, sondern um global ausgerichtete Versuche, volksspezifische, religionsspezifische und kulturspezifische Erziehungsziele, Normen und Werte zu relativieren oder abzulösen zugunsten eines universalen Menschenrechtsverständnisses, das sich der europäischen Aufklärungsbewegung des 17. und 18. Jahrhunderts verdankt und mit dem Anspruch universaler Geltung und universaler Verbreitung auftritt. Solchem Denken und solchem Handeln gilt Diltheys Veto: „Dem historischen Sinn ist es klar“, so erklärt er am Ende seiner „Allgemeingültigkeitsschrift“, „dass das geschichtliche Ethos eines Volkes, das auch sein Erziehungswesen hervorgebracht hat, nicht verletzt und aufgelöst werden darf durch die Eingriffe einer radikalen Theorie, welche von einem allgemeingültigen System aus die Erziehung aller Völker regeln möchte“ (VI, S. 82).

Dilthey hat nun den sog. Historismus in die Wissenschaften vom Denken und Handeln des Menschen in Gesellschaft und Geschichte hineingetragen und eine Grundlegung der Wissenschaften vom Menschen, von der Geschichte und der Gesellschaft begonnen, die er als „Geisteswissenschaften“ neben den gesetzesgebundenen Naturwissenschaften bezeichnete. Zu diesen Geisteswissenschaften gehörte für Dilthey auch die Pädagogik als die Wissenschaft von der „Pädagogie“, nämlich der Erziehung im engeren und weiteren Sinne und der Bildung des Menschen. „Pädagogie“ – so Dilthey – ist „das höchste praktische Ziel, zu welchem uns das philosophische Nachdenken“ (in der Pädagogik) „Schlüssel geben kann“ (IX, S. 191). Im Rahmen seiner Grundlegungsversuche der Geisteswissenschaften unterzieht er demnach auch die Pädagogik, die ihm in hohem Maße für seine Zeit als „rückständige Wissenschaft“ erscheint, einer solchen Aufgabe. – Aber zurück zur Eingangsfrage: Seit 1934 ist die Pädagogik in der Lage, neben der „Allgemeingültigkeitsschrift“ über eine weitere veröffentlichte Arbeit Diltheys zur Allgemeinen Pädagogik zu verfügen. Im genannten Jahr gab Otto Friedrich Bollnow im Band IX der ›Gesammelten Schriften Diltheys‹ ein umfangreicheres Skript heraus, das den Titel „Grundlinien eines Systems der Pädagogik“ trägt und auf Vorlesungen Diltheys aus den Jahren 1884 bis 1894 beruht. Genauer könnte das Skript auch heißen: „Grundlinien der Pädagogik als Kultursystem“ oder „Grundlinien des Kultursystems der Pädagogik“. Denn darum geht es Dilthey wesentlich: nachzuweisen und zu begründen, dass die einzelnen Geisteswissenschaften Systeme von Kultur sind und zusammengefasst und ineinander greifend Träger von Gesellschaft und Kultur sind. Dazu gehören ihm neben der Wissenschaft von Erziehung die von Sittlichkeit, Sprache, Wirtschaft, Recht, Religion, Kunst und Wissenschaft selbst. Diese „Grundlinien“ stecken das Fundament einer Allgemeinen Pädagogik ab, sie sind Leitlinien für die Grundlegung der Pädagogik als einer Geisteswissenschaft und eines Kultursystems. Diese „Grundlinienschrift“ ist das kompilierte Manuskript der Vorlesung Diltheys an der Berliner Universität, an der er eine ordentliche Professur für Philosophie in der Nachfolge von Hermann Lotze seit 1883 innehatte. Diese Vorlesung über Pädagogik hat er zehn Jahre lang von 1884 bis 1894 Sommersemester für Sommersemester jeweils dreistündig gehalten. Ihr Manuskript ist auch die gedankliche Basis seiner „Allgemeingültigkeitsschrift“, wie die immanente Gliederung und die vielen wortgetreuen Textübereinstimmungen verraten. War diese Vorlesung für angehende Pädagogen (im Wesentlichen für Lehrer), die direkt im Vorwort angesprochen werden, eine Pflichtvorlesung, so erklärt Dilthey dazu, dass sie „seit langen Jahren die liebste meiner Vorlesungen gewesen“ sei (IX, S. 7). Ist ihm doch das „Geschäft der Erziehung“ eine „Aufgabe“, die selber „zu den höchsten der Philosophie“ gehört; „denn ganz allgemein angesehen: Blüte und Ziel aller wahren Philosophie ist Pädagogik im weitesten Verstande, Bildungslehre des Menschen“ (IX, S. 7) oder – so zitiert Bollnow Dilthey: „Das letzte Wort des Philosophen ... ist die Pädagogie; denn alles Spekulieren ist um des Handelns willen“ (IX, S. 1).

Diese Vorlesung „Grundlinien eines Systems der Pädagogik“ ist in Form der bollnowschen Herausgabe im Quellentextteil als erste Abhandlung zum Abdruck gekommen. Sie stellt mit Josef Leonard Blaß (1978, S. 188) das „Zentrum von Diltheys pädagogischen und bildungstheoretischen Arbeiten“ dar. In der Tat hat Dilthey selber kein System der Pädagogik entwickelt; er liefert für etwaige Systemüberlegungen die gesellschafts-, geschichts-, seelenlebens- und lebensbezogenen Grundlinien und mit diesen Grundlinien die Verpflichtung für alle die Adepten, die seine Grundlegung der Geisteswissenschaften als Basis dazu nutzen wollen, ein System der Pädagogik aufzubauen, dieses allein aufzubauen auf der Erziehungswirklichkeit, auf dem Leben und auf einer Lebenseingebundenheit von Erziehung: „Wir kommen nicht mehr durch das System zum Leben“, das wäre rückständig, „sondern gehen von der Analysis des Lebens aus. Dieses Problem hat aber zu seiner Realität die ganze Extension der gesellschaftlich-geschichtlichen Welt in der ganzen Intensität des anthropologischen Wissens“, das von der Psychologie getragen wird. Und für die Pädagogik – wie für die Geisteswissenschaften überhaupt – ergibt sich als Antwort auf die Frage, „welches Lebensverhalten aus der so erfaßten Wahrheit des Lebens sich ergibt, das realisierbar wäre“, die Feststellung Diltheys: „Die Antwort ist vom Zusammennehmen der Natur- und Geisteswissenschaften abhängig“. Das erfordert aber „nur eine prinzipielle Auseinandersetzung. Mit einem System hat das nichts zu tun“. Ja – ein Glauben an die Kraft der Systeme, nachdem die Systeme der Metaphysiker gefallen sind, auch an die Kraft der neuesten Systeme (so zum Beispiel das Hegels) ist Dilthey null und nichtig: „Auf das Leben wirken sie nicht mehr“ (VII, S. 276). Und doch, so spricht Dilthey einen lebensweltlichen Widerspruch an, der auch seine Arbeiten begleitet, „verlangt der Wille immer neu für die Lebensführung des einzelnen und die Leitung der Gesellschaft feste Zwecke“ (V, S. 11).

So sind auch die „Grundlinien“ nicht als ein System der Pädagogik anzusehen, sondern als grundsätzliche Auseinandersetzung mit dem Thema

„Pädagogik als Geisteswissenschaft und Kultursystem". Diese Auseinandersetzung durchgeführt zu haben bezüglich der Grundlegungen von Poetik, Geschichtswissenschaft, Ethik, Pädagogik, Sprachwissenschaft, Rechtswissenschaft, Staatswissenschaft, Wirtschaftswissenschaft als Geisteswissenschaften und Kultursysteme, das war Lebenswerk von Dilthey oder – mit Thöny (1992, S. 30) – sein „systematisches Lebensprojekt". Und so hat er mit diesem Lebenswerk eben auch für die Pädagogik ein neues Paradigma geschaffen, das die nachfolgende Geschichte der Pädagogik im 20. Jahrhundert anregte, prägte und bestimmte. Das geschah einmal in Gestalt der sog. Geisteswissenschaftlichen Pädagogik durch die Diltheyschüler Herman Nohl, Eduard Spranger, Wilhelm Flitner, Erich Weniger, Theodor Litt und eine sich in diesem Zusammenhang in den 20er- und 30er-Jahren des 20. Jahrhunderts etablierenden Kulturpädagogik, dann in Gestalt der Pädagogik der Neukantianer marburger (Cohen, Natorp) und südwestdeutscher (Rickert, Cohn) Richtung als Kontrapunkt zur Geisteswissenschaftlichen Pädagogik und späterhin – nach der Zeit nationalsozialistischer Pädagogik – in Gestalt der kritischen Theorien der Pädagogik von Herwig Blankertz, Klaus Mollenhauer, Hermann Giesecke bis hin zu Wolfgang Klafkis kritisch-konstruktiver Erziehungswissenschaft. Die Jahrhundert-Wirkkraft auf die Pädagogik, die in Diltheys „Grundlinien" und „Allgemeingültigkeitsschrift" liegt, qualifiziert ihn mehr als manch anderen zu einem pädagogischen Klassiker, der „problemgeschichtlich ... unser höchstes Interesse (verdient)" (Derbolav 1966, S. 193) und der einen Entwurf einer Allgemeinen Pädagogik vorgelegt hat, „von dem in der Tat auch heute noch ausgegangen werden kann" (so Groothoff 1981, S. 189).

Ulrich Herrmann, wohl der bedeutendste pädagogische Dilthey-Experte der Gegenwart, sieht Diltheys Bedeutung in seinem „Entwurf einer Pädagogik als Geisteswissenschaft, der bis heute allen eingeschränkten philosophischen, metatheoretischen, 'kritischen', kritisch-rationalistischen, empirisch-positivistischen oder polit-ökonomischen Begründungen der Pädagogik als Wissenschaft theoretisch und systematisch insofern überlegen ist, als dieser Entwurf allererst den Hintergrund und Zusammenhang von Theorien und Analysemodellen, über die je für sich zu streiten relativ belanglos ist, eröffnet" (Herrmann 1979, S. 84). Und: „Dilthey kommt das Verdienst zu, die volle Bedeutung der Erziehung und des Unterrichts sowie ihrer Institutionen in ihrer Eigenständigkeit als Systeme der Kultur und Systeme der äußeren Organisation der Gesellschaft ins Bewußtsein gehoben zu haben. Ohne diese Vorgabe ... wäre die Durchsetzung der Pädagogik als akademische Disziplin und damit als umfassende Berufswissenschaft des Lehrers und Erziehers nicht möglich gewesen" (ebda).

Auch was die gesellschaftskritische, lebensweltkritische wie auch kulturkritische Dimension der modernen Pädagogik angeht, ist Dilthey nicht wegzudenken. Mit allen der europäischen Aufklärungsepoche des 18. Jahrhunderts verbundenen Pädagogen und Philosophenpädagogen ist auch Dilthey dem modernen Säkularisierungsprozess, dem er sich expressis verbis nicht versperrte, zuzuordnen, allerdings weniger einem marxismusgetragenen politischen Emanzipationsprozess des 19. Jahrhunderts (vgl. Groothoff 1981, S. 211). Dilthey war kein revolutionärer Kopf – dazu war er zu sehr Philosoph, der der Philosophie Schlüsselfunktionen für gesellschaftliches, politisches und erzieherisches Handeln zusprach und mit einem derart fundamentierten Handeln – auch politischen Handeln – den „philosophischen Glauben“ auf Wirksamkeit verband, denn „dieser philosophische Glaube belebt und läßt wachsen wie das Sonnenlicht“ (V, S. 210). Dabei war ihm das Praktischwerden des philosophischen Nachdenkens vor allem in der Pädagogik die „Seele aller wahren Philosophie“, besonders in der gesellschaftlichen, politischen, wissenschaftlichen, industriellen, kulturellen Umbruchzeit vom 19. ins 20. Jahrhundert.

Schon 1864 äußerte Dilthey die „sichere Ahnung“, dass „diese Zeit, welche alles in Gährung versetzt und in der zu leben eine Freude ist, sicher auch den Moment herbeiführen wird, in welchem der öffentliche Unterricht und die kirchlichen Verhältnisse umgestaltet werden müssen, und daß dann wirklich fruchtbare und wohlerwogene Grundgedanken über die intellektuelle und moralische Bildung der Menschen allein befähigen, auf diese Umgestaltung, die ich für ebenso wichtig halte als die politische, einen bestimmten Einfluß zu üben“ (Der junge Dilthey ›JD‹ 1960, S. 193). Lebensweltbestimmt leitet er Folgerungen aus der Verwerfung der christlichen Moral durch die Naturwissenschaften ab und macht sich die „so lebendige Zersetzung der bisher geltenden sittlichen Vorstellungen“ zu einer ethischen Aufgabe, sprich zu einer Aufgabe einer eigenen Ethik. Auch greift er die Lösung der aufkommenden „sozialen Frage“ durch die Entwicklung der Industriegesellschaft mit ihrem Problem der Entstehung und Verelendung des Proletariats (Pauperismus) sowie die Konsequenzen einer demokratischen Kultur nach Ablösung einer adelsgebundenen und bürgerlichen Hochkultur und Ständegesellschaft als pädagogisch dringlich zu bearbeitende und zu behandelnde Probleme auf. Insofern ist seine Pädagogik auch ein Beitrag zu den Sozial- und Reformbewegungen des Jahrhundertewechsels und lebt er, und damit auch seine Pädagogik, von der Hoffnung und sozialen Utopie, dass „die Erde … einmal der Schauplatz freien Handelns werden (muss), das vom Gedanken regiert wird, und keine Repressionen … hieran etwas hindern (werden)“ (VIII, S. 193). Dazu braucht die Kultur aber keine revolutionären und/oder emanzipatorisch-politischen Aktionen: „Was wir brauchen, ist die Erhebung des Zusammenhanges menschlicher Bestrebungen zum klaren, wohlbegründeten Bewußtsein“ (VIII, S. 196) in und durch Philosophie.

Wer war nun dieser Wilhelm Dilthey? Geboren wurde er am 19. November 1833 in Biebrich am Rhein nahe Wiesbaden, seit 1926 Stadtteil von Wiesbaden und zur Zeit von Diltheys Geburt nassauische Residenz, bis 1866 Nassau Preußen eingegliedert wurde. Diltheys Vater war nassauischer Hofprediger. Nach dem Gymnasialbesuch in Wiesbaden von 1847 bis 1852 begann er 1852 in Heidelberg ein Theologiestudium, das er ein Jahr später in Berlin fortsetzte. Kurz nach seinem Wechsel nach Berlin entschied Dilthey für sich, „Kirchen- und Dogmengeschichte zum Studium der Geschichte der christlichen Weltanschauung im Abendlande zu verknüpfen und eine Universitätscarriere einzuschlagen“ (JD 1960, S. 281). In Berlin nun geriet er in den Bannkreis der interdisziplinären Historischen Schule (begründet und getragen unter anderem von Möser, Herder, Savigny, Niebuhr, Droysen) vor allem durch seine Studien bei Boeckh, Trendelenburg, Ranke, Nitsch und Twesten (Schüler Schleiermachers) unter besonderer Konzentration auf Philosophiegeschichte und Kulturgeschichte. Im Sommer 1856 schloss er sein Theologiestudium mit der theologischen Prüfung ab, Ende 1856 legte er die staatliche Lehramtsprüfung ab. Er ging vom November 1856 bis Ostern 1857 als Lehrer an das Französische Gymnasium in Berlin und vom Frühjahr 1857 bis zum Herbst 1858 an das Berliner Joachimsthalsche Gymnasium „als der besten pädagogischen Schule, die man in Preußen außer Schulpforta haben kann“ (a. a. O., S. 304). Ende 1858 kündigte Dilthey den Schuldienst auf, um sich voll seinen weiteren Studien und der Weiterarbeit an seiner geplanten Universitätskarriere zu widmen. Die Schulzeit ist besonders in Erinnerung zu halten, weil Dilthey im Vorwort seiner Pädagogik-Vorlesung, das an die Lehramtsstudierenden gerichtet ist, um ihnen die Zweckhaftigkeit des Pädagogikstudiums zu vermitteln, quasi seine Arbeit legitimierend erklärt: „Ich drücke hiermit (gemeint ist die Vorlesung, DJL) den Inbegriff derjenigen Kenntnisse aus, welchen die Universität für Sie als unerläßlich darzubieten hat. … Ich habe selbst als Gymnasiallehrer Erfahrungen gesammelt, und für eine nüchterne und fruchtbare Behandlung pädagogischer Fragen ist das unerläßlich“ (IX, S. 7).

Nach Beendigung der Schultätigkeit stieg Dilthey ein in eine Mitarbeit in der Bearbeitung und Herausgabe des Schleiermacher-Nachlasses, was ihm ein relativ sicheres, wenn auch wohl schmales Einkommen einbrachte und ihm Schleiermacher zur Studien- und Publikationsaufgabe wie auch zum Anreger für seine Hermeneutikstudien machte. Es folgten 1864 sowohl die Promotion als auch die Habilitation, 1864/65 die Privatdozentur in Philosophie in Berlin. 1867 erhielt er einen Ruf auf eine Philosophieprofessur in Basel, den er annahm, wo er sich aber nicht einleben konnte. Im Herbst 1868 wurde er auf eigenes Betreiben hin (er wollte zurück nach Preußen) und in diesbezüglichen Absprachen mit Heinrich von

Treitschke (Geschichtsprofessor in Kiel und publizistischer Mitarbeiter Bismarcks) nach Kiel berufen und 1871 nach Breslau, wo er elf Jahre lang verblieb. In dieser Zeit heiratete er 1874 eine Katharina Püttmann, über die sonst nichts weiter berichtet wird außer, dass sie ihren Mann Wilhelm um 21 Jahre überlebte. 1883 ging er dann als Nachfolger von Rudolph Hermann Lotze nach Berlin: die Krönung einer wissenschaftlichen Laufbahn.

Ab Wintersemester 1903/1904 wurde er mit 70 Jahren emeritiert, d. h. von seinen Lehrverpflichtungen entbunden. Jedoch: viel Zeit blieb dem Emeritus nicht mehr. „Die Ausführung einer so schwierigen Operation, als die Zusammenfassung meiner einen ganzen Schrank von Manuskripten füllenden Vorarbeiten ist, wird mit jedem Jahre mehr schwierig", hatte Dilthey am 15. September 1895 an den Leiter der Hochschulabteilung im Preußischen Kultusministerium namens Althoff, um einen Urlaub nachsuchend geschrieben, „und innerlich erscheint mir ganz unmöglich, das alles unverwertet zurückzulassen und so die ganze angestrengteste Arbeit eines Lebens zu verlieren. Nur in tiefster Ruhe kann bei zunehmenden Jahren mir ein solches Vorhaben noch gelingen" (V, S. CXVI f.).

Am 1. Oktober 1911 starb Dilthey an den Folgen einer Infektion in Seis am Schlern in Tirol. Das Projekt: die Zusammenfassung aller schrankfüllenden Vorarbeiten zu Publikationen konnte er nicht mehr durchführen. Erst seine Schüler konnten dieses Projekt nach seinem Tod angehen und sukzessive als „Gesammelte Schriften" ab 1914 herausgeben; – die Arbeit ist bis heute nicht abgeschlossen. Im Zuge dieser Edition erschienen im Band VI als zweitem Teilband von ›Die Geistige Welt‹ unter Herausgeberschaft von Schwiegersohn Georg Misch die „Allgemeingültigkeitsschrift" von 1888 und im Band IX unter der Herausgeberschaft von Otto Friedrich Bollnow die „Grundlinienschrift" aus den Jahren 1884 bis 1894. Ab dem Jahre 1895 gibt es zur Pädagogik keine Arbeiten mehr, keine Vorlesungen und keine Manuskripte – man schiebt das auf die Ernennung Friedrich Paulsens zum ordentlichen Professor für Philosophie und Pädagogik an der Universität Berlin im Jahre 1896.

Diltheys Kritik des desolaten Zustands der Pädagogik im 19. Jahrhundert

Diltheys Vorhaben

Was um alles in der Welt hatte sich Dilthey da vorgenommen und wie bewerkstelligte er das und was hat er gewonnen für das, was gemeinhin als selbstverständliche Tätigkeit Erziehen und Bilden genannt wird?

Dilthey hatte sich nichts Geringeres vorgenommen als das wissenschaftliche handlungs- und gesellschaftsbezogene Denken – auch über Erziehung und Bildung – vom Kopf auf die Füße zu stellen, ihm eine Fasslichkeit und Konkretheit zu verschaffen und es aus abstrakten theoretisch-philosophischen Höhen wie auch aus den inhaltlichen Fängen radikaler Doktrinen zu befreien. Und warum wollte er das? Weil das Denken als wissenschaftliches Denken und als der Aufklärung – sowohl der Epoche als auch dem Prinzip – verpflichtetes Denken, d. h. als dem Aufklären und Erklären, dem Aufhellen und Erhellen des Unaufgeklärten und Unerhellten verpflichtetes Denken redlich-kritisch zu sein hat. Und das bezogen auf die Festlegung dessen, was gerechtfertigterweise als allgemeingültige Normen, allgemeingültige Regeln, allgemeingültige Verbindlichkeiten, Gesetze, Lebensweisen etc., kurz: was wahrhaftig als allgemeingültig ausgewiesen werden kann.

Gilt etwas allgemein oder ist etwas allgemeingültig, dann gilt es für jedermann zu aller Zeit an jedem Ort mit Notwendigkeit und objektiv. Mathematische Formeln und Sätze tragen beispielsweise diesen Charakter: Ob es sich um statische Berechnungen der altägyptischen Pyramidenbauer oder um analoge Berechnungen moderner Hochhausstatiker handelt: sie sind von jederman jederzeit und überall reproduzierbar und nachvollziehbar ohne wirksame Einflüsse jeweiliger individueller Besonderheiten der einzelnen Statiker, ihrer gesellschaftlichen, geschichtlichen und biographischen Lebenssituationen, ihrer nationalen, kulturellen und religiösen Verfasstheiten. Im nicht exakt wissenschaftlichen Bereich, also im nicht intersubjektiv überprüfbaren Bereich sind allgemeingültige Wahrheiten solche, die „wie am Anfang, so auch jetzt und allezeit“ gelten, sie sind geoffenbarte, gesetzte, nicht hinterfragbare, apriorisch geltende Wahrheiten; sie entraten einer geschichtlichen Bedingtheit, einer situativen Varianz, einer kulturellen Präformiertheit und Determiniertheit; sie treten mit dem Anspruch auf, unbedingt, invariant und radikal sowie absolut zu gelten. „Diesen Anspruch“ gilt es aufgrund des Theorie-Praxis-Zusammenhanges für Dilthey „zu prüfen, denn solche Ansprüche müssen die radikale Neigung befördern“ – und er bezieht sich dabei auf die Pädagogik und die pädagogischen Systeme seiner Zeit, die von leitenden Prinzipien aus das Erziehungsziel, den Wert der Unterrichtsgegenstände für die Erziehung und für die einzelnen Schulen „allgemeingültig“ zu entscheiden beanspruchen; und das heißt zugleich: die festlegen, was als allgemeingültige invariante Bildungsinhalte für ganz verschiedene Völker, Kulturen, Zeiten etc. angesehen zu werden hat. Dilthey verleiht einem solchen Anspruch Etiketten wie „einförmiges Ideal“, „abstrakte Schablone“, „eintönige Schablone“, die das zu Normierende oder zu Regelnde in ganz bestimmte Gestalten pressen. Insofern spricht er ihnen die erwähnte „radikale Neigung“ zu und redet er von „radikalen Doktrinen“, also Neigungen und

Lehrmeinungen, die nicht Oberflächengestaltung betreiben, sondern direkt an die Wurzeln (radix) gehen.

Solche radikale pädagogische Theorien oder pädagogische Systeme leben von Irrtümern innerhalb ihrer und diese Irrtümer tragen Gefahren für das Schulwesen, aber auch für pädagogische Institutionen allgemein in sich. Denn eine solche radikale pädagogische Theorie, eine „abstrakte, mit falschem Anspruch auf Allgemeingültigkeit auftretende Theorie wirkt revolutionär und zersetzend auf die (legitimen: DJL) geschichtlichen Ordnungen der Gesellschaft“ (IX, S. 167). Deutlich wird hierin mit Bezug auf die Person Diltheys, dass sie einerseits eine Anti-Haltung aufweist: Dilthey ist als Antiradikalist, als Antitotalitarist, als Antirevolutionär, auch als Antiuniformalist wie auch mit heutigen Vokabeln als Antiuniversalist und Antiglobalist anzusehen. Andererseits ist er zugleich zu sehen als Liberalist: er ist ein durch die Aufklärung geprägter liberaler Denker und versucht auch da gegen radikale Haltungen vorzugehen, wo Aufklärung und Aufklärungsträger in Form radikaler Verabsolutierung ihres aufklärerischen Denkens gegen praktizierte Liberalität im Denken und Handeln und gegen geforderte Toleranz im Denken und Handeln vorzugehen trachten. Das, was Dilthey ablehnt und wogegen er als liberaler Denker vorgeht, ist dann ein Handeln nach dem Motto: „Wenn es um Liberalität und Toleranz im Denken und Handeln auch in Form von Kritik und Skepsis ihrer Praktizierung geht, dann hat Aufklärung zu einer radikalen ideologischen Doktrin zu werden, die keine Kritik an sich aus Gründen des Selbstschutzes vor Zweiflern und Gegnern duldet – sie hat dogmatisch und intolerant zu werden“. Das betrifft für Dilthey das universalistische ethische Denken des „hölzernen kategorischen Imperativs“ Kants nicht weniger als die Versuche, Erziehungsziele und Erziehungsmethoden analog dem naturwissenschaftlich geprägten Denken einheitlich formal und gesetzesmäßig festzulegen unter Abschneidung aller nicht exaktwissenschaftlich erklärbaren Qualitäten personal und geschichtlich gewachsener und biographisch zu verstehender menschlicher Individualität.

Diltheys Sicht von Anthropologie

Wesentlich kommt es Dilthey bei all den Wissenschaften, die es mit dem Menschen in Gesellschaft und Kultur zu tun haben, darauf an, die psychische Qualitas – das Seelenleben – zum Ausgang zu nehmen. Es geht ihm um den erfahrungsbezogenen Versuch einer „empirischen Seelenlehre“, die sich nicht wissenschaftlicher begrifflicher Allgemeingültigkeit und Universalität verpflichtet fühlt, sondern allgemeingültige Aussagen über den Menschen, über das Handeln des Menschen und über das Handeln mit dem Menschen (wobei Mensch immer geschichtliches und geschichtlich gebundenes Wesen ist) zu finden trachtet. Es handelt sich dabei um Aussagen, derer es nach Dilthey nur wenige gibt. „In allem Handeln, auch dem der Erziehung, realisieren wir Ziele, welche unserem Willen vorschweben. Auch können wir diese Ziele uns zum Bewußtsein bringen. Aber hier berührt die allgemeingültige Wissenschaft ihre Grenze. Wir sind nicht imstande, in allgemeingültigen Begriffen den Gehalt unseres tiefsten Zweckstrebens, der aus den Tiefen unseres ganzen Wesens entspringt, auszudrücken. Und dieser Gehalt ist eine geschichtliche Tatsache“ (IX, S. 172), also nicht objektiv und allgemeingültig wissenschaftlich zu erfassen. Für Dilthey bedeutet das im Laufe seiner Denkentwicklung, dass es neben der theoretischen Vernunft (wissenschafts- und erkenntnisbezogen) und der praktischen Vernunft (handlungsbezogen) eine historische Vernunft (geschichtlichkeitsbezogen) geben können muss, weshalb er auch – im Anschluss an Kant und gleichzeitig in Ergänzung von Kant – eine sog. Kritik der historischen Vernunft in die philosophische Diskussion einbringt.

Anthropologisch gewendet lässt sich aufgrund der Geschichtlichkeit eines jeden Menschen, die nicht nur in seiner zeithaften Existenz besteht, sondern die sich in der geschichtlichen Entwicklung seines Seelenlebens äußert, sagen, dass es kein sog. Bild vom Menschen, kein feststehendes, allgemeingültiges Menschenbild geben kann: das menschliche Einzelwesen bis hin zur Menschheit entwickelt sich in der Geschichte und entwickelt sich immer weiter fort auf dem Wege hin zu einer nicht festgelegten und heute noch nicht feststellbaren Endstufe der Vollkommenheitsstufe. Insofern gibt es „eine wahrhafte Entwicklung des menschlichen Wesens in der Geschichte.“ „Was der Mensch sei“ – die vierte und letzte Frage der Philosophie nach Kant – „erfährt er erst in der Entwicklung seines Wesens durch die Jahrtausende, nie bis zum letzten Worte, nie auch in allgemeingültigen Begriffen, immer nur im Erlebnis, das aus den Tiefen seines ganzen Wesens stammt“ (IX, S. 173). Und wenn wir einen letzten Zweck annehmen, auf den hin das Menschenleben gerichtet ist und der oben im Zusammenhang mit dem Seelenleben und dessen Entwicklung angesprochen war als Vollkommenheit mit dem Prozess der permanenten Vervollkommnung (perfectibilité im 18. Jahrhundert), dann fallen anthropologische Aussage und psychologische Aussage über den Menschen zusammen: Die Anthropologie stellt sich dar als Psychologie des Seelenlebens und die Psychologie ist zugleich eine Anthropologie. Diese Vollkommenheit als letzter Zweck menschlichen Lebens stellt das Leben in einen erfahrbaren und beobachtbaren Zweckzusammenhang, in einen zusammenhängenden Prozess der Entwicklung von zeitlichem Einzelzweck zu Einzelzweck unter einem regulativen Endzweck, der überzeitlich ist: „Daher ist ein letzter Zweck menschlichen Lebens eine transzendente Vorstellung“

– womit keine inhaltliche metaphysische Vorstellung gemeint, sondern lediglich das Überschreiten der Grenze des Erfahrbaren gemeint ist – „das Ziel des Menschenlebens kann nie in Begriffen, nie allgemeingültig ausgesprochen werden. Daher kann auch das Ziel der Erziehung in keine Formel gebracht werden“ (IX, S. 173; vgl. hierzu VI, S. 57–59). Kants Frage „Was ist der Mensch?“ lässt sich ebenso wenig mit einer Generalformel beantworten wie die Frage nach einem verbindlichen Erziehungsziel und Bildungsziel derart beantwortbar ist, weshalb alle solchen Versuche, wie sie beispielsweise in Herbarts systematischer Pädagogik und in den Pädagogiken seiner Schüler, den sog. Herbartianern, vorgelegt worden waren und wurden, in die Irre gehen. Alle werden sie – Dilthey ist ja nicht zurückhaltend und zimperlich mit und in seiner Kritik – der „mißlingenden Wissenschaftlichkeit“ (IX, S. 174), „unzureichender Erkenntnis“ (ebda), „edler Popularität“ (IX, S. 174f., 177) bei „wissenschaftlicher Widerspruchsbefangenheit“ (IX, S. 175) bezichtigt. Ihnen wird attestiert, dass sie „eine Bestätigung des Todesurteils über diese ganze angebliche pädagogische Prinzipienlehre in letzter Instanz“ seien (ebda).

Zur Kritik am natürlichen System

Die Ursache hierfür sieht Dilthey darin, dass die pädagogisch-theoretischen Bemühungen seit dem 17./18. Jahrhundert sich gründeten auf dem „mächtigen Bau() eines natürlichen Systems der großen Zweckzusammenhänge der menschlichen Gesellschaft, welches damals natürliche Religion oder Theologie, Naturrecht, natürliches System des wirtschaftlichen Kreislaufs, allgemeingültige Poetik usw. umfaßte“ (IX, S. 167). Das heißt: unabhängig von erfahrbarer und erfahrener Wirklichkeit, unabhängig von Praxis und Realität wurden von vorgegebenen Prinzipien, Werten, Normen, Ideologien und Weltanschauungen der zugrunde liegenden Theologie, Politik, Philosophie und Metaphysik aus Handlungsziele und Erziehungsziele unter Zugrundelegung des Gedankens eines natürlichen Systems festgelegt und bestimmt.

Ein System ist ein unter einer Zwecksetzung (Zielgabe) geordnetes Ganzes von einzelnen Elementen, die in einem stringenten inneren Zusammenhang stehen, sich nicht widersprechen dürfen und konstitutiv für den gesetzten Zweck sind (System einer Marktwirtschaft, einer freien Marktwirtschaft, einer sozialen Marktwirtschaft; System einer Planwirtschaft; Rechtssystem; Bildungssystem; Schulsystem etc.). Das gilt auch für den Erziehungsbereich, in dem wir diverse nebeneinander bestehende Systeme kennen, wie zum Beispiel das System der Waldorferziehung, der Montessorierziehung, das System der Landerziehungsheimpädagogik; das

System antiautoritärer Erziehung usw. Dazu gehören auch die verschiedenen philosophischen und durch Philosophie begründeten Pädagogiken wie marxistische, dialektische, kritische, materialistische, idealistische, transzendentalphilosophische u. a. Pädagogik, kurz: Pädagogiken, die als spekulativ oder rein rational charakterisiert werden können, die nicht erfahrungs- oder erlebnisgegründet sind. So kann Herwig Blankertz bezüglich Dilthey sagen: „Jede rein rational, also nur auf die Vernunft gestützte Konstruktion menschlicher Verhältnisse bezeichnete Dilthey als die „radikale Doktrin" der „natürlichen Systeme" („natürlich" hieß in diesem Zusammenhang soviel wie rational ...). Gegen den Anspruch einer so als normierend und reglementierend auftretenden Theorie setzte er das Recht der geschichtlichen Praxis" (Blankertz 1982, S. 220).

Was ist nun mit der Formel vom natürlichen System gemeint? Das Attribut „natürlich" in „natürliches System" hat nun weniger mit Natur im naturwissenschaftlichen Sinne als Bezeichnung für äußere Wirklichkeit, für den Bereich der äußeren Erfahrung, für die Außenwelt des Menschen, für den Bereich der äußeren Objektwelt, der – im Diltheyschen Sinne – erklärbaren Welt zu tun: Hierunter würde beispielsweise Rousseaus natürliche Erziehung mit der Natur als einem Lehrmeister fallen. Vielmehr verwenden wir „Natur" und „natürlich" auch, wenn wir von der inneren Natur des Menschen sprechen, von der Natur als dem Wesen eines Menschen, aber auch von der Natur einer Sache, eines Vorgangs, von der Natur der Dinge reden, selbst im alltäglichen Reden von „natürlich habe ich dies und das gemacht" im Sinne von „selbstverständlich". Hier ist „Natur/natürlich" Bedeutungsträger für „Wesen" ursprünglicher und ungekünstelter Art von etwas, das durch sich selbst verständlich ist, um dessen Verstehen man sich jedoch bemühen muss (beispielsweise: jemand ist von redlicher Natur; jemand hat eine umwerfende Natürlichkeit; jemand hat ein ganz natürliches Wesen ...). Damit ist zugleich die von Dilthey vorgenommene und oftmals als fragwürdig erklärte und dennoch immer wieder gerettete Differenzierung von Wissenschaft in Naturwissenschaft unter dem methodischen Prinzip des Erklärens und Geisteswissenschaft unter ihrem methodischen Prinzip des Verstehens angesprochen (vgl. Apel 1985).

Das Attribut „natürlich" meint nun dieses Moment von Wesenhaftigkeit eines Menschen, einer Sache, eines Sachverhalts. Und „natürlich" in der Rede von „natürlichem System" der Pädagogik meint die vernünftige Wesensart des Menschen: er ist vom Wesen her (von seiner Menschennatur her) Vernunftwesen. Die Vernunftwesenheit lässt von einer allgemeinen gleichen Menschennatur reden: Alle Menschen sind gleich und unterliegen einer „unverbrüchlich gültigen Vernunftordnung". Der Grund einer solchen Wesensbestimmung des Menschen, wie sie im 17./18. Jahrhundert verbindlich gesetzt wurde, liegt im Christentum begriffen: Gott tritt auf als natura naturans, als schöpferische, erzeugende Natur, als Schöpfernatur, als Schöpfergott, als Vorsehung und als „göttlich voraussehende Gesamtnatur“ und hat den Menschen als „angefangene Artnatur, als „natura inchoata“, die sich selber zur Vollendung aufgegeben ist“, geschaffen (vgl. Derbolav, 1966, S. 194f.). Und das heißt in der Aufklärung: aufgegeben zur Vervollkommnung in seinem jetzigen Stand und Zustand der Teilvollkommenheit, seiner jeweiligen „Stückwerkhaftigkeit“ aufgrund seiner Vervollkommnungsfähigkeit, seiner Perfektibilität. Der Mensch lebt für die Aufklärung und für die sich an sie anschließenden philosophischen und pädagogischen Systeme im Stande und damit unter dem ständigen Anspruch eben dieser Perfektibilität. Er lebt unter dem Anspruch, „dem Vorhaben der Natur mit ihm selber nachzusinnen, den Plan, die Absicht, die Bahn der Natur aufzuspüren, die er auf dem Weg zu seiner Selbstvollendung einzuschlagen hat“ (ebda). Diltheys Kritik an der Pädagogik des natürlichen Systems geht nicht gegen die Inhaltlichkeit des natürlichen Systems auf der Basis der Aufklärung – er hängt ihr ja auch selber an, und sie ist ihm ja auch verbindlich. Dilthey kritisiert vielmehr die Abstraktheit und Praxisferne einer solchen Pädagogik unter Zugrundelegung seines Verständnisses einer Pädagogik, die immer aus einer geschichtlich bedingten Erziehungswirklichkeit lebt und gespeist wird, diese Erziehungswirklichkeit zum Bezugspunkt ihrer Reflexionen machen muss, von ihr her und auf sie hin die theoretischen Bemühungen orientieren muss und die nicht deduktiv-normativ vorzugehen hat, weil diese Normativität nicht vermittelbar ist angesichts der Entwicklungsphasen des Menschen, und das heißt: angesichts des erfahrungs- und erlebnisbestimmten Seelenlebens des Menschen (vgl. Blaß 1978, S. 192). Das heißt: seine Kritik geht gegen die Ansprüche dieser natürlichen Systeme auf allgemeine Geltung für eine Wissenschaft des pädagogischen Handelns, für eine Theorie pädagogischer Praxis. Er nennt diesen Anspruch einen „falschen Anspruch auf Allgemeingültigkeit“. Eine wissenschaftliche Theorie pädagogischen Handelns habe vielmehr auszugehen von der Erfahrung erzieherischen Handelns, von dessen Deskription und Analyse und habe hinzuführen zu einem reflektierten Verständnis des erzieherischen Handelns, auch der Normativität dieses Handelns und der damit verbundenen Steigerung der Vervollkommnung des Handelns unter dem vorausgesetzten Gedanken einer zielgerichteten und zweckgerichteten, mithin teleologischen Struktur des Seelenlebens des Menschen.

Das teleologische Moment ist dabei für Dilthey formal zu verstehen, es bezieht sich nicht auf ein inhaltliches Telos, das abgeleitet ist aus einer metaphysischen Leitidee. Das teleologische Moment ist ein formales Strukturmoment: es bezieht sich auf die Zweckgerichtetheit einer kausalmechanisch zu verstehenden Struktur des Seelenlebens, die eine Fort- und

Weiterentwicklung im Rahmen einer Steigerung oder Progression des jeweiligen Ist-Zustandes hin zu einem gesollten Zukunftszustand, der angesichts eines fernen Endzustandes als Zwischenzustand eintreten soll. Dabei erscheinen die jeweiligen Zwischenzustände als die je historisch möglichen und gebotenen Zwischenzustände unter dem Regulativ des Endzustandes. So ist die teleologische Struktur des Seelenlebens nichts anderes als eine psychologische Feststellung, dass das Seelenleben des Menschen kein unverbindliches, dem „Taumel der Empfindungen" (so der Aufklärer Gotthold Ephraim Lessing) anheim gefallenes, willkürliche Entwicklungen darstellendes Seelenleben ist, sondern ein kausalgesetzanaloges, entwicklungsstufenbezogenes Fort- und Weiterentwickeln im Sinne des Steigerns von geschichtlich getragenen, biographisch erklärbaren, aufeinander aufbauenden, planmäßigen und planbaren Zuständen hin zu einem als Regulativ gedachten Endzustand hin, ohne dass um dieses Ende inhaltlich gewusst wird und ohne dass ein etwaiger Zeitpunkt für das Ende fixiert werden kann. Gedacht ist auch nicht nur an ein individuelles menschliches Seelenleben, sondern dieses steht in der Abfolge unzähliger analoger Seelenleben im Rahmen eines Menschheitsgattungsseelenlebens. Es sei erinnert an das zum Thema Anthropologie Ausgeführte.

Zum Problem der Allgemeingültigkeit

Dilthey erhebt nun den Anspruch und macht es sich darunter auch zur Aufgabe, das – wie er sagt – „von der Kritik der bisherigen Systeme aufgegebene Problem, die Allgemeingültigkeit der Regeln und Sätze zu bestimmen", zu lösen. Das bisherige natürliche System „zu zersetzen", hat er in historisch-systematischer Weise als „Geschäft des kritischen Teils" seiner Vorlesung vorgenommen (IX, S. 178). Die kritische Darstellung der bisherigen Systeme hatte er in einem ersten, außerordentlich langen Teil seiner Pädagogik-Vorlesung, betitelt „Geschichte der Pädagogik", wahrgenommen und damit zugleich dokumentiert, welche Bedeutung für ihn das Thema der Pädagogik hat, obwohl literarisch wenig von ihm dazu produziert worden ist und er seine pädagogisch orientierten Gedanken wesentlich in die Vorlesungsarbeit mit Studierenden eingebracht hat. Die Vorlesungsmanuskripte und Vorlesungsentwürfe wie auch Vorlesungsteilentwürfe geben Hinweise auf eine intensive Ausarbeitung. Der geschichtliche Teil der Vorlesung befasst sich unter Anderem mit der griechischen Erziehung, der römischen Erziehung und Pädagogik, den Anfängen der christlichen Erziehung im ausgehenden Altertum, Erziehung und Bildung des Mittelalter, des Humanismus, der Reformation sowie des 17. Jahrhunderts mit der Entstehung der Didaktik. „Man suchte den natürlichen Gang der intellektuellen Entwicklung" (IX, S. 9), was im Anschluss an Vives, Montaigne, Bacon, Ratichius (Ratke) dann wesentlich von Comenius betrieben wurde, jedoch war die Begründung seiner Didaktik „einer allgemeingültigen Behandlung nicht fähig" (IX, S. 160). Aber es war der Startschuss für die darauf im 18. Jahrhundert einsetzenden Versuche gegeben, „eine allgemeingültige pädagogische Wissenschaft zu bauen" (IX, S. 9). Es sind jedoch, wie sich in der Pädagogik-Vorlesung – angekündigt in ihrem Vorwort (IX, S. 9) – zeigen wird, irrige Versuche gewesen: „Der Verlauf dieser Vorlesung wird erweisen, dass eine solche allgemeingültige pädagogische Wissenschaft nicht besteht. Diese pädagogischen Systeme sind rückständige Wissenschaft. Sie gehören in die reponierten Akten der Wissenschaft so gut als das Naturrecht und die natürliche Theologie. Im Gegensatz hierzu werde ich zeigen: Es gibt nur eine eng umgrenzte Zahl von Sätzen, welche allgemeingültig sind". Das verweist auf den zitierten Anspruch, nämlich das derart kritisierte Problem pädagogischer Rückständigkeit durch falsche Allgemeingeltungsansprüche durch eine Bestimmung der „Allgemeingültigkeit der Regeln und Sätze" zu lösen (IX, S. 178).

Wie ist das zu verstehen?, muss gefragt werden: Allgemeingültige Pädagogik gibt es nicht, derartig sich verstehende pädagogischen Systeme sind rückständige Wissenschaft einerseits, aber allgemeingültige Regeln und Sätze, auch wenn sie zahlenmäßig begrenzt sind, sollen gefunden und für die Pädagogik als Wissenschaft bestimmt werden. Offensichtlich muss geschieden werden zwischen der oben schon einmal erörterten Allgemeingültigkeit und der hier in Aussicht gestellten Allgemeingültigkeit. Und in der Tat gibt es bei Dilthey diese Differenz, die es letztlich verbietet, ihm Widersprüchlichkeit oder Linienlosigkeit vorzuwerfen, so vielleicht auch noch in einer herablassenden Art, wie Ulrich Herrmann transzendentalphilosophischen Dilthey-Kritikern vorhält.

Auf diese Differenz hat erstmals Peter Kraußer (1968) hingewiesen und aufmerksam gemacht. Er verweist auf Diltheys Erklärung, dass „die Grenzen allgemeingültiger Wissenschaft" sich formal decken mit den Grenzen der „Erfahrungen, die von jedem kontrolliert werden können" (I, S. 257). „Von jederman kontrolliert" heißt: Es wird Bezug darauf genommen, dass Wissenschaft ein Forschungsprozess ist, der als intersubjektiv verstanden wird. Wissenschaft ist ein Prozess der ständigen intersubjektiven wissenschaftlichen Selbstkontrolle und Selbstkorrektur. Wissenschaft ist nicht vom Ergebnis her zu verstehen, sie ist kein Aggregat oder System von „wahren" Aussagen, es geht in ihr nicht um die Allgemeingültigkeit von Aussagen; damit ist „allgemeingültige Wissenschaft" auch keine „besondere Klasse von Wissenschaften". Allgemeingültigkeit ist vielmehr die „Betonung einer Eigenschaft, die aller Wissenschaft zukommt", nämlich dass ihre Aussagen „intersubjektiv überprüfbar" zu sein haben. Mithin ist mit

Allgemeingültigkeit die „allgemeine Anwendbarkeit von Kontroll- und Überprüfungsverfahren der Gültigkeit von Aussagen“ gemeint (Krausser 1968, S. 196f.), worauf Dilthey in seinen Versuchen zur Feststellung der Allgemeingültigkeit von Normen, Regeln und Sätzen abhebt.

An einem Textbeispiel aus der „Allgemeingültigkeitsschrift“ lässt sich das erläutern: Für Dilthey ist die Entwicklung des Seelenlebens als psychologisches und anthropologisches Moment die Grundlage von Erziehung. Dieser Entwicklungsprozess des Seelenlebens ist ein zusammenhängender Prozess unter einer Zwecksetzung, einem Telos – worüber noch zu sprechen sein wird. Es handelt sich bei Erziehung für Dilthey somit um einen teleologischen Zusammenhang, der ein Zweckzusammenhang ist unter dem leitenden Telos einer Vollkommenheit des Seelenlebens. Hierzu erklärt nun Dilthey selbst in einer längeren Textpassage aus der „Allgemeingültigkeitsschrift“: „Aus diesem teleologischen Zusammenhang des Seelenlebens lassen sich nun die Merkmale ableiten, welche den unterscheidenden Charakter der geistigen Welt verglichen mit der Naturordnung ausmachen. Diese Merkmale bilden dem entsprechend auch die fundamentalen Begriffe für das Verständnis der Erziehung und die Konstruktion einer wissenschaftlichen Pädagogik. An den geistigen Tatsachen treten Zweckmäßigkeit und Vollkommenheit auf. Sie sind Normen unterworfen, und der Lebensverlauf, der sie im Individuum und der Menschheit umschließt, zeigt eine Entwicklung. … Die mechanische Naturordnung ist auf das Kausalgesetz begründet, dessen Formel ist: causa aequat effectum. Hier entspricht also die Wirkung genau den Ursachen, und die Beziehung der Glieder in einem gegebenen Zusammenhange erschöpft sich in dem Kausalverhältnis. Im Seelenleben erfahren wir von innen ein Verhältnis der Vorgänge der einzelnen Glieder in einem Zusammenhang, welcher Erhaltung, Glück und Entwicklung der Individuen, Erhaltung und Steigerung der Art und Gattung herbeiführt. Einen solchen Zusammenhang bezeichnen wir als zweckmäßig. Hieraus ergibt sich dann, daß dieser Zusammenhang und seine Glieder ihren Zweck auf mehr oder weniger vollkommene Weise verwirklichen. Diese *Vollkommenheit* kann dann weiter in abstrakten Formeln ausgedrückt werden, und wir können dieselben jeder Entwicklung als ihre Regeln vorschreiben. … Wird die Vollkommenheit eines Gliedes in diesem Zusammenhang oder die Beziehung der Glieder in demselben allgemeingültig“ (sprich: intersubjektiv überprüfbar) „ausgedrückt, so entsteht eine *Regel* oder *Norm*. Und zwar verwirklicht sich in jedem Gebiete des geistigen Lebens“ – u. a. Kunst, Ethik, Politik, Recht, Religion, Sprache, Poetik, Pädagogik – „diese Vollkommenheit durch ein System von Regeln. Diese Regeln … sind allgemeingültig, unabhängig von den wechselnden geschichtlichen Bedingungen und beständig mitten in der Entwicklung. Endlich stellt sich der Charakter des Lebens, welches aus dieser teleologischen Natur der Seele entspringt, als *Entwicklung* dar. Wie die organische Natur auf Steigerung hinarbeitet, so die geschichtliche Welt auf Entfaltung und Entwicklung“ (VI, S. 66–67).

Diese Aussagen und Reflexionen zur Allgemeingültigkeit in den Geisteswissenschaften werden auf die Belange der Pädagogik hin spezifiziert. „Die Vollkommenheit des Seelenlebens in seinen einzelnen Vorgängen und seinem Zusammenhang ist ... unter allen Umständen von der Erziehung anzustreben“ (VI, S. 68). Die geschichtliche Bedingtheit der nationalen oder auch volksgebundenen und zeitgebundenen Erziehungsideale, die individuellen Anlagen und Lebensausstattungen, die Berufsmöglichkeiten, kurz: die so sich ergebende Erziehungswirklichkeit unterliegt der Vollkommenheit des teleologischen Zusammenhangs des Seelenlebens als einer allgemeinen Bedingung. „Was in ihr gelegen ist, kann allgemeingültig entwickelt werden. Es ist eine Abstraktion aus der geschichtlichen Lebendigkeit des Menschen, aber eben als solche einer wissenschaftlichen Darstellung zugänglich. Entsprechend ist eine pädagogische Darstellung der Mittel, durch welche diese Vollkommenheit des psychischen Zusammenhangs herbeigeführt wird, in allgemeingültiger Strenge herzustellen. Denn das gesetzmäßige Erwirken eines Vorganges, in welchem sich ein solcher psychischer Zusammenhang ausbildet, ist uns mehr oder weniger ausreichend bekannt“ (VI, S. 68). Dabei ist anzumerken, dass bei aller Kritik Diltheys an Herbart er hier in seinem Methodenbezug in Herbarts Fahrwasser schwimmt und dann doch in gewissem Sinne noch Nähen zum natürlichen-System-Denken Herbarts aufweist, worauf u. a. schon Derbolav (1966, S. 204) hingewiesen hat.

Dilthey überträgt diese Gedanken zur Allgemeingültigkeitsfeststellung von pädagogischen Regeln und Sätzen auf die Pädagogik insgesamt mit der Bemerkung: „So hat sich uns die Möglichkeit einer allgemeingültigen Pädagogik ergeben; in der Vollkommenheit der Vorgänge und ihrer Verbindungen, die in der Teleologie des Seelenlebens verbunden sind, hat sie eine sichere allgemeingültige Unterlage; in der Deskription, der Analysis und Regelgebung vermag sie den Charakter strenger Sicherheit zu erreichen“ (VI, S. 68f.).

Pädagogik ist Teil der Familie der Geisteswissenschaften. Geisteswissenschaften ist wie Kulturwissenschaften nach Lieber (1974, S. 28) „ein für Dilthey selbst nur unzureichender Sammelbegriff für die Wissenschaften der geschichtlich-gesellschaftlichen Wirklichkeit“ oder kurz: der in innerer Erfahrung gegebenen geistigen Welt, die Dilthey wie folgt erläutert: Sie „ist in sich Wirklichkeitszusammenhang, Wertgestaltung und Reich der Zwecke, und all das als unendlicher Reichtum, der in der Gestaltung des einzelnen Selbst in dem Zusammenhang des Wirkens mit dem Ganzen eine innere Bestimmung hat“ (V, S. 4). Hier ist von Dilthey schon die Doppelaufgabe von Erziehung angesprochen, die sich ihm aus der Tatsache, aus dem Wirklichkeitszusammenhang der Erziehung ergibt, dass es sich beim Zögling oder jungen Menschen immer um ein eigenständiges Selbst, ein Individuum mit seiner subjektiven Geschichte und ein Subjekt in seiner für es konstitutiven Selbstzweckhaftigkeit handelt. Auf der anderen Seite ist dieser Zögling oder junge Mensch aber zugleich und immer auch Träger von Erhalt und Weiterentwicklung von Gesellschaft, der gegenüber er voll verpflichtet ist, da sie von ihm und seinem Beitrag und seiner Leistung für sie abhängig ist, was den Erziehungsauftrag nach sich zieht, diesen Zögling zu präparieren für seine gesellschaftliche Funktionalität.

Als Teil nun dieser Geisteswissenschaftsfamilie ist Pädagogik ein Familiensubsystem, das für Dilthey ein Kultursystem ist neben anderen Kultursystemen als Familiensubsystemen der Geistigen Welt. Als Kultursystem ist die Pädagogik spezifischer Ausdruck der Geschichtlichkeit des Seelenlebens (vgl. VI, S. 108), und damit ist sie lediglich in eingegrenzter Form intersubjektiv überprüfbar, sprich allgemeingültig. (Zu „Kultursystem“ vgl. im Folgenden das Kapitel „Der Fundamentalsatz einer Pädagogik ...“). Es bleibt wenig Platz für Allgemeingültiges in ihr: „Das ganze Gebiet einer allgemeingültigen Pädagogik ... ist eng, und Sätze, welche die großen schwebenden Erziehungsfragen entschieden, wachsen nicht auf ihm“. Solche Entscheidungen können als relativ gültig nur formuliert werden in den jeweiligen historisch und gesellschaftlich gebundenen Erziehungswirklichkeiten. Daher können keine konkreten Erziehungsfragen durch eine allgemeingültige Wissenschaft aufgelöst werden (VI, S. 69).

Das bedeutet aber auch für das Ansehen der pädagogischen Wissenschaft im Gewande Diltheys, dass sie keine Nützlichkeitswissenschaft ist, aus der Normen, Werte, Erziehungsziele, Rezepte, Handlungsanweisungen oder Ähnliches abzuholen sind, dass sie nicht als technologische Disziplin verstanden werden kann, dass sie keine kritische Aktionswissenschaft, keine ideologische Kampfanleitungswissenschaft sein kann, auch keine spartenspezifisch inhaltlich gewendete Berufswissenschaft: Sie ist eine Geisteswissenschaft, die handlungsorientierend pragmatisch im kantischen Sinne ist: nämlich sich im Denken für ein Handeln zu orientieren, das der Entwicklung des Seelenlebens selbstzweckhafter Personen sowie der gesellschaftlichen Verpflichtetheit ebendieser Personen dienlich und förderlich ist.

Grundlagen einer modernen Neupositionierung der Pädagogik als Geisteswissenschaft

Historische Schule und Historismus

Nun eröffnet sich für Dilthey die Frage: Wenn die bis auf unsere Tage gekommene „allgemeingültige pädagogische Wissenschaft, welche von der Feststellung des Zieles der Erziehung aus die Regeln für das Geschäft derselben gibt, absehend von allen Verschiedenheiten der Völker und Zeiten, ... eine rückständige Wissenschaft ist“, ja, wenn sie „Anomalie in der gegenwärtigen Lage der Wissenschaft“ ist (IX, S. 177), wie kann dann eine Pädagogik als Wissenschaft aussehen, die Akzeptanz in der wissenschaftlichen Welt erheischen kann und wem muss sie den Abschied geben? Und worauf hat sie sich zu konzentrieren, auf welchen Grundlagen kann sie aufruhen?

Die erste Frage lässt sich relativ kurz und bündig beantworten: Eine moderne Pädagogik muss sich für Dilthey verabschieden von positivistischen wie auch von jeder metaphysisch-spekulativen und ethischen Grundlegung, d. h. von jeder Grundlage eines natürlichen Systems, die die Gestalt einer radikalen Doktrin, einer absolut verbindlichen Lehre annimmt. Das Abschiedgeben durch die neue Pädagogik benennt Dilthey als „lebendigen Protest wahrer und erhaltend-gestaltender Wissenschaft gegen die Kasernenbauten der radikalen Doktrinen“ (IX, S. 180): Die gesuchte neue Pädagogik protestiert in lebendiger Form, d. h. nicht nur theoretisch-abstrakt, sondern auch praktisch-konkret durch eine neue Gestaltung des Erziehungswesens und eine neue Bildungs- und Unterrichtspolitik. Eine solche Pädagogik will sowohl erhaltend, d. h. konservativ sein mit dem Auftrag, ihren verborgenen Sinn als geschichtlich gewordenen jeweils zu erschließen und weiter zu vermitteln, also der jeweiligen Kulturtradition und ihrem Verstehen verpflichtet sein als auch will sie gestaltend sein, d. h. neue und bessere Formen suchend und umsetzend, d. h. sie will reformierend sein als Antwort auf die geistige, wirtschaftliche und soziale Umbruchsituation des Jahrhundertwechsels.

Der zweiten Frage widmet sich Dilthey nun intensiv zunächst unter Rückbezug auf die sog. Historische Schule. Was war sie und was bezweckte sie?

Die Historische Schule war eine Gruppe von Intellektuellen verschiedener Disziplinen (Juristen, Historiker, Philologen, Philosophen z. B.) zu Anfang des 19. Jahrhunderts, die in Gegenstellung zum Rationalismus (Vernunft als Möglichkeitsbedingung menschlichen Lebens) und zum Naturalismus (Mensch ist wesentlich Naturwesen oder Milieuprodukt) die Geschichtlichkeit des menschlichen Geistes als sein konstitutives Moment verfochten. Zur Historischen Schule gehörten im Anschluss an Justus Möser (1720–1794) und Johann Gottfried Herder (1744–1803) unter Anderem Savigny, Niebuhr, Ranke, Droysen, Boeckh, Ritter, Trendelenburg und in gewissem Sinn später dann auch Dilthey, obwohl er die Historische Schule zur Anregung nahm und mit ihr im Gepäck seine eigenen Wege ging. Die Historische Schule und der Historismus (eine im 19. Jahrhundert verbreitete Richtung der Philosophie in Deutschland) waren anti-hegelianisch. Ihr Credo lautete: Es gibt keinen allgemeinen Sinn in der Geschichte, und: Es gibt keine allgemeine allumfassende Gesetzlichkeit der Geschichte, das heißt: historische Erscheinungen lassen sich nicht als Einzelfälle unter allgemeine Gesetze der Geschichte subsumieren, sondern es sind je einzelne, ohne Rückgriff auf erklärende Gesetze zu verstehende Fälle der geschichtlichen Welt. Einmaligkeit, Einzigartigkeit, Individualität sind vorherrschende Prinzipien. Sie verlangen ein anderes Erkenntnisverfahren als die in den Naturwissenschaften, Erfahrungswissenschften und Gesetzeswissenschaften gebräuchlichen. Sie brauchen ein historisierendes und individualisierendes Verfahren gegenüber einem generalisierenden Verfahren in den Gesetzeswissenschaften. Dilthey fasst das mit Blick auf das Verhältnis von Naturwissenschaft und Geisteswissenschaft in den klassisch gewordenen Gedanken: „Nun unterscheiden sich zunächst von den Naturwissenschaften die Geisteswissenschaften dadurch, daß jene zu ihrem Gegenstande Tatsachen haben, welche im Bewußtsein als von außen, als Phänomene und einzeln gegeben auftreten, wogegen sie in diesen von innen, als Realität und als ein lebendiger Zusammenhang originaliter auftreten. Hieraus ergibt sich für die Naturwissenschaften, daß in ihnen nur durch ergänzende Schlüsse, vermittels einer Verbindung von Hypothesen, ein Zusammenhang der Natur gegeben ist. Für die Geisteswissenschaften folgt dagegen, daß in ihnen der Zusammenhang des Seelenlebens als ein ursprünglich gegebener überall zugrundeliegt. Die Natur erklären wir, das Seelenleben verstehen wir“ (V, S. 143 f.). Und was ist „Verstehen“? „Verstehen“ ist – wie Dilthey erläutert – „ein Wiederfinden des Ich im Du; der Geist findet sich auf immer höheren Stufen von Zusammenhang wieder; diese Selbigkeit des Geistes im Ich, im Du, in jedem Subjekt einer Gemeinschaft, in jedem System der Kultur, schließlich in der Totalität des Geistes und der Universalgeschichte macht das Zusammenwirken der verschiedenen Leistungen in den Geisteswissenschaften möglich“ (VII, S. 191). Diese Erläuterungen Diltheys zum Verstehen stammen aus einer späten Phase seines Schaffens, in der er die durch die Psychologie gegebene Basis des teleologischen Zusammenhanges des Seelenlebens mehr und mehr zugunsten der zentrale Bedeutung gewinnenden Hermeneutik aufgibt. Seine Grundlegungsversuche der Pädagogik, endend mit dem Jahr 1894, stammen jedoch aus der sog. mittleren Phase seines Denkens, sodass die hermeneutikzentrierten Reflexionen sich also auf das Kutursystem Pädagogik, so, wie es veröffentlicht vorliegt und in diesem Band dokumentiert ist, nicht haben auswirken können.

Was nun die Historische Schule angeht, so gibt es auch für sie keine notwendige Entwicklung der geschichtlichen Welt und der Geschichte nach einem dafür geltenden Plan; auch gibt es keine Höherentwicklung im Sinne des rationalen Fortschritts und der Vervollkommnung: „Jede Epoche ist unmittelbar zu Gott“ (Ranke). Positiv gewendet: es herrschen ständige Veränderung, ständige Entwicklung, ständiges Werden; die Wirklichkeit, das Leben, das Wissen, das Verstehen, das Denken, das Handeln, das Menschenverständnis und das Subjektverständnis sind immer geschichtlich bedingt und geschichtlich zu verstehen. Das Wissen darum wird als „historisches Bewußtsein“ bezeichnet, dessen Bedeutung und Wert Dilthey nicht hoch genug einzuschätzen vermag: Das historische Bewusstsein erklärt ihm nicht nur die „Endlichkeit jeder geschichtlichen Erscheinung, jedes menschlichen oder geschichtlichen Zustandes“, vielmehr ist auch das historische Bewusstsein „von der Relativität jeder Art von Glauben … der letzte Schritt zur Befreiung des Menschen. Mit ihm erreicht der Mensch die Souveränität, jedem Erlebnis seinen Gehalt abzugewinnen, sich ihm ganz hinzugeben, unbefangen, als wäre kein System von Philosophie oder Glauben, das Menschen binden könnte“ (VII, S. 290 f.).

Für Dilthey entlässt quasi statt der Vernunft das historische Bewusstsein den seiner selbst bewussten Menschen in seine Eigenständigkeit, in seine Freiheit als Unabhängigkeit, in seine freie Hingabe und Selbstbestimmung, in seine vermeintliche Autonomie letztlich und in seine Gefühlsdeterminiertheit: wir werden noch sehen, welche Bedeutung das Gefühl statt der Ratio bei Dilthey für Willens- und Handlungentscheidungen hat. Kurz erklärt Dilthey: „Das Leben wird frei vom Erkennen durch Begriffe; der Geist wird souverän allen Spinnweben dogmatischen Denkens gegenüber“ durch das historische Bewusstsein (VII, S. 291). Als „Philosophie des historischen Bewußtseins“ hat der Historismus schließlich „die letzten Ketten, die Philosophie und Naturforschung nicht zerreißen konnten“ (VII, S. 223), zerbrochen „und den Menschen die Freiheit gebracht“ (so: Derbolav 1966, S. 236 f.). Bei dieser Freiheit handelt es sich jedoch nicht um eine zur Bewährungaufgabe dem Menschen gemachte Idee von Freiheit, wie wir es aus der Aufklärungsphilosophie des 18. Jahrhunderts kennen, nein – gemeint ist die Möglichkeit realer Freiheit („lebendiger Freiheit“ würde Dilthey sagen), in die der Mensch gesetzt ist. Das muss natürlich den Vorwurf der Preisgabe vernunftkritischen Denkens nach sich ziehen, ebenso die Preisgabe einer Vernunftfreiheit, einer sog. positiven Freiheit, die sich in der freien Bindung an Gesolltes, in der Freiheit zu Gesolltem dokumentiert. Denn was stattdessen aus dem historischen Bewusstsein heraus an kritischer Haltung legitim ermöglicht werden kann, ist Kritik auf der Folie des Zeitgeistes, d. h. Kritik bedingt durch die jeweilige Zeitgeschichte und abhängig von der jeweiligen gesellschaftlichen Verfasstheit. Und als Freiheit ist allein die „Freiheit von …“, die sog. negative Freiheit, die Ketten sprengende Freiheit von Bedeutung geblieben. Dies ist ein Baustein der Kritik an Dilthey und an seinem Verständnis von Geisteswissenschaftlicher Pädagogik, damit aber auch an der ganzen Schule der Geisteswissenschaftlichen Pädagogik, die durch Diltheys Schüler in die Welt gesetzt wurde. Diese Form der negativen Freiheit muss ganz eng verstanden werden, damit es nicht zu Fehlinterpretationen kommt. Ganz eng heißt eben auch: es ist keine konstruktive Freiheit, keine sittliche oder moralische Freiheit im Sinne der Aufklärung beispielsweise Kants und Lessings. Freiheit bei Dilthey als negative Freiheit ist lediglich als Gegensatz zu Notwendigkeit und zum Zwang zu verstehen, als Unabhängigkeit und Ungebundenheit, als Freiheit zu sich selbst, als Freisetzung in seine Selbstursächlichkeit. Das wird für Dilthey problematisch werden, wenn er der Erziehung neben der Seelenlebensentwicklungshilfe die Aufgabe gibt, Funktion der Gesellschaft zu sein und das Individuum in den Leistungsdienst an der Gesellschaft und für die Gesellschaft zu bringen, auch aus Gründen des Wettkampfs der Nationen heraus, soll doch die eigene deutsche Nation in dieser kulturellen Umbruchzeit immer „die Nase vorn haben“. „Die Tat der Freiheit“ – nicht die Idee der Freiheit – „ist nur eine Art des Erwirkens von etwas“ (IX, S. 183), nämlich in Freiheit von Notwendigkeit und Zwang.

Wenn nun der Mensch mit seinem historischen Bewusstsein sich darum bemühen sollte herauszufinden, was er als ein solches historisches Wesen mit historischem Bewusstsein sei, helfen für Dilthey „Grübelei über sich“ und auch „psychologische Experimente“ nicht weiter, sagt er (V, S. 180). Und das gilt auch trotz der entsprechenden Grübelei-Versuche, wie sie von dem von Dilthey hoch angesehenen Pestalozzi in seinen ›Nachforschungen über den Gang der Natur in der Entwicklung des Menschengeschlechts‹ (1797) angestellt wurden, einer Aufklärungsschrift, die auch heute noch – oder gerade heute wieder – äußerst lesenswert ist (vgl. Pestalozzi 2002). Stattdessen erfährt der Mensch allein „durch die Geschichte“, was er ist (V, S. 180). Für Lieber (1974, S. 27) liegt hier vor ein „großartiger Gedanke von der Geschichtlichkeit des Menschen, seinem Werden im geschichtlichen Prozeß der Gesellschaft“, in welchem der Mensch als psychophysische Einheit gemäß seiner „Stellung im kausalen Zusammenhang der Natur“ sich selbst erarbeitet, dabei aber sich nicht aus dem Nichts (ex nihilo) selbst produziert, schafft, sondern diese Selbsterarbeitung im Medium der Naturbearbeitung gesellschaftlich-geschichtlich stattfindet. Der geschichtliche Mensch ist also in seiner geschichtlich sich vollziehenden Entwicklung gebunden an den geschichtlichen Prozess der Gesellschaft (vgl. VII, S. 146f., I, S. 178).

Dieses Moment der Geschichtlichkeit wird Dilthey zur einzig möglichen Zugangsweise zu dem Versuch, Einhalt zu gebieten der „Verstümmelung des Geistes“ durch den Positivismus der naturwissenschaftlich orientierten Philosophie und ein Korrektiv zu schaffen für die durch den Positivismus geschaffene und sich durch ihn verbreitende „harte und kühle Welt“ in Form einer Rettung der „Bedürfnisse des Gemüts“ (V, S. 4). Da dieses Unterfangen von Dilthey zu einer Zeit der „Abenddämmerung der Metaphysik“ betrieben werden musste, war ein Neuansatz nötig. Und Dilthey ergriff den Ansatz der Geschichtlichkeit des Lebens, des Menschen, des Seelenlebens, der Gesellschaft und der sie tragenden Kultursysteme unter Rückgriff auf die Historische Schule, was unter dem Gedanken lief: alles „Erkennen der geschichtlich-gesellschaftlichen Wirklichkeit vollzieht sich in den Einzelwissenschaften des Geistes. Diese aber bedürfen ein Bewußtsein über das Verhältnis ihrer Wahrheiten zu der (geschichtlich-gesellschaftlichen: DJL) Wirklichkeit, deren Teilinhalte sie sind, sowie zu den anderen Wahrheiten, die gleich ihnen aus dieser Wirklichkeit abstrahiert sind, und nur ein solches Bewußtsein kann ihren Begriffen die volle Klarheit, ihren Sätzen die volle Evidenz gewähren“ (I, S. 116).

Für Dilthey gestaltete sich diese Vorausetzung zur Erkenntnis der geschichtlich-gesellschaftlichen Wirklichkeit zu einer wissenschaftstheoretischen und erkenntnistheoretischen Grundlegung der Geisteswissenschaften als Einzelwissenschaften oder Kultursysteme der Geistigen Welt. Der innere Zusammenhang dieser Einzelwissenschaften, das, was die Geisteswissenschaften zu Geisteswissenschaften macht, ist die Geschichtlichkeit alles Geistigen, das von Menschen zu ihrer Zeit unter den Bedingungen ihrer Zeit geschaffen wurde. Und dies gibt Dilthey den Anlass, die kantischen transzendentalphilosophischen Grundlagen, niedergelegt in den drei „Kritiken“ („Kritik der reinen Vernunft“, „Kritik der praktischen Vernunft“, „Kritik der Urteilskraft“), zu ergänzen um die für ihn wichtigste, die „Kritik der historischen Vernunft“. Die historische Vernunft bedeutet dabei das Vermögen des Menschen, „sich selber und die von ihm geschaffene Gesellschaft und Geschichte zu erkennen“ (I, S. 116). Autobiographisch gewendet schreibt Dilthey, dass vor diesem Hintergrund „der herrschende Impuls in meinem philosophischen Denken, das Leben aus ihm selber verstehen zu wollen, (entsprang). Mich verlangte, in die geschichtliche Welt immer tiefer einzudringen, um gleichsam ihre Seele zu vernehmen; und der philosophische Zug, den Eingang in diese Realität zu finden, ihre Gültigkeit zu begründen, die objektive Erkenntnis derselben zu sichern, dieser Drang war für mich nur die andre Seite meines Verlangens, in die geschichtliche Welt immer tiefer einzudringen. Das waren gleichsam nur die zwei verschiedenen Seiten der so entstehenden Lebensarbeit“ (V, S. 4), die sich eben auch – man vergesse nicht, dass ein Kultursystem der Geistigen Welt und eine Einzelwissenschaft der Geistigen Welt auch Erziehung und Pädagogik sind – auf die Pädagogik als Geisteswissenschaft bezog.

Die „Kritik der historischen Vernunft“ beruht für Dilthey auf der Tatsache der Geisteswissenschaften, deren Zusammenhang er von der sog. Historischen Schule geschaffen vorfand (VII, S. 117) und die sein Ungenügen an der Subjekteinschätzung der „bisherigen Erkenntnistheorie“, zum Beispiel der der englischen Empiristen oder der von Kant, bestätigte: „In den Adern des erkennenden Subjekts, das Locke, Hume und Kant konstruierten, rinnt nicht wirkliches Blut, sondern der verdünnte Saft von Vernunft als bloßer Denktätigkeit. Mich führte aber historische wie psychologische Beschäftigung mit dem ganzen Menschen“ – eben nicht nur mit dem wissenschaftlich und philosophisch je aufbereiteten abstrakten Menschen – „dahin, diesen, in der Mannigfaltigkeit seiner Kräfte, dies wollend fühlend vorstellende Wesen auch der Erklärung der Erkenntnis und ihrer Begriffe (wie Außenwelt, Zeit, Substanz, Ursache) zugrunde zu legen, ob die Erkenntnis gleich diese ihre Begriffe nur aus dem Stoff von Wahrnehmen, Vorstellen und Denken zu weben scheint“ (I, S. XVIII).

Abschließend zu diesem Kapitel sei noch einmal ein Selbstzeugnis Diltheys beigebracht, das aus seiner Antrittsrede vor der Königlich Preußischen Akademie der Wissenschaften vom 30. Juni 1887 entnommen ist. Es macht noch einmal deutlich, in welcher Umbruchsituation Dilthey zu einem Neuansatz aufgebrochen war und wie er den Jahrhundertebruch im Denken durch seine Bemühung um die erkenntnistheoretische Grundlegung der Geisteswissenschaften als seine Lebensaufgabe vollzog. Er sagt: „Ich habe ... eine Grundlegung der Einzelwissenschaften vom Menschen, der Gesellschaft und der Geschichte begonnen. Ich suche für sie ein Fundament und einen Zusammenhang, unabhängig von der Metaphysik, in der Erfahrung. Denn die Systeme der Metaphysiker sind gefallen, und doch verlangt der Wille immer neu für die Lebensführung des einzelnen und die Leitung der Gesellschaft feste Zwecke. Das philosophische Jahrhundert“ -gemeint ist das 18. Jahrhundert – „wollte das Leben aus einer allgemeingültigen, abstrakten Theorie von der Menschennatur umgestalten. ... Unser Jahrhundert hat in der historischen Schule die Geschichtlichkeit des Menschen und aller gesellschaftlichen Ordnungen erkannt. Aber es steht vor der Aufgabe, die großen Anschauungen der geschichtlichen Entwicklungslehre in klare, durch die Wahrheiten des 18. Jahrhunderts eingeschränkte und für das Leben fruchtbare Begriffe fortzubilden. Hierzu bedarf es feinerer psychologischer Methoden und Begriffe, die dem geschichtlichen Leben gewachsen sind; besonders aber muß in allen

Leistungen des Menschen, auch in denen der Intelligenz, die Totalität des Seelenlebens, das Wirken des ganzen, wollend-fühlend-vorstellenden Menschen nachgewiesen werden“ (V, S. 11).

Und damit ist das nächste Kapitel ins Auge gefasst: die Befassung Diltheys mit dem, was er „Seelenleben“, „Teleologie des Seelenlebens“ und „Struktur des Seelenlebens“ nennt.

Teleologische Struktur des Seelenlebens

Was ist Seelenleben? Welche Eigenschaften hat es und wie gereichen diese Eigenschaften dazu, Regeln und Normen in Geisteswissenschaften generell und in Pädagogik im Besonderen zu generieren?

Seelenleben hat eine zentrale Bedeutung für Dilthey, sowohl für seine Lebensaufgabe einer Grundlegung der Geisteswissenschaften als auch für die Begründung der Pädagogik als Kultursystem und Geisteswissenschaft. Erziehung hat für Dilthey keinen Eigenwert und ist nicht selbstzweckhaft; sie hat Dienstwert und Dienstaufgabe: sie ist „nur Mittel für die Entfaltung eines Seelenlebens“ (IX, S. 181). Das heißt: sie ist in ihrem Dienstcharakter nicht verantwortlich und zuständig für „jenseits gelegene Zwecke“, d. h. für spekulativ gewonnene Ziele, die gegebenenfalls dem Seelenleben als zu erreichende Inhalte aus Religion oder Ethik oder Metaphysik vorgegeben werden. Die Zwecke sind vielmehr diesseits, und das heißt: der gegenwärtigen geschichtlichen Situation, sowie einem jeweiligen gegenwärtigen geschichtlichen Individuum in seiner gesellschaftlich strukturierten Situation verpflichtet. Es geht in Erziehung immer um individuelles Seelenleben unter individuallagespezifischen Kontingenzen sowie zeitgeschichtlichen und kulturgeschichtlichen Bedingungen. Zu suchen ist also ein Verfahren oder eine Regel der Erziehung, die dem gegebenen Zweck, nämlich der Entfaltung von Seelenleben, „angepasst“ ist. Aber wo gibt es eine solche Regel, die derart zweckbezogen ist, wenn es keine inhaltlichen Zwecke spekulativ gewonnener Art mehr geben soll, sondern der Zweck allein in der Struktur der Entfaltung von individuellem Seelenleben zu sehen ist? Von einem solchen Zweck, der in der Entfaltung und Entwicklung des Seelenlebens und damit im Seelenleben selbst angelegt ist, kann nur gesprochen werden, wenn das Seelenleben durch Zweckmäßigkeit ausgerüstet vorgestellt werden kann. Wenn dem Seelenleben Zweckmäßigkeit als konstitutives Moment zukommt, dann ist es als teleologisch vorzustellen: das Seelenleben enthält in sich eine Teleologie (IX, S. 181; vgl. VI, S. 66)

Unter Teleologie wird die innere Ziel- und Zweckgerichtetheit eines Prozesses als Annahme verstanden, was bedeutet, Entfaltung, Entwicklung und Werden sind zielorientiert. Das Ziel ist in den Prozessen und Dingen als etwas sich von selbst Verwirklichendes angelegt, die Prozesse oder Dinge sind auf Vollendung des in ihnen Angelegten (Entelechie) ausgerichtet. Das Konzept einer teleologischen Struktur des Seelenlebens, dessen Grundgedanke in der aristotelischen Annahme einer Entelechie zu finden ist, hat – wie sollte es bei Dilthey auch anders sein? – seine geschichtlichen Gestaltungen und damit seine historischen Wurzeln. Mit Blick darauf kann gesagt werden: „Diltheys Teleologie des Seelenlebens ..., was ist sie anderes als jene ihr Telos in sich tragende allgemeine Menschennatur des vorkritischen Systems, die der Philosophie von der Stoa bis zur Aufklärung als Grundlage diente?“ (Derbolav 1966, S. 212).

Jedes Lebewesen – nicht nur das menschliche –, so erläutert Dilthey nun in diesem Sinne, will sich selbst erhalten, seine Art oder Gattung erhalten, seine Existenz steigern, das heißt: will sich höher entwickeln und für die Höherentwicklung seiner Gattung leben. Solche Entwicklungs- und Höherentwicklungsvorstellungen finden sich beispielsweise auch bei Rousseau und Montessori. Das so verstandene teleologisch strukturierte Seelenleben ist eine aus dem Leben selbst wirkende Kraft, die Ziel und Vollendung in sich selbst trägt, die sich mithin permanent ausformen will und in den erreichten ausgeformten Stufen sich weiterentwickeln will und in einer Vollkommenheit sich vollenden will.

Was heißt das nun, dass diese Kraft sich entwickeln will und vollenden will in einer angenommenen Vollkommenheitsendstufe? Die Teleologie selbst gehört für Dilthey zum menschlichen Willen, sie bezeichnet Eigenschaften des Willens, so, dass dem Willen ein Sollen eignet, dass der Wille eine Tendenz aufweist, dass er zielstrebig ist, dass er eben richtungsbezogen ist auf etwas, was entelechisch im Seelenleben angelegt ist, dass er einen Drang zur Vollendung des in ihm Angelegten aufweist. Diese Eigenschaften des Willens sind seine Tatbestände. Insofern ist Teleologie als Bezeichnung für die Eigenschaften des Willens für Dilthey „Ausdruck eines Willenstatbestandes“. Und wenn der Wille zum Menschen gehört und damit die Tatbestände des Willens zum Menschen gehören, dann hat die Teleologie als Ausdruck des Willenstatbestandes in dem Willen des Menschen ihre Heimat: sie ist ihm zugehörig (vgl. IX, S. 181).

Ist das stoffliche materiale Moment nun eine aus sich selbst lebende und wirkende Kraft, so ist das formende Moment die Steuerung dieser Kraft, sind die Akte der Zwecksetzungen und Zweckgebungen für die die Entwicklung bewirkende Kraft gebunden an den einzelnen Menschen in seiner Geschichtlichkeit, wodurch die als formale Struktur verstandene Entwicklung zu einer geschichtlich eingebundenen und bedingten materialen Entwicklung wird in einer geschichtlich prozedierenden Gesellschaft. Das einzelne Individuum steuert die Höherentwicklung seines Seelenlebens, es macht sich damit haftbar für seine individuelle und personale Entwicklung, es sucht in „Freiheit“ von jeglicher „mechanischen Naturordnung“ durch seinen Willen in „Taten der Freiheit“ in der Mannigfaltigkeit von Eindrücken, Wahrnehmungen, Empfindungen etc. sein Seelenleben zu steigern. Das Individuum kann dies nur gemäß den Bedingungen seiner Zeit und seines sozialen Umfeldes, sowie den Bedingungen seiner Kultur und seiner Religion, seiner Wissensstände und seiner ethischen Verfasstheit wie auch seiner nationalen Einbindung etc. Diese Steigerung zeigt sich darin, dass es sein Seelenleben stufenweise und stückwerkhaft zu vervollkommnen sich bemüht. Es schafft und gestaltet seine individuelle Existenz und damit sich in seiner Individualität und Persönlichkeit und gestaltet mit diesem seinem Beitrag zugleich die Existenz seiner Gesellschaft und Kultur und seiner nationalen Einheit sowie indirekt auch die Existenz der Menschengattung. Dem liegt zugrunde, was Dilthey für „jedes empfindende bewegliche Geschöpf“ als verbindlich erklärt: Ein jedes solches Geschöpf „sehen wir angemessen der Erhaltung, ja der Steigerung seiner Existenz und der Existenz seiner Gattung leben“ (IX, S. 181). „Alle *Entwicklung* (Evolution) ist nun freies und produktives zunehmendes Ins-Spiel-Treten dieser Mannigfaltigkeit, Herstellung von Beziehungen in ihr. Die Entwicklung entzieht sich dem causa aequat effectum. Sie enthält in den Wirkungen mehr, als in den Ursachen ist. Das Verhältnis ist umgekehrt als in der causa eminens, welche noch Descartes jenseits des Mechanismus der Natur annahm. Das causa aequat effectum gilt nur innerhalb des Mechanismus der Natur, welcher der Verstandesmäßigkeit korrelat ist. Das Mehr in der Wirkung ist die Tat der Freiheit, und diese ist nur eine Art des Erwirkens, nämlich die Herstellung der Verbindungen“ (IX, S. 183).

„Seelenleben“ ist nun für Dilthey die „sich selbst bewegende, sich selbst ausformende und sich selbst sollende Kraft“.

„Teleologie“ ist die Annahme der inneren Ziel- und Zweckgerichtetheit eines sich von selbst Verwirklichenden innerhalb von Prozessen (Entelechie), die „teleologische Struktur des Seelenlebens“ zeigt sich in ihren drei Grundbestimmungen: der Vollkommenheit, der Entwicklung, der Steigerung.

Mit der Darstellung der teleologischen Grundstruktur des Seelenlebens hat Dilthey sowohl „das allgemeine Gesetz“ der „Entwicklung der Menschennatur“ als „anthropologisches Grundgesetz“ umschrieben (Blaß 1978, S. 118) als auch „nichts geringeres als die praktische und theoretische *Möglichkeit* von Pädagogik eröffnet und deren Legitimation anthropologisch begründet“ (Derbolav 1966, S. 212).

Die Analyse wird von Dilthey weitergetrieben, denn unerklärt und ungeklärt sind bisher die Fragen, welches die Strukturglieder des Seelenlebens sind, wie die Struktur selbst aussieht und welche Rolle das Gefühl dabei einnimmt, das in den auf Dilthey gekommenen pädagogischen

Systemen, die der Rationalität und Aufklärung verpflichtet sind, keinen Stellenwert hat: Gefühle sind unter philosophischem Aspekt „Taumel der Empfindungen“ (Lessing), „Empfindungen des Vergnügens oder des Verdrusses“ (Kant), Gestimmtheiten, bloße subjektive Lust erzeugende oder auch Unlust erzeugende Zustände des Gemüts oder ein bloß subjektives Vermögen, das weder intersubjektive noch objektive noch universale noch allgemeine Erkenntnisse und Aussagen gestatte.

Vollkommenheit, Entwicklung, Steigerung – alle drei im Bisherigen verwendeten Begriffe sind für Dilthey die Grundbestimmungen oder Grundkategorien der teleologischen Grundstruktur des Seelenlebens, die allesamt miteinander und untereinander zusammenhängen oder – mit heutigem Vokabular: vernetzt sind. Im Einzelnen besagen diese Kategorien Folgendes:

Vollkommenheit ist Leitkategorie sowohl für die einzelnen Prozesse und für die durch sie zu erreichenden Entwicklungsstufen des Seelenlebens als auch für die Heranbildung eines inneren inhaltlichen Zusammenhangs des ganzen Seelenlebens, das in einer Dynamik komplexer Kultursysteme befangen ist, die ihre jeweiligen Anpassungsforderungen stellen. Dilthey nennt diesen inhaltlichen Zusammenhang einen – natürlich immer geschichtlich – „erworbenen Zusammenhang“, dessen Erwerbsprozess „der Prozeß der eigentlichen persönlichen Individuation“ ist, ein Prozess also von Sozialisation und Enkulturation sowie Kulturation. Es ist der Prozess des Hineinwachsens und des Hineingebildetwerdens des Individuums in die Gesellschaft und ihre Kultur (vgl. Krausser 1968, S. 149 f.). Die Leitkategorie Vollkommenheit für diese Prozesse individueller und sozialer Entwicklung „ist die allgemeine im Menschen gelegene Bedingung, an welche die Erreichung jedes inhaltlichen Zieles gebunden ist. Diese Vollkommenheit ist also unter allen Umständen von der Erziehung anzustreben“ (VI, S. 68).

Entwicklung ihrerseits ist eng verquickt mit der Vollkommenheit und originär mit der teleologischen Seelenlebensstruktur und mit dem Zweckmäßigkeitsprinzip gesetzt. Wenn unter Zweckmäßigkeit das zu verstehen ist, was Dilthey als angemessen mit Blick auf Erhaltung und Steigerung der eigenen Existenz und der Existenz der Gattung „leben“ nennt, dann ist zweckmäßiges Handeln ein solches, das zum vollkommenen Handeln – zur Vollkommenheit – strebt. Jede Stufe der Entwicklung ist dabei eine Stufe vorläufiger oder relativer Vollkommenheit, die zu ihrer Aufhebung in der nächsthöheren Stufe drängt, wodurch Entwicklung als Grundkategorie der teleologischen Struktur des Seelenlebens näherhin als „Höherentwicklung“ zu verstehen ist. Dabei kann die Zielorientierung der Höherentwicklung unter der Geltung des Prinzips der Geschichtlichkeit keine allgemeine gültige Verbindlichkeit aufweisen. Entwicklung und Höherentwicklung als Kategorien der teleologischen Struktur des Seelenlebens unter dem Sollen und der Tendenz von Vollkommenheit sind nicht altersphasenbestimmt und eingeschränkt auf Kindheit und Jugend, sondern beziehen sich auf die gesamte menschliche Lebensspanne. Dilthey verweist darauf, dass solcherart Entwicklung des Seelenlebens nicht durch das Erreichen von Erwerbsarbeit, von Staatsbürgerexistenz und von Gemeindemitgliedschaft (wobei unter Gemeinde die kommunale Gemeinde bei Dilthey zu verstehen ist und nicht die religiöse oder Glaubensgemeinde) abgeschlossen wird. Der Zeitpunkt ist „nicht durch die Natur festgelegt, sondern er ist durch die sozialen Verhältnisse und ihre Dynamik bedingt" (IX, S. 199 f.). Die Entwicklungskategorie bezieht sich auf und macht unter dem Vollkommenheitsanspruch zu ihrem Mittelpunkt „den erworbenen Zusammenhang des Seelenlebens".

Steigerung als dritter in Rede stehender Begriff und als dritte Grundbestimmung der teleologischen Struktur des Seelenlebens leitet sich ab aus dem Begriff der Entwicklung im Sinne von Höherentwicklung oder Weitervervollkommnung. Nach dem Gesetz der Steigerung werden Wirkungen derart erzeugt – so wie auch im kausalmechanistischen Verständnis der Natur –, dass das in der Wirkung Enthaltene dem in der Ursache Enthaltenen entspricht: causa aequat effectum; – aber im Produkt der Wirkung durch Steigerung ist mehr enthalten als in den Faktoren, den Ursachen, nämlich ein Zweck, der vom Verstand hineingelegt wird als nächsthöhere Vollkommenheitsstufe (IX, S. 200).

Der Fundamentalsatz einer Pädagogik und die Folgen einer Analyse des Seelenlebens

Nach diesem Umriss des teleologischen Charakters des Seelenlebens so, wie er sich Dilthey für die Begründung der Geisteswissenschaften und Kultursysteme als notwendige Voraussetzung darbot, worunter auch das „Kultursystem Erziehung" und die „Geisteswissenschaft Pädagogik" zu zählen sind, ist Dilthey in der Lage, eine zunächst behauptende Grundlagenaussage zur Pädagogik zu machen. Diese lautet: „Der Fundamentalsatz einer Pädagogik besteht ... in einer Behauptung: das Seelenleben hat eine innere Zweckmäßigkeit, sonach eine ihr eigene Vollkommenheit. Folgerecht können Normen dieser Vollkommenheit gegeben, Regeln, wie sie durch die Erziehung herzustellen sei, entworfen werden" (IX, S. 185). Damit hat sich für Dilthey der nächste Schritt für seine Erörterung der Grundlinien eines Systems der Pädagogik ergeben: Er liefert nämlich zum Beweis des Fundamentalsatzes eine Darstellung der teleologischen Struktur des Seelenlebens und seiner Glieder durch Analyse des Seelenlebens ohne Anleihen bei der Metaphysik, allein auf dem Boden der Erfahrung (IX, S. 185). Zugleich reflektiert er das Endziel als Endzweck der zweckmäßigen Entwicklung des Seelenlebens und identifiziert diesen im Typus des vollkommenen Menschen (IX, S. 186; vgl. auch VI, S. 64). Zur so genannten Vollkommenheit des Menschen gehört für Dilthey das Zusammenspiel, das richtige Ineinandergreifen von drei Leistungen des Seelenlebens (IX, S. 186) oder von drei Arten von Vorgängen des Seelenlebens (VI, S. 64) sowie die richtige Abmessung ihrer Stärke. „Diese Abzweckung des Lebewesens wird durch seine Struktur erreicht, und die Vorgänge in den drei von uns unterschiedenen Klassen wirken hierzu zusammen" (IX, S. 186). Was sind das für Leistungen, Klassen und Vorgänge des Seelenlebens?

Die Analyse des Seelenlebens zeigt unserem Analysten Dilthey drei Glieder in dem zur Rede stehenden teleologischen Zusammenhang des Seelenlebens auf. Von diesen drei Gliedern sind das erste und dritte Glied durchsichtig und einfach verständlich; das zweite Glied jedoch ist in seiner Funktion „rätselhaft", wie Dilthey erklärt (VI, S. 64). Dilthey geht davon aus, dass jedes Seelenleben, „von den niedersten Stufen tierischen Daseins" aufwärts bis zur höchsten Stufe menschlichen Daseins (eben dem „Typus des vollkommenen Menschen"), sich in seiner stufenweisen Entwicklung bis zu seiner jeweiligen Vollkommenheitsstufe steigert. Jedes Lebewesen, und in Diltheys Interesse steht hier das menschliche Lebewesen, lebt in einem „Milieu", in einer „Außenwelt" oder Umwelt, mit der es in Beziehungen steht und die das Lebewesen bestimmt. Derartige Bestandteile, aus denen sich das so genannte Milieu speist, sind unter Anderem Gesellschaft, Kultur, Religion, Staat, Gruppen und Verbände, Familie, Beruf, Recht, Ethik, Politik, Wissenschaft und manch anderes mehr. Dieses Milieu oder diese Außenwelt eines jeden Individuums mit seinem Seelenleben wird durch eine Reihe von Strukturelementen getragen: es sind die genannten Milieu-Bestandteile. Diese lassen sich zwei unterschiedlichen Arten von Strukturelementen zuordnen: einmal den sog. Kultursystemen, die schon mehrfach im Zurückliegenden Erwähnung fanden, zum Anderen den sog. äußeren Organisationen. Beide sind Bestimmungsmomente der individuellen Lebenswelt für das Seelenleben: „Das einzelne Individuum ist ein Kreuzungspunkt einer Mehrheit von Systemen" (I, S. 51).

Kultursysteme sind für Dilthey zum Beispiel Religion, Wirtschaft und Wissenschaft (I, S. 51, 57), das Recht (I, S. 54–57, 76–80), Sittlichkeit und Sitte (I, S. 57, 60–63), Sprache (I, S. 58), Erziehung (I, S. 63). Sie sind begründet durch einen auf der Menschennatur beruhenden andauernden Zweck (I, S. 43f.). Ihre Charakteristika sind „Freiheit", „freies Tun" und „Fürsichsein" der Einzelnen (I, S. 54, 68). Ein Kultursystem „verwirklicht sich durch das Tun selbständiger, vermöge der Natur der Sache einander in ihrem Tun angepaßter Individuen“ (I, S. 54) und es gründet im freien Ineinandergreifen der Kräfte (I, S. 127).

Äußere Organisationen sind für Dilthey zum Beispiel Staat (I, S. 65, 73, 82), Verbände, darunter Familienverband und Gemeindeverband (I, S. 73, 75, 82 f.), Kirchen (I, S. 65, 75), Körperschaften und Anstalten (I, S. 65). Sie beruhen auf einem durch „Willenseinheit“ (I, S. 53, 70) gesetzten Zweck; ihre Charakteristika sind „Gemeinschaft und Bewußtsein von Gemeinschaft“ (I, S. 54, 66) sowie „Herrschaft und Abhängigkeit zwischen Willen“ (I, S. 67) und „Interesse und Zwang“ (I, S. 47). Sie leben von der Aufgabe einer „Regulierung der Tätigkeit“ (I, S. 54).

Das, was Dilthey zeitgeisthafter Sprache entsprechend Milieu und Außenwelt nennt, könnte man heute „Lebenswelt“ benennen. Aus dieser Lebenswelt resultieren Reize, die sich im Seelenleben als Empfindung, als Wahrnehmung, als Vorstellung, als Denken niederschlagen (1. Glied des teleologischen Zusammenhanges).

Daraus folgen lust-unlustbezogene Wertfühlungen und Wertschätzungen dieser Reize und der „sich in ihnen kundgebenden Objekte“ für Selbsterhaltung und Eigenlebensvervollkommnung (IX, S. 185), „für das Eigenleben im Mannigfachen der Gefühle“, wie es in seiner Poetik von 1887 heißt (VI, S. 143) und für das Entstehen von Werten der Dinge für das Eigenleben, so in der „Allgemeingültigkeitsschrift“ (VI, S. 63 f.). Hierunter fallen alle Wertschätzungen, die in Form von „Gefühlen, Gemütszuständen, Affekten“ vorliegen (2. Glied des teleologischen Zusammenhanges).

Ausgelöst werden durch derartige Gefühlsakte als Wertschätzungsakte – Dilthey charakterisiert sie als „Motoren“ – Willensvorgänge und Begehrungen, Willensakte, das Wollen, die Triebe, die hier nicht als Affekte, als Reize, als Gemütszustände angesehen werden, sondern als Handlungsantriebe, „welche das Eigenleben den Lebensbedingungen anpassen oder die Lebensbedingungen dem Eigenleben“ (IX, S. 185). Oder – wie es Dilthey zur gleichen Zeit (1887) in seinen „Bausteinen für eine Poetik“, betitelt „Die Einbildungskraft des Dichters“ beschreibt -: „Entweder wird nun die Wirklichkeit dem Eigenleben angepaßt und so rückwärts vom Selbst aus die äußere Wirklichkeit beeinflußt, oder das Eigenleben fügt sich der harten und spröden Wirklichkeit“ (VI, S. 143) (3. Glied des teleologischen Zusammenhanges).

Das richtige Ineinandergreifen, das richtige Zusammenspiel und die richtige Abmessung der Stärke dieser drei Glieder des teleologischen Zusammenhanges des Seelenlebens sind für Dilthey die Voraussetzungen für den „Typus des vollkommenen Menschen“. Die maßvolle Ausgewogenheit von Vorstellen – Fühlen – Wollen, von Empfindung – Gefühl – Willensakte/Handlungsmotivation ist für Dilthey das Ziel, der Zweck der zweckmäßigen Entwicklung des Seelenlebens. Zweckmäßige Entwicklung des Seelenlebens ist dabei immer gebunden an die je geschichtliche Lebenswelt. Es „besteht eine beständige Wechselwirkung zwischen dem Selbst" – man kann auch sagen: dem Ich, dem Subjekt – „mit dem Milieu äußerer Wirklichkeit" – man kann auch sagen: der Lebenswelt – „in dem es sich findet, und in ihr ist unser Leben" (VI, S. 143).

Der vom Individuum in Rahmen der genannten Individuation erworbene Zusammenhang seines Seelenlebens basiert in den permanenten Übertragungsprozessen und Anpassungsprozessen, die zwischen Individuum und Gesellschaft mit ihrer Ordnung wie auch der Kultur ablaufen. Er wirkt auf die einzelnen Bildungsvorgänge, er verändert und gestaltet diese aufgrund von lebenswelt- oder milieuerzeugten Wahrnehmungen, Vorstellungen und Zuständen, die die jeweils stärksten Bewusstseinsregungen auslösen. Dabei bezieht sich der „erworbene Zusammenhang" des Seelenlebens nicht nur auf derartige Vorstellungen, sondern „auch auf die aus unseren Gefühlen entsprungenen Wertbestimmungen und die aus unseren Willenshandlungen entstandenen Zweckideen". Und der erworbene Zusammenhang bezieht sich auch „auf die Gewöhnungen unseres Gefühls und unseres Willens" (VI, S. 143). Das heißt: alles das, was durch die Trias Vorstellung – Gefühl – Willenshandlung im Individuum langfristig gebildet wird, mithin der gesamte (Seelen-)Bildungsvorgang ist durch permanente Übertragungsprozesse und Anpassungsprozesse zwischen Individuum und Gesellschaftsgepräge und Kulturgestalt gelernt. Dazu gehören auch die „Mannigfaltigkeit" der vermittelnden Gefühle, ihre „Intensitätsgrade von Lust, Gefallen und Billigung oder Unlust, Mißfallen und Mißbilligung" (VI, S. 149) als „Index unserer jeweiligen Zuständlichkeit und Befindlichkeit" in Form von „Taxieren, Abschätzen der Zweckmäßigkeit der Handlungen im Hinblick auf die Bedingungen des Lebens" (Blaß 1978, S. 120, 123).

Diese Darstellung nun der teleologischen Struktur des Seelenlebens und ihrer Glieder allein auf dem Boden der Erfahrung ohne Anleihen bei der Metaphysik wird von Dilthey als Bestätigung des Fundamentalsatzes der Pädagogik verstanden. Damit ist nun auch die Möglichkeit eröffnet, auf diesen Grundlagen allgemeine Aussagen über Normen und Regeln von Erziehung und Bildung zu machen, denn hier lässt sich für Dilthey der Ansatzpunkt finden für die Gewinnung von Normen und Regeln.

Normen und Normativität

Normen sind Muss- und Sollaussagen. Sie sind Feststellungen dessen, was zu sein hat oder was sein soll, worauf man im Handeln und Verhalten zu achten hat. Normen tragen eine starke regelhafte Bestimmung. Normen eines Verhaltens und Handelns sorgen für die Möglichkeit reibungsloser Funktionsabläufe, für die Möglichkeit der Wahrnehmung von Recht und der Wahrnehmung von Moral, von sachkompetentem oder fachkompetentem oder sozialkompetentem Handeln. Normen bestimmen das so genannte Normale ohne Bewertung der jeweils inhaltlichen Normativität. Keine Gruppe kann ohne Normen für das Miteinander in ihr existieren, kein Arbeitsprozess kommt ohne Normen aus, keine Institution funktioniert ohne Normen, kein Sprachgebrauch, keine Argumentation wäre ohne Normen möglich. Jeder Tagesablauf ist an Normen gebunden, jedes Handeln ist an Normen gebunden, so natürlich auch das pädagogische Handeln. Dabei gibt es sog. allgemeingültige Normen neben geschichtlichen, zeitgeisthaften, gesellschaftlichen, lebensweltlichen, kulturellen etc. Normen. Auch bei Dilthey findet sich das so vor. Die unbedingten allgemeinen Normen sind für ihn prinzipieller und formaler Art; die kontingenten bedingten Normen materialer Art sind von eingeschränkter Gültigkeit, obwohl sie für ihr Einsatzfeld sehr differenziert und detailreich sein können. „Es darf aber" – so erklärt Groothoff in seiner Dilthey-Monographie zur Pädagogik – „keine ›Vorschriften‹ geben, die die Entscheidungs-, Bildungs- und Gestaltungsfreiheit einschränken" (1981, S. 85). Dieser Hinweis wird gestützt von den Feststellungen Huschke-Rheins, dass „die von Dilthey in seinen pädagogischen Abhandlungen und in der Ethik propagierten allgemeinen Normen vielfach Erziehungsziele der Aufklärung gewesen sind: „Respekt und Achtung vor der anderen Person" (X, S. 78), die „Würde und der Selbstzweck" der Person (VI, S. 70), „selber" oder „in sich" die Ziele der Bildung zu bestimmen (IX, S. 181; VI, S. 62), also die Wendung gegen jede Fremdbestimmung der Person, „Vernunft" und „Freiheit" (IX, S. 228), das Recht auf eine „befriedigende Gemütslage" (X, S. 78) oder „befriedigende Gefühlszuständlichkeit" (IX, S. 191) – dies alles sind Formeln aus der Charta der Menschenrechte der Aufklärung, ohne die Diltheys Lehre von der Teleologie des Seelenlebens historisch nicht denkbar ist" (Huschke-Rhein 1979, S. 169 f.). Es sind Formeln und Prinzipien, die mit Inhalt in der jeweiligen Zeit ihrer Materialisierung aus dieser Zeit heraus und aus der jeweiligen Lebenswelt heraus gefüllt wurden und werden: die Inhaltsgebung ist geschichtlich.

Die Normen erwachsen aus den Entwicklungsstufen der teleologischen Struktur des Seelenlebens heraus und sind dem Formalprinzip der Zweckmäßigkeit und Vervollkommnung wie auch der Vollendung der Seelenlebensentwicklung verpflichtet. Wirken schon im rein natürlichen Bereich (Flora und Fauna) Zweckmäßigkeit und Vollkommenheit sich auf die Entwicklung von Leben aus, so geschieht das bei Menschen oder besser: in der menschlich-geistigen Welt in einer potenzierten Weise. Die Erkenntnis der

Regeln von Handlungsvollzügen unter Normen macht dem Menschen die teleologische Entwicklung des Seelenlebens nicht nur technisch verfügbar, sondern zugleich auch inhaltlich effizient verfügbar. „Die geistige Welt“, so erklärt Dilthey, „ist in sich Wirklichkeitszusammenhang, Wertgestaltung und Reich der Zwecke, und all das als unendlicher Reichtum, der in der Gestaltung des einzelnen Selbst in dem Zusammenhang des Wirkens mit dem Ganzen eine innere Bestimmung hat“ (V, S. 4). Eckart König bezeichnet in seiner Dilthey-Befassung die allgemeingültigen und unbedingten Normen als „situationsinvariante Normen“ und die kontingenten Normen mit eingeschränkter Gültigkeit als „situationsvariante Normen“, das heißt „nur für die gegenwärtige historische Situation gültige Normen“. Pädagogik soll „aus der Natur unseres Volkes und unserer Zeit das konkrete und volle Ideal des heutigen Erziehers und heutigen Unterrichtswesens in Deutschland ableiten“, so lautet Diltheys Absichtserklärung in seiner Vorlesung (IX, S. 10). König macht dieses Dilthey-Interesse zur Feststellung, dass „auch für Dilthey … die Erziehungswissenschaft eine normative Disziplin“ bleibe, nur eben nicht in Form der traditionellen Entwürfe auf dem Boden natürlicher Systeme. Und da Diltheys Interesse sich auf die Grundlegung der Geisteswissenschaften bezieht, die er bekanntlich auch als Gesellschaftswissenschaften bezeichnet, und nicht nur auf die Pädagogik, die einen unter Geisteswissenschaften subsumierbaren Fall darstellt, kann man auch erklären, dass sämtliche Geisteswissenschaften und Gesellschaftswissenschaften für Dilthey normative Disziplinen seien wie die Pädagogik (König 1975, S. 99). König bemängelt zugleich zurecht, dass Diltheys Interesse an einer normativen Pädagogik „in der Tradition der geisteswissenschaftlichen Pädagogik häufig zu wenig beachtet“ wird (a. a. O., S. 102, Anm. 47).

„Die Bedeutung der Geisteswissenschaften und ihrer Theorie“ als Wissenschaftsbereich der „ganze(n) Extension der gesellschaftlich-geschichtlichen Welt in der ganzen Intensität des anthropologischen Wissens“ kann „nur darin liegen, dass sie uns zu dem helfen, was wir in der Welt zu machen haben, was wir aus uns machen können, was wir mit der Welt anfangen können und diese mit uns“ (VII, S. 276). Geisteswissenschaften sind handlungsbezogene Wissenschaften (vgl. auch Ineichen 1981, S. 190, Blankertz 1982, S. 221, Groothoff 1981, S. 182) und damit normative Wissenschaften. Diltheys gesuchte Theorie der Geisteswissenschaften soll eine solche Theorie normativer Wissenschaften, unter anderem eben auch der Pädagogik sein, „die sowohl einen absoluten Werteapriorismus als auch einen absoluten Relativismus und Dezisionismus zu vermeiden gestattet“ (Krausser 1968, S. 214 f.).

Erster Teil der Pädagogik: Grundsatzfragen

Grundsatzfragen und pragmatische Fragen: Pädagogik und Pädagogie

Nach den Pädagogik-bezogenen Reflexionen zur Frage der Möglichkeit einer Neuorientierung pädagogischer Wissenschaft von ihrer Rückständigkeit hin zu einem zeitgemäßen Neuansatz befasst sich Dilthey mit sich aus dem Bisherigen ergebenden Fragen unter Zugrundlegung der Unterscheidung von Pädagogik und Pädagogie. Gehört Diltheys „erster Teil einer wissenschaftlichen Pädagogik“ (VI, S. 71) noch zur Pädagogik, insofern er Grundsatzfragen zum Inhalt hat, gehört „der zweite Teil der Pädagogik“ zur Pädagogie, insofern er die Darstellung von Erziehungsvorgängen zum Inhalt hat (VI, S. 75). Was ist unter Pädagogie zu verstehen?

Der Begriff „Pädagogie“, zurückgehend auf das griechische Verb paidagogein (erziehen, leiten, ordnen), ist von Dilthey in die pädagogische Fachsprache eingebracht worden, allerdings ohne dass ihm – entgegen anderen Begriffen – eine besondere Karriere zuteil wurde. Er wurde rezipiert, wohl am intensivsten von Peter Petersen (1884–1952) und meint dort „die bewusste Erziehung und die absichtliche und planvolle Bildung der Kinder und Jugendlichen“. Bei Josef Göttler (1874–1935) wurde er erläutert und verwendet zur Bezeichnung des Bereichs der pädagogischen Praxis im Gegensatz zur Pädagogik als der Theorie pädagogischen Handelns. Hier bei Dilthey dient er zur Bezeichnung dessen, was auch mit Theorie der Erziehung und den darunter subsumierten Spezifika Erziehungslehre und Erziehungskunde versehen wird – und was den Begriff Pädagogie überlebt hat. Das heißt: zwischen Pädagogik und Pädagogie liegt – auch hier bei Dilthey – eine sachliche Diffferenz:

Pädagogik ist die Wissenschaft von Erziehung und Bildung als Wissenschaft eines Teiles der Geistigen Welt, als Wissenschaft eines Kultursystems mit Konstitutionsaufgaben und Legitimationsaufgaben, mit Grundsatzfragen zum Handlungsfeld Erziehung/Bildung, zu Voraussetzungen, Zielsetzungen und Aufgaben pädagogischen Handelns, zu Fragen der Vernetzung des Kultursystems Pädagogik mit anderen Kultursystemen, zu Fragen der Begründbarkeit von Normen, zur Allgemeingültigkeit von Normen, Regeln, Gesetzen pädagogischen Handelns, auch mit Grundsatzfragen zur pädagogischen Anthropologie und pädagogischen Ethik, zur Geschichtlichkeit, Gesellschaftlichkeit, Politizität pädagogischen Denken und Handelns und anderes mehr. Zur Pädagogik gehören aber auch Grundsatzfragen – nicht praktisch-pragmatische Fragen – der religiösen, philosophischen, weltanschaulichen, kulturellen, politischen Verankerung pädagogischen Denken und Handelns.

Pädagogie bezieht sich auf praktisch-pragmatische Fragen von Erziehung als Erziehungsvorgänge unter Regeln und Normen, sie versucht, die tatsächlichen Vorgänge aufzuklären und objektiv zu erklären und, wenn möglich oder zweckmäßig, zu verändern, zu verbessern, in einer Dimension zu erörtern, die Kritik ermöglicht und erlaubt, aber auch versucht sie, gültige Regeln für Praxis aufzustellen, Rollenuntersuchungen und Erziehungsanalysen sowie Erziehungsprogramme zu entwickeln und Begrifflichkeiten, die die Analyse tragen, zu erklären.

Nach dieser Abklärung einer heute nicht mehr anzutreffenden Begrifflichkeit werden im folgenden Diltheys schon angedeutete Grundsatzfragen der Pädagogik erörtert werden.

Erziehung um des individuellen Seelenlebens willen

Erziehung wird durch ein „Verhältnis" begründet. Das heißt: Ein bestimmtes Verhalten von Menschen gegeneinander begründet ein politisches, ein rechtliches, ein wirtschaftliches usw. und eben auch ein erzieherisches Verhältnis. Was geschieht in diesem Verhältnis? Man versucht, durch ein solches Verhältnis einen Zweck zu erreichen und alles dazu Taugliche geordnet in einen Zweckzusammenhang einzubringen. Der Zweck im erzieherischen Bereich ist, durch Erwachsene im Kind, Jugendlichen, Heranwachsenden usw. einen Habitus, eine bestimmte „höchste" Gestalt zu erzeugen oder zu bilden. Die Hauptakteure sind dabei solche, die Einsicht in dieses erzieherische Verhältnis haben und die Sorge dafür tragen, dass das Seelenleben der Zöglinge mit den gesellschaftlichen Erwartungen vermittelt werden kann. Also geschieht Erziehung sorgfältig reflektiert nach einem Plan: sie ist eine „planmäßige Tätigkeit, durch welche Erwachsene das Seelenleben von Heranwachsenden zu bilden suchen". Das Bilden des Seelenlebens, kurz: Bildung als Tätigkeit ist, „Individuen ihre höchste Gestaltung zu geben", „die Vollkommenheit der Vorgänge in einer Seele" zu erwirken; Bildung als Ergebnis ist „jede Art von Vollkommenheit einer solchen Seele. Sonach wird sie hier als Selbstzweck betrachtet" (IX, S. 191; vgl. VI, S. 70), was sich für Dilthey aus dem teleologischen Charakter des Seelenlebens ergibt, „nach welchem in diesem allein in seinem Zentrum eine innere Befriedigung aller strebenden Kräfte erreicht wird" (IX, S. 191).

Bildung als stückwerkhaft „erreichte Vollkommenheit" (VI, S. 70) durch Erziehen als Bildungsprozess oder Bildungsverfahren ist als ein Selbstzweck anzusehen: als ein Zweck, der für sich selbst und aus sich selbst existiert, der keinen Zweck für etwas anderes darstellt, der mithin kein Fremdzweck mit Dienstwert ist. Der Zweck des Vokabellernens und der Verwendungszweck der angeeigneten Vokabeln haben einen Dienstwert, ebenso der Zweck des Umgangs mit modernen Kommunikationstechniken oder Werkzeugen oder was sonst auch immer. Selbstzweck dagegen heißt: der Zweck ruht in sich selbst, er hat einen Selbstwert, er stellt die „innere Befriedigung aller strebenden Kräfte“ als erreichte Qualität dar, die etwas Wertvolles für die Person selbst bedeutet, was als ein Konstitutivum zur Personalität gehört. Und dieses personale Wertvolle ist eine innere Erfahrung des Subjekts, keine von außen ihm zukommende. Es gehört zu seiner eigenen inneren „Gefühlszuständlichkeit“ (VI, S. 70). Und durch einen „Schluß der Analogie“ von sich auf die anderen Subjekte weiß das Subjekt von der Existenz anderer fremder Seelenleben, die unter den gleichen eigenen inneren Gefühlszuständlichkeiten leben, und damit eben auch davon, dass „jedes andere Seelenleben sich als Selbstzweck fühlt“ und als solcher geachtet werden will: als stückwerkhaft erreichte Vollkommenheit seines Seelenlebens auf dem Wege zum Endziel, das Dilthey als „Typus des vollkommenen Menschen“ ausgezeichnet hat (vgl. IX, S. 186). „Daß mit der wachsenden Innerlichkeit dieses Bewußtsein, Selbstzweck zu sein und andere als solche achten zu müssen, sich steigert und entfaltet, das ist ebenso in der Lebenserfahrung, in der inneren Erfahrung enthalten“ (IX, S. 191 f.), es ist keine metaphysische Spekulation. „So wächst das Bewußtsein, Selbstzweck zu sein: Person, Würde, moralischer Wert werden nunmehr innerlich erfahren und an anderen anerkannt“ (VI, S. 70).

Für Dilthey basiert die Begründung der Selbstzweckhaftigkeit des Menschen auf einer solchen inneren Erfahrung. Damit schreibt Dilthey die philosophische Vernunftbasiertheit der Selbtzweckhaftigkeit des Menschen in der Aufklärung, so zum Beispiel bei Kant, psychologisch um und holt sie in seine psychologische Seelenlebentheorie ein. Damit verfehlt er allerdings den von ihm quasi als Zeuge in diesem Zusammenhang genannten Kant (vgl. IX, S. 191): Kants Forderung „betrachte den Menschen als Selbstzweck“ – unangesehen der verkürzten Darstellung durch Dilthey – ist nicht ein Ausspruch „einfach einer inneren Erfahrung“, wie Dilthey sagt, weil er es gerne so möchte, „welche aller bildenden Tätigkeit zugrundeliegt“; Kants Selbstzweckforderung ist eine der verschiedenen Formulierungen des kategorischen Imperativs als Postulat einer apriorischen Vernunft in der ›Grundlegung zur Metaphysik der Sitten‹ unter dem Gedanken, dass das, „was nothwendig für Jedermann Zweck ist, weil es *Zweck an sich selbst* ist, ein *objektives* Prinzip des Willens ausmacht, mithin zum allgemeinen praktischen Gesetz dienen kann. Der Grund dieses Prinzips ist: *die vernünftige Natur existirt als Zweck an sich selbst.* … Der praktische Imperativ wird also folgender sein: *handle so, dass du die Menschheit, sowohl in deiner Person, als in der Person eines jeden Andern, jederzeit zugleich als Zweck, niemals bloss als Mittel brauchst*" (Kant: Grundlegung ... 1870, S. 53 f.).

Wie dem auch sei. Bildung als stückwerkhaft erreichte Vollkommenheit des Seelenlebens und Vollkommenheit im Seelenleben ist Selbstzweck. Sie wird für Dilthey hergestellt durch Bilden als einem Erwirkungsverfahren, das seinerseits eine planmäßige Tätigkeit ist, durch die Erziehung definiert wird. Und zwar Erziehung im engeren oder eigentlichen Sinn. Diese „planmäßige Erziehung" stellt nun „ein in sich geschlossenes System dar. So ist Pädagogik als die Erkenntnis dieses Systems zu bestimmen" (VI, S. 69), das von Dilthey auch als „abgegrenztes System" im Konzert der Kultursysteme bezeichnet wird (IX, S. 191). Und der Vorteil dieser Begründung des Selbstzweckes ist, dass das Individuum sich gar kein anderes Lebensziel außer dem „seiner eigenen befriedigenden Gefühlszuständlichkeit" setzen kann, dass es das „Bewußtsein, Selbstzweck zu sein, in anderen Selbstzwecke zu sehen", gar nicht aufgeben kann, denn dies ist in der „dargelegten Tatsache" des Seelenlebens „in der Lebenserfahrung, in der inneren Erfahrung" seiner Teleologie enthalten.

Erwähnt werden sollte noch, dass es neben dieser Erziehung im engeren Sinne (oder wie es heute heißt, intentionalen Erziehung) für Dilthey auch eine Erziehung im weiteren Verständnis gibt, was heute als funktionale Erziehung bezeichnet wird. Gemeint ist darunter – von Dilthey aber nicht weiter reflektiert – alles das, was als zufällige erzieherische Nebenerfolge durch andere planmäßige Tätigkeiten in zum Beispiel religiösen, politischen, gesellschaftlichen, wirtschaftlichen, künstlerischen, wissenschaftlichen Kultursystemen eintreten kann.

Erziehung als Funktion der Gesellschaft

Einen zweiten Ansatz zur Erklärung und Begründung von Erziehung und zur Festlegung von Erziehungsaufgaben bringt Dilthey in sein Konzept einer Pädagogik ein. Der beinahe formelhafte Satz lautet bei ihm: „Die Erziehung ist eine Funktion der Gesellschaft" (IX, S. 192). Mit diesem Gedanken will Dilthey Licht in das Dunkel des „Ursprungs der Erziehung" bringen. Es handelt sich für ihn um einen Ursprung, den er entsprechend seiner Lebenswirklichkeitsbezogenheit und sozialen Eingebundenheit des Menschen an die Gesellschaft bindet: „Der Ursprung der Erziehung (liegt) in der Gesellschaft". Das überrascht nun: War doch vorher Erziehung so definiert, dass sie „nur Mittel für die Entfaltung des Seelenlebens" sei (IX, S. 181) und wurde doch der Fundamentalsatz der Pädagogik (IX, S. 185) an das individuelle Seelenleben gebunden.

Nun wurde schon darauf verwiesen, welche Bedeutung die jeweilige historische Lebenswelt für Diltheys Wissenschaftsreflexionen und für sein anti-rückständiges und modernes Pädagogikverständnis hat. Es wurde auch darauf hingewiesen, welche Bedeutung das „Leben" für Diltheys Verständnis vom Menschen und seiner Entwicklung hat und worin das sog. Leben (fernab von einem vitalistischen Verständnis) zu sehen ist: nämlich in der beständigen „Wechselwirkung zwischen unserem Eigenleben und dem Milieu, in dem es atmet, leidet und handelt" (VI, S. 95). Das heißt folglich: Die Veränderungen der Lebensverhältnisse sind maßgeblich für Erziehung, indem Erziehung einmal mit den Produkten der Lebensverhältnisänderungen, d. h. mit den jeweils neu sich gestaltenden Lebenswelten, zu tun hat als auch zum Anderen für deren Fortentwicklung zu sorgen hat – und zwar immer auf dem Weg einer Entwicklung zur Vollkommenheit hin. Erziehung ist somit gebunden an Lebenswelt-Abfolgen; sie ist getragen von ihnen und sie betreibt sie, und zwar nicht unter subjektiven Selbstzweck-Gründen, sondern unter gesellschaftlichem Interesse. Erziehung tritt also auf als eine Funktion auftraggebender Gesellschaften, nicht als funktionale Erziehung, sondern als intentionale gesellschaftsbezogene Erziehung. Gesellschaft und Politik werden damit zu Auftraggebern der Erziehung und Erziehung wird instrumentalisiert, sie wird institutionalisiert und organisiert, sie wird zu einem Politikum (vgl. Groothoff 1981, S. 131). Pädagogik und Politik weisen damit eine hohe Affinität auf.

„Erziehung ist eine Funktion der Gesellschaft" und „Erziehung ist nur ein Mittel zur Entfaltung des Seelenlebens": beide Aussagen stehen in einer Spannungshaftigkeit nebeneinander. Die Funktionsaussage erklärt, dass die Erziehung eine „gesamtgesellschaftliche Aufgabe ist, die ... zu bestimmten Teilen an bestimmte Einrichtungen wie z. B. die Familie oder das Unterrichtswesen delegiert werden kann" (Groothoff 1981, S. 158). Und sie „besagt vor allem, daß Erziehung aus einem *gesellschaftlichen Bedürfnis* entsteht" (Bartels 1978, S. 20), was Dilthey besonders betont (IX, S. 192 f.). Die Seelenlebensaussage will die höchstmögliche Entfaltung des Seelenlebens des Individuums in seiner Identität und Persönlichkeit (mithin seine individualische Vollkommenheit), die verhindern soll, daß das Individuum in der immer mehr sich differenzierenden Gesellschaft als reiner Träger ihrer diversen Funktionsabläufe untergeht. Bewältigung der aufkommenden sozialen Fragen und Probleme durch eine sukzessive Auflösung gesellschaftlicher Homogenität in der Folge von Demokratisierung und Pluralisierung, Bewältigung der sozialen Probleme, die durch Industrialisierung und Dehumanisierung der Arbeits- und Lebenswelt vor allem der Industriearbeiterschaft und der „kleinen Angestellten" entstanden sind, auf der einen Seite, Entfaltung der Persönlichkeit und „Einhilfe" zur Selbstbildung angesichts der sich rapide verändernden Lebenswelten auf der anderen Seite – durch diese Doppelaufgabe ist Erziehung charakterisiert. Groothoff und Herrmann veranschaulichen die „Rapidität" der gesellschaftlichen Veränderung, wie sie Dilthey am eigenen Leibe erfahren hat: Zu Beginn seines Studiums in Berlin um 1854 lebten in der Stadt ca. 500000 Menschen, „bei seinem Tode im Jahr 1911 hatte Berlin als Reichshauptstadt und zugleich größte deutsche Industriestadt fast 4 Millionen Einwohner" (Groothoff/Herrmann 1971, S. 335). Eine systematische Verbindung beider Aussagen über Erziehung miteinander gibt es nicht bei Dilthey – sie bleiben nebeneinander als Charakteristika von Erziehung stehen. Wohl sucht Dilthey durch eine etwas gewagte Konstruktion nach einer Vereinbarungsmöglichkeit beider Aussagen. Darüber etwas später unter dem Koinzidenzgedanken.

„Die Erziehung ist eine Funktion der Gesellschaft": Diese Erziehung bindet Dilthey an ein Generationsverhältnis zwischen Erwachsenen und Heranwachsenden in der Gesellschaft; dabei ist die biographische Gestalt der Erwachsenen aufgrund ihrer Historizität eine andere als die der Heranwachsenden, und die geschichtliche Situation der jeweiligen Erziehungsvorgänge ist ihrerseits konstitutiv für dieses Verhältnis. Wenn Erziehung Funktion der Gesellschaft ist, dann verbindet die Gesellschaft mit der Erziehung die Aufgabe eines sozialen Erneuerungsprozesses bei den Heranwachsenden, eines Prozesses, der in den Heranwachsenden soziale Einstellungen und Rollenbewusstsein wie auch Kulturträgerbewusstsein erzeugen will, also letztlich – mit heutigen Begriffen – Sozialisation und Enkulturation und auch Kulturation betreibt. Ausgerichtet sind diese Sozialisations- , Enkulturations- und Kulturationsprozesse auf die Übernahmefähigkeit gesellschaftlicher und kultureller Aufgaben durch die nachwachsenden Generationen letztlich unter der Zwecksetzung, dass die nachwachsende Generation die jeweils abtretende Generation voll ersetzen kann. Gewährleistet soll werden, dass mit dem Wechsel der Individuen in gesellschaftlichen Angelegenheiten einhergehen die Übertragung und der Erhalt der Erträge bisheriger Arbeit, wobei es sich um den Erhalt materieller Güter („Geldwert") wie auch immaterieller Güter („Geistwert") handelt. Eingeleitet wird dieses erzieherische Verhältnis durch absichtslose, sich einfach vollziehende „Assimilation der Jungen an die Alten", durch Angleichung infolge von Vorbildwirkungen und Nachbildungen. Wenn das Ganze jedoch effektiv sein will und den Bedürfnissen der Gesellschaft gerecht werden will, muss dieses absichtslose Assimilieren abgelöst werden durch ein planmäßiges und absichtsvolles wie auch absichtliches Verfahren, das für Dilthey die schon bekannte Erziehung im engeren Sinne darstellt. Diese Erziehung kann begleitet werden durch funktionale Miterzieher. Damit ist eine so verstandene Erziehung, die die Heranwachsenden den Bedürfnissen der Gesellschaft anpasst, zugleich ein Bedürfnis der Gesellschaft selbst.

Um zu verhindern, dass es nur bei partiellen Anpassungsstößen bleibt, die nicht zu einer konstanten sozialen Einstellung und Haltung führen, bedarf es für Dilthey der Mündigkeitsbildung: der Bildung der sozial Unmündigen durch sozial Mündige, der unmündigen Heranwachsenden durch mündige Erwachsene mit dem Ziel der Aufhebung der Unmündigkeit in eine soziale Selbständigkeit durch Anerkennung der jeweiligen Rechtsordnungen. Im Familienleben ist Mündigkeitsbildung letztlich als Verpflichtung auf eine künftige Rechtsordnungshaltung der Heranwachsenden ursprünglich gebunden an das Herrschafts- und Schutzverhältnis zwischen Vater und Kind; es ist sowohl ein väterliches Gewalt- als auch Fürsorgeverhältnis, das sich im Begriff der Mündigkeit wieder findet. Etymologisch wird „mündig" hergeleitet vom althochdeutschen „munt", was Schutz und Fürsorge bedeutet. Insofern betont Dilthey, dass die väterliche Gewalt keine Herrschaft des väterlichen Willens aus utilitären Gründen sei, sondern verbunden sei mit der Fürsorge- und Schutzpflicht für das noch nicht selbstschutz- und selbstfürsorgefähige Kind als ebensolche selbstzweckhafte Person wie der Vater. Und wieder erteilt Dilthey Kant, auf dessen philosophischem Fundament er steht, einen Seitenhieb, wenn er betont, dass die kritische, und das heißt: vernünftige Legitimation des väterlichen Gewalt- und Fürsorgeverhältnisses „nicht auf reine Begriffe zurückgeführt werden" könne, sondern dass die Legitimation „erlebt werden" müsse: „Im Erlebnis des Willens (liegt) seine Rechtfertigung", wobei hier speziell der väterliche Wille angesprochen ist, was für Dilthey jedoch generell gilt. Ihm sind die elementaren Regungen für Willensbindungen sowie die Akzeptanz der Willensbindungen von außen ausschlaggebend für moralische Rechtfertigungen (vgl. IX, S. 193). Die Gefährlichkeit dieses Gedankens reflektiert Dilthey jedoch nicht: denn nach ihm werden Legitimation und Rechtfertigung an Subjektivität und situative Beliebigkeit gebunden oder können zumindest daran gebunden werden; die Macht- und Herrschaftslegitimation des nationalsozialistischen Systems wie auch anderer totalitärer Systeme lebt von solcher Rechtfertigung durch Willenserlebnisse.

„Die Erziehung ist eine Funktion der Gesellschaft". Unter diesem Gedanken reflektiert Dilthey auch die Frage nach der Rechtmäßigkeit von Erziehung. Unter Ablehnung der herbartschen Erklärung einer Antizipation der kindlichen Willensentscheidung durch den Erzieher bewegt sich Dilthey gezielt auf das Herrschaftsverhältnis zwischen Vater und Kind zu, das seine Rechtfertigung durch sein Erleben gewinnt, und erklärt für die Rechtmäßigkeit (nicht für die Rechtlichkeit) der Erziehung: „Das Recht der Erziehung liegt … in dem *Herrschaftsverhältnis,* welches der Vater über die Kinder selber übt oder überträgt. Aber dieses Herrschaftsverhältnis ist an Pflichten gebunden und wird dementsprechend von umfassenderen Herrschaftsverbänden aus reguliert" (IX, S. 194).

Je differenzierter die Gesellschaft wird, je mehr Kultursysteme im Umgang mit den Menschen sich bilden und im Umlauf sind, je pluraler die Ansprüche der Gesellschaft an die Erziehung werden, desto komplizierter wird die gesellschaftliche Organisation der Erziehung. Denn die „einzelnen Herrschaftseinheiten" innerhalb der äußeren Organisation der Erziehung – und Dilthey denkt beispielhaft an Familie, Gemeinde, Staat und Kirche – erheben Anteilsansprüche an die Erziehung. Dies kann für Dilthey nur dazu führen, dass es für die äußeren Organisationen der Erziehung eine „Gesamtverfassung" (IX, S. 195) und „allgemeine Rechtssätze" (VI, S. 73) geben müsse, die über die Art, wie diese einzelnen Herrschaftszentren anteilsmäßig zur Erziehung unter Berücksichtigung des Selbstzwecks der Kinder beitragen, entscheiden. Arbeitsteilig werden dann in der Gesellschaft die Erziehungsverhältnisse näherhin gestaltet. Diese Rechtssätze bilden dann auch beispielsweise für Dilthey „die Grundlage für das Verständnis des Verwaltungsrechts der Schule bei einem einzelnen Volke" (VI, S. 73). Damit Erziehung ihre Funktionsaufgabe für die Gesellschaft erfüllen kann, muss sie mit der Hypothese leben, dass ihre Beziehungen und damit ihre Beziehungsysteme „immer feiner und komplizierter" werden, und keine der ausschlaggebenden, Gesellschaft gestaltenden Beziehungen (Dilthey nennt sie „wirksame Faktoren" (IX, S. 196), von der Schule fern zu halten ist – wie überhaupt, so können wir heute sagen, von der Pädagogik fern zu halten ist. Die so genannte differentielle Pädagogik in ihrer Vielzahl von „Unterdisziplinen der Pädagogik", den sog. Bindestrichpädagogiken, wie man sie einstens genannt hatte, können dies dokumentieren.

Unter diesem Aspekt gibt Dilthey nun eine so genannte höchste Regel an: „Die *höchste Regel* ist: jeder gesellschaftliche Körper soll nach dem Maß, nach welchem er ein Element von dem höchsten Zweck der Erziehung vertritt, auch an ihr teilnehmen". Familien, Gemeinden, Kirche, Staat, Recht, Wirtschaft, Kunst, Verwaltung und wissenschaftliche Korporationen benennt Dilthey für seine Zeit beispielhaft. Alle derartige Herrschaftseinheiten, Herrschaftsverbände, Herrschaftssysteme, Herrschaftskräfte definieren moderne Gesellschaften und Kulturen in ihrer Arbeitsteiligkeit, Pluralität, aber auch in ihren normativen Unverbindlichkeiten und in ihrer zunehmenden Permissivität: alles ist erlaubt. Das zieht für Dilthey nach sich die Forderung nach einem *„Gleichgewicht dieser Herrschaftskräfte"*, damit die „Allseitigkeit der Erziehung gesichert ist" (IX, S. 196) und sie nicht in Einseitigkeit erstarre, „wenn jemals einer dieser Faktoren, eine dieser herrschenden Kräfte sich der Kinderseele ausschließlich bemächtige" (ebda).

„Gleichgewicht" heißt in zeitgenössischer Sprache „Ausgewogenheit" und „Symmetrie", die für reibungslose gesellschaftliche Funktionsabläufe unter Wahrung der Interessenvielfalt Sorge tragen sollen. Wer aber sorgt für Gleichgewicht und Allseitigkeit, für Ausgewogenheit und Symmetrie und für die Funktionsfähigkeit von Gesellschaft und damit für Gestaltung und Kontrolle von Erziehung als Funktion der Gesellschaft? Es ist nicht die Pädagogik – denn auch sie steht unter Kontrolle der allgemeinsten Rechtssätze (VI, S. 73), die zuständig sind für eine „Gesamtverfassung der äußeren Organisation eines gesellschaftlichen Ganzen". Für das Gleichgewicht, die Ausgewogenheit, die Symmetrie dieser herrschenden Kräfte und damit für die Allseitigkeit der Erziehung kann nur eine Instanz zuständig sein, die auf den „Verhältnissen von Herrschaft, Abhängigkeit und Gemeinschaft (beruht)" (VI, S. 72) und das ist das Recht, gebunden an die Institution Staat, kurz: es ist der Rechtsstaat. So steht Erziehung als Gestaltung des Erziehungsverhältnisses unter Bedingungen des Staates und Pädagogik als Wissenschaft von der „Ausbildung der Unmündigen" unter Bedingungen von Politik als Wissenschaft der „Regelung des Verhaltens der Erwachsenen" (IX, S. 197).

Solche Bedingungsstrukturen verdeutlichen, dass weder der Erziehung noch der Pädagogik eine volle Autonomie zukommt, sondern lediglich eine so genannte relative Autonomie. Denn entsprechend der konstitutiven Bedeutung von Geschichte und Lebenswelt für Erziehung und Pädagogik als Geisteswissenschaft ist Erziehung für Dilthey immer gebunden an politische, an nationale, an rechtliche, an wirtschaftliche Verhältnisse, an gesellschaftliche Strukturen basierend auf kulturellen Fundamenten, kurz an alles das, was Lebenswelt ausmacht. Dilthey erklärt zudem auch in seinen Manuskripten klipp und klar: „Die Wahrheiten der Pädagogik sind abhängig von den Wahrheiten der Politik" (IX, S. 236). Das spricht, auch wenn es von Interpreten wie zum Beispiel Ulrich Herrmann relativiert wird (1971, S. 211), für ein klares Abhängigkeits-, Beauftragungs- und Bedingungsverhältnis.

„Erziehung als Funktion der Gesellschaft" ist mit Dilthey eine Erziehung als Funktion des von der Gesellschaft gebildeten Gesamtwillens (IX, S. 176 Anm.), der sich in der bereits erwähnten Gesamtverfassung niederschlägt. Dieser von der Gesellschaft gebildete Gesamtwille ist bezogen auf „Erhaltung und Steigerung der Leistungskraft der Gesellschaft in ihren verschiedenen Organen" oder Herrschaftskräften (IX, S. 197). Erziehung, die in ihrer Funktion steht, will der Gesamtgesellschaft in ihren verschiedenen Organen, Subsystemen, Zweckverbänden, Korporationen, Institutionen den „höchsten Grad von Leistungskraft" verschaffen. Diese sozial diversifizierten Gesellschaften sind für Dilthey unter zeitgeschichtlichem Druck nationale Einheiten geworden. „Unter Nation versteht man" – so Dilthey – „eine feste, wirtschaftliche, gesellschaftliche, politische Verbindung der Teile". „Es ist nun aber eben die Beziehung der Einheit des

Subjekts, die auf realen Momenten beruht, zu dem Bewußtsein der Zusammengehörigkeit, Nationalbewußtsein, Nationalgefühl, worauf schließlich die Einheit des Subjekts beruht" (VII, S. 283; vgl. auch Thielen 1999, S. 405–455). Industrielle Gesellschaften mit je eigenen Interessen und mit mehr oder weniger demokratischen Kulturen, die in Konkurrenz zueinander stehen, werden im ausgehenden 19. und beginnenden 20. Jahrhundert nationale Einheiten im Übergang von einer bürgerlichen Hochkultur hin zu einer wirtschaftlichen, industriellen, wissenschaftlich-technisch-technologischen Zivilisation. Es bilden sich so Einheiten mit Einheit stiftendem Nationalgefühl und Nationalbewusstsein. Diese nationalen Einheiten stehen in Konkurrenz miteinander; der zu bildende „höchste Grad von Leistungskraft" für die Gesellschaft dient dem Wettkampf der Nationen untereinander und ihrer „Machtstellung in der Welt". Erziehung als Funktion der Gesellschaft hat es somit mit dem Problem zu tun, eine bestimmte gesellschaftsbezogene, nämlich „eine nationale Erziehung zu organisieren, welche die Leistungsfähigkeit des nationalen deutschen Staates im Wettkampf der Nationen auf das höchste Maß brächte", und zwar in höchster Dauerhaftigkeit (IX, S. 198).

Der „Koinzidenzpunkt" als einheitliche Erziehungsaufgabe und seine Folgen

Zur Erinnerung: Erziehung im engeren Sinne ist von Dilthey an die Aufgabe gebunden, das Seelenleben des Individuums unter dem Auftrag seiner Vervollkommnung zu bilden: „Erziehung ist nur ein Mittel zur Entfaltung des Seelenlebens". Daneben ist „Erziehung eine Funktion der Gesellschaft" und hat für diese Gesellschaft und ihre Stärkung im Wettkampf der Nationen ihren Beitrag zu leisten. Ist im ersten Falle das zu bildende Subjekt von zentraler Bedeutung, so ist im zweiten Falle der nationale deutsche Staat von zentraler Bedeutung. Subjektive Seelenentwicklung steht neben gesellschaftsnützlicher Leistungskraft; Seelenvollkommenheit steht neben Leistungskraftmaximum. Perfektibilität des menschlichen Seelenlebens und Funktionalität der menschlichen Arbeitsfähigkeit und Tüchtigkeit treten als nebeneinander stehende Voraussetzungen für Erziehung auf. Selbstzweckhafte Personalisation und fremdzweckhafte Professionalisierung mit den Zielen von selbstzweckgerechter Personalität und fremdzweckgesteuerter Professionalität sind Aufgaben für Erziehung. Dilthey ordnet sie nebeneinander an, aber so, dass sie trotz der Nebenordnung eine qualitative Differenz von „einerseits – andererseits" aufweisen und als „zwei getrennt auftretende Zielpunkte" bezeichnet werden (IX, S. 198f.). Insofern könnte man auch mit gutem Recht sagen, dass die beiden Erziehungsaufgaben gegeneinander stehen und dass zu erwarten ist, dass sie in ihrer Widersprüchlichkeit und Gegensätzlichkeit aufgehoben werden können müssten. Denn es ist ein Grundzug im Denken Diltheys, keine Gegensätze und keine Disparitäten stehen zu lassen, sondern wann immer es geht, sie miteinander zu vermitteln. So wurde oben von der Herstellung eines Gleichgewichts disparater Herrschaftskräfte durch eine Gesamtverfassung gesprochen, um die Allseitigkeit von Erziehung zu sichern. Und auch hier ist Dilthey auf der Suche nach einer Verbindung der Gegensätze, denn „es darf nicht zum Konflikt zwischen Individuum und Gesellschaft kommen“ (Vorlesungsnachschrift vom Sommersemester 1884, fol. 9, zitiert nach Herrmann 1971, S. 344 Anm. 509):

Auf dieser Suche nun konstruiert Dilthey einen „Koinzidenzpunkt“, einen Punkt des Zusammenfallens, des Zusammenhanges und damit der Zusammengehörigkeit von Polen eines eigentlichen Antagonismus. Von diesem Punkte aus – und Dilthey ist sehr behutsam in seiner Formulierung – „(kann) die einheitliche Aufgabe des Erziehungsgeschäftes erblickt werden“ (IX, S. 198), wenn individuelle Anlagenentwicklung mit den gesellschaftlichen Tatsachen in ein Beziehungsfeld gebracht werden, nämlich individuelle Entwicklung mit Arbeitsteilung und differenzierten Berufsarten so zusammengebracht werden, daß ein jeder zur Vervollkommnung seiner Persönlichkeit einen seiner Anlagen entsprechenden gesellschaftsnützlichen Beruf erlernen kann und damit seinen Beitrag zur Leistungskraft der Nation liefern kann. Das heißt: Selbstvervollkommnung des Individuums und Vervollkommnung der Gesellschaft durch effizienten Arbeitsbeitrag in gesellschaftlicher Arbeitsteiligkeit: Dilthey operiert mit der Möglichkeit eines Zusammenspiels von Erziehungs- und Bildungsorganisation und Arbeitsorganisation, von individuellen Anlagen und gesellschaftlicher Arbeits-, Berufs- und Bedarfsbefriedigung. Dilthey glaubt auf diesem Wege Rousseaus' Menschenbildung, die immer Pate bei seinen pädagogischen Überlegungen stand, mit dem gesellschaftlichen Utilitarismus, der Zeichen seiner Zeit und Grundtenor der ihm bekannten angelsächsischen Philosophie war, vereinen zu können, und zwar „auf dem Boden des tatsächlichen Lebens“, nicht in der Theorie allein: Jeder entwickelt individuelles Menschentum und trägt zum Nutzen und Erfolg des nationalen Wettkampfes bei. „Bildung des Individuums“ und „Fachbildung zu seinem Beruf“ nennt Dilthey das als Aufgabe der Erziehung (X, S. 118). Und nicht ohne Anflug von Euphorie über die pädagogischen Reformmöglichkeiten,die sich hier eröffnen, erklärt Dilthey: „So wird die Erziehung aus einer dem zufälligen Willen der Zöglinge oder Eltern dienenden Technik zur freien, großartig in das Ganze der Gesellschaft greifenden Kunst“ (IX, S. 198). Damit sind nun der Organisation des Schulwesens als Organisation der Erziehung durch die Politik die Weichen gestellt hin zu einer immer intensiver um sich greifenden Spezialisierung und Spezialistenbildung analog der Arbeitsteilung und Berufsdiversifizierung, verbunden mit der Gefahr des Verlustes von Allgemeiner Bildung und Generalistenbildung. Diese Gefahr wird gesehen und mit der Forderung verbunden, daß eine Art Grundbildung in puncto Selbständigkeit und Selbsttätigkeit vor der Erkenntnis der individuellen Anlagen und ihrer Entwicklung durch fachliche Ausbildung stattfinden müßte. Das heißt: aufbauend auf einer allgemeinen Grundbildung für alle müßten Schulspezialisierungen dafür sorgen, allen Kindern „jeden ihren Anlagen entsprechenden Beruf nicht nur in abstracto rechtlich offen, sondern tatsächlich zugänglich zu sehen“. Dies wäre auch ein Beitrag zur Lösung der „sozialen Frage“ (IX, S. 199). Diese Vorstellungen Diltheys sind nicht ohne spätere Auswirkungen auf Eduard Spranger, Georg Kerschensteiner und Theodor Litt geblieben und „als idealtypische Leitvorstellung kaum verzichtbar“, wie Blaß vor einem Vierteljahrhundert erklärte (1978, S. 116).

Bildsamkeit des Zöglings und das pädagogische Genie

Erziehungslehren müssen Zögling und Erzieher zum Thema machen, denn von beiden wird das Erziehungsgeschäft getragen und alle Überlegungen zum Erziehungsziel, zur Erziehungsaufgabe, zu Erziehungsmethoden und Erziehungsinstitutionen müssen angesichts ihrer Umsetzungsfragen sich Klarheit über die Person des Zöglings, die Person des Erziehers und über das pädagogische Verhältnis zwischen ihnen verschaffen. Auch und gerade, wenn Erziehungslehren von der Erziehungswirklichkeit und ihrer Deskription ausgehen, denn eine derartige Erziehungswirklichkeit stellt sich dar in einer erzieherischen Struktur und ihren „Elementen“. Dem Zögling kommt dabei der Primat zu, da das Schaffen des Erziehers nach Diltheys für die Pädagogik konstitutivem Seelenlebensprinzip abhängig ist von der sich entfaltenden Seele des Zöglings, auf die der Erzieher wirkt. Das Seelenleben in seiner teleologischen Struktur stellt die anthropologische Dimension für das erzieherische Handeln dar und ist zugleich konstitutiver Bestandteil diltheyscher Pädagogik. Dilthey markiert die Anthropologizität seiner Überlegungen durch den von Herbart entlehnten Begriff „Bildsamkeit des Zöglings“ und begründet die Bildsamkeit durch das eine Entwicklung bildende Seelenleben, die nicht an Naturbedingungen gebunden ist. Dies gilt vor allem für die Phase (wenn auch Hauptphase) der Entwicklung, die als Erziehung auftritt und den Zögling präpariert für eine selbständige Existenz im Berufsleben, im Staat und in der Kirche, also in den äußeren Organisationen. Das Ende von Erziehung im engeren

Sinne ist demnach nicht durch Natur festgelegt, sondern „durch die sozialen Verhältnisse“, die die faktischen Möglichkeiten zur individuellen Seelenlebensentfaltung bereitstellen. Diese Entfaltung des Seelenlebens, mithin das, was die Bildsamkeit ausmacht, vollzieht sich nun nach einem allgemeinen Gesetz der Entwicklung der Menschennatur, das als allgemeines geisteswissenschaftliches Gesetz seine Bedeutung als Gegenstück zum naturwissenschaftlichen Grundgesetz des „causa aequat effectum“ und dem Gesetz der Erhaltung der Kraft trägt. Die Bildsamkeit ist mithin gebunden an das Grundgesetz der Steigerung der Kraft, „nach welchem zwar jeder Vorgang im Seelenleben von anderen (Vorgängen) erwirkt ist und seine Wirkungen hat, aber das, was in dem Produkt enthalten ist, nicht in den Faktoren aufgezeigt werden kann“, – in dem Produkt ist mehr als nur Faktorenabhängiges enthalten. Erinnert sei an das bereits Besprochene. Die Bildsamkeit ist zum Anderen aber auch darauf bezogen, was als zweite Erziehungsaufgabe in den Koinzidenzpunkt eingegangen ist: nämlich nicht nur auf die allgemeinen Gesetze des Seelenlebens, sondern sie ist auch bezogen auf die Gesetze des individuellen Seelenlebens mit den je subjektiven Anlagen der bildsamen Zöglinge zu deren je individuellen Berufsfertigkeiten, die erziehungs- und bildungskonstitutiv sind (IX, S. 200).

Als „reizvollste Aufgabe“ für eine deskribierende Erziehungslehre sieht Dilthey die Beschreibung und Analyse des „pädagogischen Genius“ an (VI, S. 74 f.; IX, S. 200–203), insofern das Würdegefühl und die Berufsbegeisterung des werdenden Erziehers an ihn gebunden werden. Er ist ein Genius, der analog zum Genius des schreibenden und bildenden Künstlers zu verstehen ist und etwas Ursprüngliches darstellt.

Unter dem Aspekt der Pädagogik betrifft der pädagogische Genius den Part des pädagogischen Theoretikers, der für Dilthey in zwei Varianten auftritt: in den abgehobenen abstrakten Methoden-, System- und Verstandesdenkern und in den ursprünglichen impulsiven pädagogischen Naturen mit der Macht unwillkürlicher Regungen im Gemüt, der Anziehungskraft, die sie ausüben und damit Abhängigkeit erzeugen sowie einer Führerschaft, die über Gemüt und Anziehungskraft, über ungebrochene Naivität und über naives unmittelbares Verstehen, über Beispiel und Vorbild läuft und nicht über den Verstand, das Raisonnement und über intellektuelle Operationen. Diese ursprünglichen, impulsiven pädagogischen Naturen „führen“ und sind „uns Theoretikern allen überlegen“ (IX, 201–203). Große Klassiker der Pädagogik seien mit diesem ursprünglichen Genius „unzweifelhaft“ ausgestattet gewesen, so Sokrates, Platon, Comenius, Pestalozzi, Herbart, Fröbel als Beispiel. Was Dilthey hier als Attribute eines pädagogischen Genius zusammenträgt, sind alles Charakteristika eines charismatischen Pädagogen, ohne auch nur im geringsten an die Gefahren der Einschläferung des Verstandes, der Abtötung kritischer Vernunft und

Selbstbestimmung, der manipulierenden Verführung zu erinnern, die charismatische Führer (ob nun Pädagogen, Politiker, Sektenführer oder was auch immer) im Umgang mit von ihnen Abhängigen heraufbeschwören können. Welche Qualitäten gehören nun zum pädagogischen Genius?

Einige seien nach Diltheys Vorgaben aufgelistet (vgl. VI, S. 74f.; IX, S. 201–203): „Anziehungskraft" durch „impulsive Macht" oder „magische Gewalt" (IX, S. 201), „Gemüt und Anschauungskraft", „angeborenes" „pädagogisches Talent" bei „Menschen von nicht besonders scharfem Verstand", „Mitfühlen" und „Nachleben" der Regungen eines Menschen, „Kunst der Liebe" („Wir verstehen nur durch Liebe"), „Mindern unserer eigenen Gefühle in das Dunkle, Unentwickelte, Kindliche, Reine", „ungebrochene Naivität im Grunde der Seele", „urphänomenale Gabe", „Tiefsinnigkeit", „lebendiges Sinnen über Seelenleben", „Widerspenstigkeit gegen die wissenschaftliche Analysis", „grübelnde Erfindsamkeit mit Bezug auf die Kunstgriffe zu bilden, zu unterrichten". Und um das Bild noch drastischer zu zeichnen, bringt in nicht zu übersehender Parteilichkeit für den pädagogischen Genius Dilthey den „Kontrast" auf zwischen der „Aufklärung der Salons in Frankreich, und dort Rousseau, phantasierend, sein Buch (den Emile, DJL) auf den Tischen der Weltfrauen, seine Kinder im Findelhause, sein Leben einsame Träumerei", – und der „Pädagogik der deutschen Aufklärung, das goldene Zeitalter genialer Erziehungsversuche, Fürsten und Minister, die helfen wollen, Familienväter, die aus ihren Kindern Menschen bilden wollen, ein Publikum, das mit Begeisterung folgt, und die Aufopferung echt pädagogischer Naturen wie Pestalozzi, Salzmann, Campe, Fröbel (VI, S. 75; IX, S. 203). Wird der pädagogische Genius oder wird der charismatische pädagogische Führer derart vorurteilig anempfohlen und werden seine Beschreibung und Analyse als die reizvollste Aufgabe einer Erziehungslehre angesehen, dann fragt es sich, ob es nicht etwas gewagt erscheinen muss, Dilthey vorbehaltlos und ohne Abstriche in die Aufklärungs- und Emanzipationslinie europäischer Geistesgeschichte des 18. und 19. Jahrhunderts einzuordnen (vgl. Groothoff 1981, S. 211).

Unter dem Aspekt der Pädagogie erklärt Dilthey, dass sie dem pädagogischen Genius am nächsten verwandt sei, vor allem die religiöse und philosophische Pädagogie, mithin die pädagogischen Implikate von religiösen und philosophischen Theoremen und Autoren: „das letzte Wort des Philosophen auf dem modernen kritischen Standpunkt ist die Pädagogie; denn alles Spekulieren ist um des Handelns willen da", wie es gut kantisch bei Dilthey heißt. „Und Augustinus, Luther, Melanchthon, Schleiermacher sind pädagogisch im Innersten" (IX, S. 203f.). Aber – so lautet Diltheys Resümee –, es wird sich nichts verändern: „der Genius ist selten, wie überall, so in der Erziehung", er kann nicht gemacht werden, er ist etwas Ursprüngliches und mit dem Leben Gegebenes. Und: „die Erziehung kann nicht auf ihn warten". Schulverfassungen und Schulordnungen unter der Ägide der Politik müssen für eine Organisation des Erziehungswesens qua Schulwesen sorgen und dieses im Allgemeinen regeln sowie „gute tüchtige Schulmeister lehren" (IX, S. 204).

Zweiter Teil der Pädagogik: Pragmatische Fragen

Pädagogie – Analyse von Erziehungsvorgängen: Das Beispiel „Spiel"

Unter dem Stichwort „Erziehungsvorgänge" oder „Pädagogie" werden Bestandteile der Erziehungsvorgänge betrachtet, um daraus Regeln und normative Aussagen herauszufiltern, die in ihrem instrumentellen Charakter es erlauben, sie als allgemeingültige, d. h. als intersubjektiv überprüfbare Bestandteile einer jeden inhaltlich erst noch zu gestaltenden Erziehung unabhängig von ihrer Inhaltlichkeit einzuschätzen. Es sind alles unverfängliche Bestandteile, insofern sie keine methodologische Festlegung implizieren, sodass man sagen müsste: hier vertritt der Autor ein empirisch-analytisches oder ein technologisches Pädagogik-Verständnis, weil er sich mit instrumentalisierbaren Bestandteilen als allgemeingültigen Bestandteilen befasst.

Dilthey greift das, was er als allgemeingültige Bestandteile von Erziehungsvorgängen aus solchen herausdestillieren möchte, aus den Bearbeitungen der Erziehungsvorgänge durch Vorgänger heraus. Deren Analyseergebnisse kontrastiert er mit der Kompatibilität mit seinen Vorstellungen einer teleologischen Struktur des Seelenlebens und kommt so zur Findung von Regeln und Normen der Erziehungsvorgänge, die ihm als allgemeingültige legitimierbar sind. Das hat den Nachteil, dass etliches „unbestimmt" bleibt in seinen Aussagen, was er gleich zu Beginn dieser Überlegungen in den „Grundlinien ..." betont. Es geht ihm um die Bestandteile und Vorgänge der Erziehung im Rahmen der geistigen Welt. Hier erklärt er nun: Die Vollkommenheit dieser Bestandteile und Regeln „hat ihre oberste Regel in dem Zweck dieser Vorgänge, eine den Bedürfnissen angepaßte Erkenntnis herbeizuführen, wie er in dem teleologischen Zusammenhang des Seelenlebens erfahren wird" (IX, S. 205). Der Leser weiß mit dieser inhaltsleeren und in hohem Maße formalen und instrumentell zu verstehenden Aussage wenig anzufangen (insofern ist sie gegenüber dem Interesse des Lesers auch eine Zumutung). Für Dilthey ist sie so aber notwendig, denn: „Die Unbestimmtheit, mit welcher das Ziel in dieser Formel ausgedrückt ist, ist bedingt durch die Anforderung der Allgemeingültigkeit an diese Formel. Für dieselbe, abstrakt und unbestimmt, wie sie ist, werden dann in der konkreten Pädagogik bestimmtere

Formeln eingesetzt“ (ebda). Diese Unbestimmtheit und Abstraktheit durchziehen nun fast die ganzen Gedanken zur Analyse der Bestandteile von Erziehungsvorgängen.

Die analytische Darstellung nun der einzelnen Vorgänge, die das erzieherische Geschäft ausfüllen und die miteinander „vernetzt“ sind, sondert diese Vorgänge der Analyse wegen voneinander ab, in praxi jedoch greifen sie ineinander. Die analytische Betrachtung ist darauf aus, ein Verständnis der einzelnen Vorgänge zu gewinnen, obwohl sie alle vor Diltheys analytischem Zugriff schon eine entsprechende Betrachtung erfahren hatten. In den „Grundlinien ...“ greift Dilthey auf die überkommenen Befassungen zurück, um sie zu ergänzen, zu erweitern, sie kompatibel mit seinem Erziehungsverständnis im Rahmen von „Intelligenzbildung“ (VI, S. 75) oder „intellektueller Bildung“ (IX, S. 206) zu machen, um sie in ihrem Sinn zu erkennen in dem Versuch, allgemeingültige (intersubjektiv überprüfbare) Regeln über diese Phänomene zu gewinnen. Dabei ist die Anzahl von derartigen analysierbaren Phänomenen recht bescheiden: Lässt man die Beschäftigung mit der „Bildung des Gemüts“ weg, weil sie eigentlich gar nichts mit der Analyse von Erziehungsvorgängen zu tun hat, sondern mehr eine grundlegende Auseinandersetzung mit pädagogischer Ethik darstellt (wie erörtert werden wird), bleiben letztlich sechs Analysevorgänge übrig: Spiel, Anschauungsunterricht, Aufmerksamkeitsweckung, Gedächtnisbildung, logische Denkschulung und Didaktik. Für Dilthey ist das verständlich, denn nach eigener Erklärung ist die Zahl von allgemein gültigen Sätzen und Regeln begrenzt. Am Beispiel „Spiel“ sei im Folgenden exemplarisch dargestellt, was Dilthey mit seiner Analysis beabsichtigt und wie er vorgeht.

Das Phänomen „Spiel“ ist auf seine Prinzipien hin untersucht worden von Rousseau, den Philanthropen und von Fröbel; „ich habe alsdann die umfassende Formel über die Natur des Spiels aus meiner Psychologie hinzufügen können“, so erklärt Dilthey (IX, S. 206).

Spiel und Arbeit als „Weisen von Selbsttätigkeit“ werden in ihrer Gegensätzlichkeit dargestellt. Es entsteht das Gegensatzpaar: Spiel und Lust versus Arbeit und Ernst. Im Spiel wird die Tätigkeit gesehen als freie Tätigkeit um des „fröhlichen Genusses“ durch die Tätigkeit selber willen, um der Befriedigung in der Tätigkeit selber willen. Spiel benötigt keinen Kraftaufwand des Kindes. Im Spiel und seinen Fiktionen, seinen erdachten Vorgängen, Personen, Handlungen, auch phantastischen Vorstellungen, in seinen nacherlebten und nachgestellten Lebensalltagssituationen, seinen Wunschprojektionen etc. vermag sich nur erst das Seelenleben des Kindes „auszuatmen“, in ihm „wird die Gesundheit der Kinderseele durch solche freie Betätigung erhalten“ (IX, S. 206); die Kinderseele atmet nichts Fremdes ein, sie äußert sich von innen heraus spontan, ungekünstelt und unmanipuliert, sie äußert sich so, wie es um sie und um ihre Verfasstheit bestellt ist, ohne Rücksicht zu nehmen, ihre Aktivitäten sind dem Augenblick verschrieben und der ursprünglichen Wahrheit geschuldet. Eine Funktionalisierung der Spiele aus Nützlichkeitsgründen heraus – Dilthey nennt aus seiner Zeit heraus Wahrnehmungsspiele, Phantasiespiele, Übungsspiele, heute käme der ganze weite Bereich der didaktischen Spiele, der therapeutischen Spiele, der Gesellschaftsspiele wie Monopoly oder Lifestyle, Glücksspiele und Rollenspiele hinzu – wird von Dilthey nicht abgelehnt, allein eine Voraussetzung muss eingehalten werden: es hat dabei wesentlich um das Spielen zu gehen, noch nicht um Vorstufen von Arbeit und nicht um verspielte Formen von Arbeit. „Solcher einzelne Nutzen (des Spiels ist) überall zu pflegen, aber der eigentlichen Funktion des Spiels unterzuordnen“ (VI, S. 76) oder „der eigentlichen Funktion desselben einzuordnen“ (IX, S. 206). Und die Arbeit? Sie ist auf die Befriedigung realer Bedürfnisse des Lebens in der Zukunft durch Arbeitsakte mit entsprechendem Kraftaufwand ausgerichtet. Während das Kind um des Spiels selbst willen spielt, arbeitet der erwachsene Mensch nicht um der Arbeit willen, sondern aus Ernst um der Erfüllung gesetzter Zwecke willen unter Effizienz- und Erfolgskriterien (ebda.). Ist man nicht befangen und infiziert von Diltheys Psychologie und ihrer Begrifflichkeit, könnte man dem Begriffspaar Spiel-Arbeit zur Seite stellen das Begriffspaar Sinn-Zweck. So könnte man klarstellen, dass das Spiel in seiner Ursprünglichkeit, so wie es Dilthey auch in Funktionsspielen erhalten sehen will, keinem Zweck dient, sondern allein einen Sinn vollzieht, der in ihm selber liegt, während Arbeit zweckbezogen ist, also einsetzbares und erlernbares Mittel ist zum Erreichen gesetzter Zwecke. Für Dilthey gibt es jedoch trotz der Gegensätzlichkeit von Spiel und Arbeit keinen Bruch zwischen beiden ebenso wenig wie zwischen den gegensätzlichen Erziehungsaufgaben, die vermittelt werden durch seinen Koinzidenzpunkt. Oder man denke an sein „Gleichgewicht der Herrschaftskräfte“ zur Sicherung der Allseitigkeit der Erziehung. „Es darf nicht zum Konflikt … kommen“, hieß es bei ihm. Die nicht bruchhafte Gegensätzlichkeit von Spiel und Arbeit wird von Dilthey vermittelt durch den Rückgriff auf seine Seelenlebenstheorie mit dem Zusammenhang der Glieder des Seelenlebens. Und dies legitimiert ihm auch die Zulassung nutzenorientierten zweckgerichteten Spiels als eingesetztes Erziehungsmittel: Im Spiel wird nämlich ein Zusammenhang ausgebildet; und dieser Zusammenhang wird wirksam „als Fortgang von Vorstellungen durch angeregte Gefühle zu Willenshandlungen im Ernst des Lebens und der Arbeit“ (ebda.). Die oben behandelte Trias von Vorstellung – Gefühl – Willenshandlung, die zum „erworbenen Zusammenhang des Seelenlebens“ beiträgt und einen Seelenbildungsvorgang darstellt, sorgt auch im Bezug auf das Spiel für die Ausbildung eines solchen Zusammenhanges, welcher später im Ernst des Lebens und der Arbeit wirksam wird, und lässt das Spiel so sukzessive übergehen in Arbeit.

Da Dilthey darauf aus ist, in der Analyse der Erziehungsvorgänge auf Regelhaftes zu treffen, das intersubjektiv überprüfbar ist und somit als allgemeingültige Regel legitimiert und angesehen werden kann, muss er nach dem Analysedurchgang zu einer solchen Regel finden, wenn sie sich aufgrund der Analyse aufstellen lässt: sie muss formal und inhaltsleer und damit unspezifisch und unbestimmt sein, d. h. sie muss den Charakter eines bloßen Instruments tragen. Spiel ist zweckfreie lustvolle Tätigkeit, die ihre Befriedigung in sich selber findet und gemäß dem Zusammenhang der drei Stufen des Seelenlebens abläuft. Daraus leitet Dilthey nun die „erste Regel aller Erziehung“ ab: „Das Spiel ist für das Kindesleben eine notwendige Funktion, Unterstützung desselben durch den Erzieher darf nur die im Kind angelegte Art der Vorgänge fördern und die Freiheit nicht einschränken“ (IX, S. 206). Was besagt nun diese allgemeingültige Regel und was trägt sie für das Verständnis und die Einrichtung von Erziehungsvorgängen bei? Als allgemeingültige Regel gilt: das Spiel ist a) eine Funktion für das Leben des Kindes (nicht eine Funktion im Leben des Kindes oder des Lebens des Kindes, sondern für das Leben – es ist also zweckbezogen) und b) diese Funktion ist notwendig. Warum sie notwendig ist, darüber sagt die Regel nichts aus ebenso wenig darüber, worin sich diese Funktion zeigt; der Erzieher hat c) das Spiel, das eine notwendige unbestimmte Funktion aufweist, zu unterstützen; das könnte heißen: Förderung und Hilfe zu geben im Spiel beim Funktionsvollzug des Spiels; diese Unterstützung darf sich d) nur auf die kindliche Eigenart der Vorgänge von Vorstellen – Fühlen – Wollen mit Blick auf Spielewahl und Spieleinhalte, Spieleart und Spieledurchführung beziehen (beispielsweise Regelspiele oder Kreisspiele oder Rollenspiele). Letztlich hat dabei e) die Freiheit nicht eingeschränkt zu werden durch irgendeine Art von Fremdbestimmung: Freiheit ist für Dilthey ja allein negative Freiheit, Freiheit von Zwang und von Fremdbestimmungen.

Die Frage war: was besagt diese erste allgemeine Regel aller Erziehung und was trägt sie bei für das Verständnis von Erziehungsvorgängen? Sie bestimmt Erziehen als ein Fördern durch Unterstützen der im Kind angelegten Art und Weise seiner Spielvorgänge (Entwicklungsvorgänge) als notwendige Funktion für das Kindesleben ohne Freiheit einschränkende Eingriffe. Diese allgemeingültige „erste Regel aller Erziehung“ (IX, S. 206) ist von einer nichts sagenden Allgemeinheit, Instrumentalität und Unbestimmtheit, wie sie oben schon kritisch angemerkt wurde, sodass sich der Erzieher, der nach dieser Regel als allgemeingültiger Regel handeln muss, sich hilflos und verlassen, ja auf den Arm genommen vorkommen muss.

Nicht umsonst wurde oben auch von einer Zumutung durch derartige Gedanken gesprochen.

Wir bewegen uns – das sei erinnert – im Bereich der Pädagogie als dem höchsten praktischen Ziel des philosophischen Nachdenkens. Diltheys Bemühungen um eine Regelherausarbeitung anlässlich des Erziehungsvorgangs „Spiel“ mag als Beispiel dafür genügen, dass die Pädagogie eine Analysis der geschichtlichen Gestalten von Erziehung unter Rückgriff auf die Analysis des Zweckzusammenhanges der Erziehung darstellt. Pädagogik als philosophisches Nachdenken durch Analysis des Systems in die Einzelvorgänge und deren Kausalzusammenhang ist somit Möglichkeitsbedingung von Pädagogie als höchstem praktischem Ziel ebendieses Nachdenkens. Dilthey widmet sich diesem Analysegeschäft relativ ausführlich. Er liefert aber bei allen diesen Analysen keine außerordentlichen Erkenntnisse – und dem Leser von heute sind die diltheyschen Analyseergebnisse keine wissenschaftlichen Offenbarungen mehr, zudem sind sie bisweilen auch überholt. Worauf Dilthey jedoch wertlegt, ist der Nachweis, wie gering an Zahl die allgemein gültigen Regeln, Normen, Prinzipien etc. sind, die man für das praktische Erziehen festschreiben kann.

Diltheys Skizze zur Bildung des Gemüts und die daraus resultierenden Erziehungsaufgaben

Eine etwas genauere Betrachtung verdienen noch Diltheys Überlegungen zur „Bildung des Gemüts und des Willens“ (so in der „Allgemeingültigkeitsschrift“ (VI, S. 81) oder zum Thema „Bildung des Gemüts“ (so in den „Grundlinien …“), wobei auch hier wieder Diltheys etwas laxer Umgang mit Begriffen das Verständnis seiner Gedanken nicht gerade erleichtert. Ist er doch durchweg nicht bereit, in eindeutiger Begrifflichkeit sich auszudrücken. Gemüt, Gefühl, Affekte, Triebe, Antriebe, Stimmungen werden in Diltheys Seelentheorie als grundlegende Teile und Träger von Seelenleben verwendet, mal synonymisch, mal ergänzend, mal gegensätzlich, und immer ohne definitorische Abklärungsversuche.

Fragen wir angesichts dessen, was unter Gemüt vorzustellen sei, und bedenken wir dabei, dass Dilthey Ende des 19. Jahrhunderts und Anfang des beginnenden 20. Jahrhunderts in einem Sprachgebrauch befangen war, der ein anderer war als es der heutige ist und der noch wesentlich mehr Verbindung zur philosophischen Sprache des 18. Jahrhunderts hatte als der heutige verflachte Sprachgebrauch aufzuweisen hat. „Gemüt“ war ein gebräuchlicher und ernst zu nehmender Begriff, der sich nicht in „Gemütlichkeit“ erschöpfte. Die Etymologie gibt an die Hand, dass das Wort Gemüt eine Kollektivbildung zu Mut darstellt analog den Kollektivbildungen von Gezeter, Gelächter, Gemurmel, Gerenne, Gelege etc. Gemeint ist immer eine Vielheit oder Gesamtheit von etwas, hier also eine Gesamtheit von Mut. Fragen wir weiter: Was ist im 18. und 19. Jahrhundert Mut? „Mut" hat zu dieser Zeit eine weitaus umfangreichere Bedeutung als heute, wo wir unter Mut in der Regel „Unerschrockenheit", „Kühnheit", „Tapferkeit" verstehen. Mut ist im 18. und 19. Jahrhundert die Bezeichnung für die Kraft des Denkens, des Empfindens, des Wollens. Gemeint sind seelische Kräfte und Sinnesregungen. Mut ist: Seele, Geist, Sinn. Etwas „mutmaßen" ist: etwas „vermuten", glauben, meinen, einbilden, denken. „Anmut" ist Ausdruck völliger Harmonie. „Demut" ist die Gesinnung eines Untergeordnetseins, Unterlegensein, die Gesinnung geringerer Wertigkeit. „Hochmut" ist Gesinnung von Überheblichkeit. „Gleichmut" ist ausgeglichene Geisteshaltung. Mut bildet für Kant im 18. Jahrhundert das Wesen der Tugend; Tugend besteht sonach in einer Geisteshaltung, sich in stückwerkhaften moralischen Handlungen immer mehr der Heiligkeit des Sittengesetzes anzunähern. Insofern ist Tugend: moralische Stärke durch Mut als Kraft des Denkens. Kants „Habe Mut, dich deines eigenen Verstandes zu bedienen", ist somit der gedankliche Auftrag durch die Kraft der Vernunft, mit eigenem Verstand selbständig zu denken. Das „sapere aude" drückt das noch deutlich aus: „audere" heißt im Lateinischen: Lust haben, wollen, sich erdreisten, wagen, übers Herz bringen. Also: Wolle und habe Lust dazu (vgl. Gemüt), den eigenen Verstand anzuwenden.

Gemüt oder -gemut (wie in „wohlgemut") ist die Gesamtheit seelischer Kräfte und Sinnesregungen, ist die Gesamtheit der Gedanken, der Empfindungen, der Vorstellungen, der Erfahrungen und der inneren Erfahrungen, die im Laufe der Seelenentwicklung erworben werden, die Gesamtheit der Inhalte geistiger Entwicklungsstufen. Gemüt ist damit Ausdruck der „höheren Organisation" des Menschen und seines Seelenlebens im Vergleich zum Tier und dessen Seelenleben. Gemüt definiert den Menschen in seiner Ganzheit und Vollständigkeit. Dilthey listet Inhalte und Eigenschaften des Gemüts als anthropologische Definitionsmomente des Menschen auf, so zum Beispiel: Wahrnehmung und Intelligenz; äthetisches Gefallen und Erfüllung; Wohlgefallen und Harmonie; Kontrast; Rhythmus; denkendes Verknüpfen; Neugier (des Kindes); Entdeckung der Identität; systematisches Denken; freie Intelligenz; Souveränität; Warum-Fragehaltung und Trieb nach Erklärung; plastische Kraft selbsttätigen Schaffens; Einbildungskraft; Phantasie; Unabhängigkeit von der „Notdurft des Lebens"; Sprache; Quelle von Rechtsvorstellungen und die Annahme eines absoluten Punktes im Gemüt, eines Absoluten, einer Gottheit (IX, S. 222–224).

Suchte Dilthey bisher unter dem Pädagogie-Aspekt Normen und Regeln allgemeingültiger Art, so arbeitet er unter dem Spezifikum „Bildung des Gemüts“ zugleich ein Spektrum von Indikatoren für Erziehung zur Gemütsbildung heraus. Als grundlegendes Indiz für Erziehung gilt ihm die Warum-Fragehaltung als „das mächtigste Agens in der Geschichte der Zivilisation“ (IX, S. 223) mit der Regel, Erklären und Machen, Theorie und Praxis nie zu trennen. Dahinter steht der alte Gedanke, dass das Fragen zum Menschen gehört und ihn in seiner Besonderheit im Naturbereich auszeichnet. Die aufgekommenen Bemühungen zu Beginn des 20. Jahrhunderts wie auch jetzt wieder um ein Philosophieren mit Kindern, die an die Fragehaltung des Kindes anknüpfen, dokumentieren die Aktualität dieses grundlegenden Indizes (vgl. Löwisch 2000, S. 71–78). Ein zweites Indiz für Erziehung ist Schutz, Stütze, Steigerung selbsttätigen freien Schaffens abseits von Lebensnot unter der Aufgabe der Rettung und Erhaltung der Selbstzweckhaftigkeit des Kindes und Ablehnung der Fronarbeit von Schule. Ein weiterer aus dem Gemüt resultierender und zur Bildung auffordernder Indikator ist der Drang zur Sprache und damit zur Intellektualität sowie zur Lebendigkeit des Sprachprozesses und damit zur Geselligkeit. In der gegenwärtigen Kompetenzdiskussion würde das eine eindeutige Parteinahme für die Annahme bedeuten, dass kommunikative Kompetenz für soziale Kompetenz Voraussetzung ist (vgl. Löwisch 2000, S. 137–150). Ein viertes gemütsbezogenes Erziehungsindiz sind die erzieherischen Gemeinschaften Familie und Schule als Orte der Gestaltung von Rechtsvorstellungen, Rechtsgefühl und Rechtsbewusstsein im Sinne von Gemeinwohlhaltung. Ein letztes Indiz für die Leistung von Erziehung ist die Annahme der Notwendigkeit eines jenseitigen absoluten Bezugspunktes, an den sich der Mensch rückbindet, also Religiosität und Gottheit.

Damit zeigen sich für die Bildung des außerordentlich komplexen Gemüts für Dilthey fünf Erziehungsaufgaben resp. Erziehungsbereiche: Bildung des Gemüts hat zu geschehen über

1) Aufklärung der Fragehaltung als lebensweltgestaltendes Prinzip,
2) Verpflichtung auf die Selbstzweckhaftigkeit der Person des Kindes,
3) Sorgewaltung für Sprachpflege und Sprachkultur,
4) Entwicklung einer rechtsgetragenen Gemeinwohlhaltung und
5) Ermöglichung und Festigung einer Glaubenshaltung.

Alle diese Punkte zusammengenommen sorgen für die Bewerkstelligung der Doppelaufgabe von Erziehung, nämlich für sein eigenes Leben und für das der Gesellschaft seine Gemütskräfte und deren Zweckmäßigkeit ins Spiel bringen zu können, was zugleich davon zeugt, dass der Mensch infolge der Zweckmäßigkeit seiner Gemütskräfte, nicht aufgrund von Spekulation, auch gut sei. Die Möglichkeit des menschlichen Gutseins liegt in der lebens- und gesellschaftsbezogenen Zweckmäßigkeit der im Gemüt angelegten Reaktionsweisen. Damit ist mit der Analyse der Bildung des Gemüts und der Feststellung ihrer „Organisation“ und ihrer

Zweckmäßigkeit auch festgehalten, dass die einzelnen Menschen wie auch das Menschengeschlecht durch gesellschaftliche Ordnung zivilisiert und durch Gesittung moralisiert werden können und „impetuose Kräfte“, sprich Leidenschaften, dadurch in den Griff bekommen können zum Heil der Individuen und zum Wohl der Gesellschaft. Die Folge dieses Vorgehens versieht Dilthey mit dem Begriff „Gesittung“ oder „menschliche Sittlichkeit“ und erklärt, dass „der Inhalt dieser menschlichen Sittlichkeit … in Verbindungen der elementaren Regungen (besteht), wie sie durch die Gesetze des Gefühls und des Willens in den zerstreuten Regungen eine Einheit des Charakters hervorrufen. Hier begegnen und bedingen sich die Entwicklung des Individuums und die der Gesellschaft“ (IX, S. 226).

Die Gedanken Diltheys zur Bildung des Gemüts, die in der „Allgemeingültigkeitsschrift“ gar nicht ausgeführt sind, sind in den „Grundlinien …“ eigentlich falsch platziert: sie sind dort zugeordnet der Pädagogie und gehören ihr doch eigentlich nicht an. Dilthey versucht hier, das außerordentlich komplexe Feld der menschlichen Gemütskräfte in fünf Bereiche als Aufgabenfelder für Erziehung mit dem Ziel von Bildung systematisch zu gliedern und dabei in allen Feldern die ethische Dimension als ein durchgehendes Soll auszuweisen und die Gemütsbildung damit zugleich als eine Form von moralischer Bildung zu erkennen zu geben, die mit Notwendigkeit zur Pädagogik als Kultursystem gehört. Wenn nun die Fragen aufgeworfen werden: wozu es einer „Lehre von der Bildung des Gemüts und des Willens“ bedarf, warum Dilthey nicht seine Überlegungen zur Pädagogik und seine analytische Befassung mit Erziehungsvorgängen genügen, dann lässt sich als Vermutung formulieren: Mit der Lehre von der Bildung des Gemüts sollte das Verhältnis von Pädagogik und Ethik thematisiert werden, das für Pädagogik als Kultursystem und für Pädagogik als pragmatische Geisteswissenschaft ein konstitutives Moment darstellt und das die Frage mit zu klären vermag, inwieweit aus dem Sein und der Analyse des Seins ein Sollen gefunden oder formuliert werden kann, das nicht spekulativem Denken sich verdankt, sondern wirklichkeitsbezogen ist und trotzdem allgemeingültige Aufgabenfelder als Regelfelder umfasst. Eine Pädagogik, die zu einem nationalen Wettkampf qualifizieren soll, die gebildete Persönlichkeiten erzeugen wie auch leistungsstarke Gesellschaftsträger hervorbringen soll, eine Pädagogik, die von der Politik in einer gewissen Abhängigkeit steht, die sich nicht von einem ethischen System in ihren Zielüberlegungen abhängig machen will und die sich auch nicht an vorgegebenen ethischen Idealen orientieren kann und deren Prinzip es ist, vom Edukanden und dessen sich entfaltender Seele, also seiner Bildsamkeit, her zu denken, eine solche Pädagogik muss auf eine ihr besondere Weise die moralische Fundierung ihrer Edukanden in das pädagogische Geschäft einholen. Für Dilthey geht sie davon aus, dass die Edukanden in die ethischen Überzeugungen, in die Normen, in die Moralkodices und in die Verhaltenszielsetzungen hineinwachsen und hineinleben, die von der jeweiligen Gesellschaft, den Gesellschaftsstrukturen und von der jeweiligen geschichtlich-geistigen Welt, den Kultur- und Lebenswelten vorgegeben werden. Die Gemütskräfte – so lässt sich interpretieren – „machen den Charakter des Menschen als Anlage“ aus, nur sie „können nicht allgemeingültig in Begriffen dargestellt werden“ (IX, S. 187). Sie sind aber die formale Grundlage für die Moralisierung des Menschen, während die jeweilige Inhaltlichkeit „in der Burgfreiheit der Person“ verbleibt (I, S. 385). Das heißt: die formale Grundlage der Gemütskräfte und die Inhaltlichkeit durch die jeweilige Gesellschaft und durch die jeweilige geschichtlich-geistige Welt sind die zwei Seiten der einen Medaille „Persönlichkeit“ oder „Einheit des Charakters“. „Das Individuum wird nur in der Gesellschaft zur Einheit des Charakters gebildet, und nur weil im Individuum diese Bildung möglich ist, gelangt die Menschheit dazu“, so heißt es bei Dilthey (IX, S. 226). Insofern ist die Bildung des Gemüts nicht ein Ziel von Erziehung, sondern sie ist „das *letzte* Ziel *aller* Erziehung“. Wenn die höchste Aufgabe der Erziehung „der volle Eintritt des Individuums mit allen seinen Gemütskräften in diese Welt (ist), so daß es nach dem Maß seiner Kraft an der richtigen Stelle zu seiner Befriedigung und zum Nutzen des Ganzen in diese Kultur und ihre Aufgaben eingreift“ (IX, S. 14 f.), dann ist das Gemüt mit seinen Kräften der für Moralität wichtige zu bildende Bereich, der für die Harmonie des Individuums mit sich und der Gesellschaft Sorge trägt.

Resümee: Diltheys Bedeutung als Klassiker der Pädagogik

Dilthey ist der Vater der Geisteswissenschaften, unter die er auch die Pädagogik subsumiert. Damit hatte er zu seiner Zeit ein neues Paradigma geschaffen, das für die Pädagogik des 20. Jahrhunderts von bestimmender Bedeutung wurde. Er hat eine weitreichende Neubegründung der Pädagogik als Wissenschaft vorgenommen und hat in diesem Zusammenhang auch seine eigene geisteswissenschaftlich orientierte Form der Pädagogik als Kultursystem in den „Grundlinien …“ vorgelegt. Er hat die Pädagogik entmetaphysiziert, er hat sie verdiesseitigt, er hat sie säkularisiert, er hat sie historisiert und er hat sie psychologisiert, um eine im Menschen liegende Anlage als letzten leitenden Bezugspunkt zu gewinnen. Er hat das gedankliche Fundament für „geisteswissenschaftliche Pädagogik“ gelegt und durch die Heranbildung von einzelnen Schülern die Ausgangsquellen für unterschiedliche und verschiedene Richtungen geisteswissenschaftlicher Pädagogik geschaffen. Herman Nohl, Eduard Spranger, Theodor Litt,

Erich Weniger, Wilhelm Flitner waren als Schüler Diltheys solche „Ausgangsquellen“, haben aber keine eigentliche Schule gebildet; wohl aber haben sie sich zusammengefunden als Herausgeber der pädagogischen Fachzeitschrift „Die Erziehung“ als Organ einer Neuen Pädagogik, die bis zum aufkommenden nationalsozialistischen System in Deutschland tonangebend war.

Die Einschätzung der Bedeutung Diltheys für die Pädagogik ist sehr facettenreich. Von harscher Kritik beispielsweise durch den pädagogischen Neukantianismus (z. B. Jonas Cohn) und seiner transzendentalphilosophischen Nachfahren (z. B. Wolfgang Fischer, Marian Heitger) geht sie über ausnehmend ausgewogene Stellungnahmen (z. B. Josef Derbolav) bis hin zu einer außerordentlich positiven Einschätzung (z. B. bei Hans-Hermann Groothoff und Ulrich Herrmann).

Joesf Derbolav, der Nachfolger Theodor Litts auf dem Bonner Lehrstuhl für Philosophie und Pädagogik, geht entgegen allen Extremstellungnahmen in einer sehr ab- und ausgewogenen Art mit Dilthey um und anerkennt vollauf das, was Dilthey geschaffen hat, völlig im Gegensatz zu den extremen Bemerkungen des Neukantianers Jonas Cohn zu Dilthey: „Fast jede Abhandlung Diltheys beginnt mit großen und tiefen Einsichten, fast jede endet mit verwaschenen Trivialitäten“, „sie enttäuschen am Schluß, weil die Lösung in Nichts zerrinnt, sie wachsen in der Erinnerung, weil sie neue Gedanken wecken“. Aber dennoch: „Dilthey kann ohne von anderen geborgte Krücken kaum einen Schritt tun“ (Jonas Cohn: Tagebuchaufzeichnungen F II vom 16. und 19. Aug. 1924, S. 310, im Jonas Cohn-Archiv). Derbolav erklärt demgegenüber: „Diltheys Wirkung (beruhte) mehr auf jener Mischung von Anregendem und Unfertigem, von bahnbrechenden Entdeckungen in noch unzulänglicher Gestaltung, die ebensowohl zu einem Beschreiten des eingeschlagenen Weges wie zu einem kritischen Hinausgehen über den Lehrmeister einluden“. Derbolav erinnert in diesem Zusammenhang an die Strukturpsychologie Eduard Sprangers, an die Weltanschauungstypologie eines Karl Japers, an die Theorie des objekiven Geistes von Hans Freyer, die Geschichte der Autobiographie von Diltheys Schwiegersohn Georg Misch, an die geisteswissenschaftliche Pädagogik Herman Nohls, die Kulturanthropologie Erich Rothackers und die Wissenschaftstheorie Theodor Litts. Er verweist auf den „Sauerteig der Geschichtlichkeit, der dann in Heideggers Daseinsanalyse mächtig aufging“. Kaum abzuschätzen sei die Wirkung Diltheys auf Hermeneutik, Poetik und Literaturwissenschaft. Derbolav räumt ein, dass Diltheys Beitrag uns einiges schuldig bleibe, aber – so anerkennt er –: „Problemgeschichtlich verdient er unser höchstes Interesse“ (Derbolav 1966, S. 192 f.). Sehr deutlich markiert Hans Hermann Groothoff die Bedeutung Diltheys: „Wenn wir überhaupt … am Menschen als einem Selbstzweck und damit an seiner personalen Existenz, seiner interpersonalen Kommunikation, dem Rechtsstaat und der Demokratie festhalten wollen, dann können wir auf die Bildung, wie Dilthey sie zu bestimmen angefangen hat, … nicht verzichten. Damit ist aber zugleich gesagt, daß wir auf eine praktische Philosophie und eine wissenschaftliche Pädagogik im diltheyschen Verstande nicht verzichten können“ (Groothoff 1981, S. 180). „Diltheys Entwurf einer Allgemeinen Pädagogik als einer Theorie der Erziehung und ihrer wissenschaftlichen Behandlung unter besonderer Berücksichtigung der institutionalisierten und organisierten Erziehung in der modernen und für die moderne Gesellschaft ist … ein Entwurf, von dem in der Tat auch heute noch ausgegangen werden kann. … So gesehen hat die wissenschaftliche Pädagogik nach wie vor … drei Aufgaben zu lösen: Erstens eine allgemeine anthropologisch-pädagogische Theorie der Bildung zu entwickeln und … fortzubilden“ sowie „auf die geschichtliche Lage und Aufgabe hin auszulegen. Zweitens die faktischen … Bildungsprozesse … zu untersuchen“ und gegebenenfalls nach Verbesserungen zu suchen. Drittens in Angriff zu nehmen und zu bestimmen die Bedingungen für eine Revision und Forderungen an eine Revision der Erziehung, des Unterrichts, an eine Reform des Bildungswesens einschließlich der Lehrerbildung (a. a. O. S. 189 f.). Für Groothoff wie für seinen Schüler Ulrich Herrmann, dem Verfasser der wohl bedeutendsten Dilthey-Monographie in paedagogicis, die beide dem Aufklärungsdenken als Emanzipationsdenken in der Pädagogik der 70er- und 80er-Jahre des 20. Jahrhunderts offen gegenüberstehen, hat der kritisch-liberale „Dilthey … in den Säkularisierungs- und Emanzipationsprozeß des 18. und 19. Jahrhunderts eingeordnet zu werden (a. a. O. S. 211). Und Ulrich Herrmann trifft den Nagel auf den Kopf, wenn er Dilthey das Verdienst zuspricht, „die volle Bedeutung der Erziehung und des Unterrichts sowie ihrer Institutionen in ihrer Eigenständigkeit als Systeme der Kultur und Systeme der äußeren Organisation der Gesellschaft ins Bewusstsein gehoben zu haben. Ohne diese Vorgabe – und natürlich ihre Weiterentwicklung in der „Pädagogischen Bewegung“ nach dem Ersten Weltkrieg – wäre die Durchsetzung der Pädagogik als akademischer Disziplin und damit allumfassender Berufswissenschaft des Lehrers und Erziehers nicht möglich gewesen“. Herrmann knüpft die heutige Bedeutung Diltheys an seinen „Entwurf einer Pädagogik als Geisteswissenschaft, der bis heute allen eingeschränkten … Begründungen der Pädagogik als Wissenschaft theoretisch und systematisch insofern überlegen ist, als dieser Entwurf allererst den Hintergrund und Zusammenhang von Theorien und Analysemodellen, über die je für sich zu streiten relativ belanglos ist, eröffnet“ (Herrmann 1979, S. 84). Auch Klaus Bartels betont, dass Dilthey „immerhin einen imponierenden programmatischen Entwurf vorgelegt (hat), den weiter zu reflektieren und in der Forschung zu realisieren eine vordringliche Aufgabe heutiger Erziehungswissenschaft ist – und vermutlich noch lange bleiben wird“ (Bartels 1975, S. 25). Dilthey ist „der geniale Anreger“ – so charakterisiert ihn Hans Ineichen: er ist ein Anreger, „der weniger durch ein abgeschlossenes System gewirkt hat, als durch eine Reihe von Fragmenten und Versuchen, die es vielleicht auch heute wieder zu entdecken gilt“ (Ineichen 1981, S. 202). Dilthey als Klassiker der Pädagogik „frisch“ halten zu können und zu sollen und ihn zu ergründen anlässlich des noch lange nicht aufgearbeiteten Nachlasses und pragmatisch orientiert zu erforschen angesichts der lebensweltlichen und kulturellen, der wissenschaftlichen, technischen und technologischen, der kommunikativen und der ethisch-moralischen Problemlagen der Welt und Gesellschaft, in der wir und durch die wir leben, das nämliche Szenarium, in dem Dilthey sich vor hundert Jahren zurechtzufinden suchte, darum sollte sich die Pädagogik – und innerhalb ihrer die Allgemeine Pädagogik – bekümmern.

Auswahlbibliographie

Aufgenommen sind Werke Diltheys und Veröffentlichungen zu Dilthey, die in einem direkten Bezug zur Pädagogik Diltheys stehen.

Ausführliche Bibliographien zu Dilthey

Herrmann, Ulrich (1969): Bibliographie Wilhelm Diltheys. Quellen und Literatur, Weinheim.

Lessing, Hans-Ulrich (1983–2000): Bibliographie der Dilthey-Literatur von 1969–2000. In Dilthey-Jahrbuch für Philosophie und Geschichte der Geisteswissenschaften 1, 2, 3, 9, 12.

Primärliteratur

Gesammelte Schriften, derzeit 22 Bände (1914ff.): Herausgegeben von B. Groethuysen, G. Misch, P. Ritter, H. Nohl, O. F. Bollnow, E. Weniger, M. Redeker, K. Gründer, U. Herrmann, F. Rodi, H.-U. Lessing, G. van Kerckhoven und G. Gebhardt, Leipzig, Stuttgart, Berlin und Göttingen.

Daraus besonders:

Band I: Einleitung in die Geisteswissenschaften.

Band V: Die Geistige Welt. Einleitung in die Philosophie des Lebens 1. Hälfte; Abhandlungen zur Grundlage der Geisteswissenschaften.

Band VI: Die Geistige Welt. Einleitung in die Philosophie des Lebens 2. Hälfte; Abhandlungen zur Poetik, Ethik und Pädagogik.

Band VII: Der Aufbau der geschichtlichen Welt in den Geisteswissenschaften.

Band VIII: Weltanschauungslehre.

Band IX: Pädagogik – Geschichte und Grundlinien des Systems.

Band X: System der Ethik.

Der junge Dilthey. Ein Lebensbild in Briefen und Tagebüchern 1852–1870. Zusammengestellt von Clara Misch geb. Dilthey, Stuttgart und Göttingen, 2. Auflage, 1960.

Briefwechsel zwischen Wilhelm Dilthey und dem Grafen Paul Yorck von Wartenburg 1877–1997, hrsg. von Sigrid von der Schulenburg, Halle (Saale) 1923.

Veröffentlichungen zu Dilthey

Acham, Karl (1985): Diltheys Beitrag zur Theorie der Kultur- und Sozialwissenschaften. In: Dilthey-Jahrbuch für Philosophie und Geschichte der Geisteswissenschaften 3, S. 9–51.

Aigler, Gabriel (1997): Erziehungsprozeß und lebendige Sprache. Die transzendentale Erkenntnistheorie Diltheys und ihre sprachlogische Anwendung als Grundlage einer wissenschaftlichen Pädagogik, Weinheim.

Apel, Karl-Otto (1985): Diltheys Unterscheidung von „Erklären" und „Verstehen" im Lichte der Problematik der modernen Wissenschaftstheorie. In: Ernst Wolfgang Orth (Hrsg.): Dilthey und die Philosophie der Gegenwart, Freiburg/München, S. 285–347.

Bartels, Klaus (1978): Wilhelm Dilthey. In: Josef Speck (Hrsg.): Geschichte der Pädagogik des 20. Jahrhunderts, Band 1, Stuttgart u. a., S. 9–26.

Belardinelli, Sergio (Hrsg.) (1992): Wilhelm Dilthey heute: Das Problem des Verstehens in der Entwicklung der Sozialwissenschaften. In: Soziologisches Jahrbuch 8 – I.

Birus, Hendrik (Hrsg.) (1982): Hermeneutische Positionen: Schleiermacher – Dilthey – Heidegger – Gadamer, Göttingen.

Blankertz, Herwig (1982): Die Geschichte der Pädagogik – Von der Aufklärung bis zur Gegenwart, Wetzlar.

Blaß, Josef Leonard (1978): Modelle pädagogischer Theoriebildung, Band 1: Von Kant bis Marx, Stuttgart u. a., S. 109–139.

Bollnow, Otto Friedrich (1980): Dilthey. Eine Einführung in seine Philosophie, Schaffhausen (4. Auflage).

Brüggen, Friedhelm (1980): Strukturen pädagogischer Handlungstheorie – Dilthey, Geisteswissenschaftliche Pädagogik, Mead, Habermas, Erlanger Schule. Freiburg.

Cohn, Jonas (1925): Die Philosophie im Zeitalter des Spezialismus, Leipzig – Berlin.

Danner, Helmut (1994): Methoden geisteswissenschaftlicher Pädagogik, München – Basel (3. Auflage).

Derbolav, Josef (1966): Dilthey und das Problem der Geschichtlichkeit. In: Wolfgang Ritzel (Hrsg.): Rationalität – Phänomenalität – Individualität. Festgabe für Hermann und Marie Glockner, Bonn, S. 189–239.

Fischer, Wolfgang (1998): Wilhelm Dilthey. In: Wolfgang Fischer, Dieter-Jürgen Löwisch (Hrsg.): Philosophen als Pädagogen. Wichtige Entwürfe klassischer Denker, Darmstadt (2. Auflage; 1. Auflage unter dem Titel: Pädagogisches Denken von den Anfängen bis zur Gegenwart, Darmstadt 1989).

Forum für Philosophie (Hrsg.) (1990): Intentionalität und Verstehen, Frankfurt am Main.

Gander, Hans-Helmuth (1988): Positivismus als Metaphysik. Voraussetzungen und Grundstrukturen von Diltheys Grundlegung der Geisteswissenschaften, Freiburg.

Groothoff, Hans-Hermann (1981): Wilhelm Dilthey. Zur Erneuerung der Theorie der Bildung und des Bildungswesens, Hannover.

Herfurth, Thomas (1992): Diltheys Schriften zur Ethik. Der Aufbau der moralischen Welt als Resultat einer Kritik der introspektiven Vernunft, Würzburg.

Herrmann, Ulrich (1971): Die Pädagogik Wilhelm Diltheys. Ihr wissenschaftstheoretischer Ansatz in Diltheys Theorie der Geisteswissenschaften, Göttingen.

Herrmann, Ulrich (1979): Wilhelm Dilthey (1833–1911). In: Hans Scheuerl (Hrsg.): Klassiker der Pädagogik, Zweiter Band, München, S. 72–84.

Homann, Arne (1995): Diltheys Bruch mit der Metaphysik. Die Aufhebung der Hegelschen Philosophie im geschichtlichen Bewußtsein, Freiburg/München.

Huschke-Rhein, Bernhard (1979): Das Wissenschaftsverständnis in der geisteswissenschaftlichen Pädagogik: Dilthey – Litt – Nohl – Spranger, Stuttgart.

Ineichen, Hans (1975): Erkenntnistheorie und geschichtlich-gesellschaftliche Welt – Diltheys Logik der Geisteswissenschaften, Frankfurt am Main.

Ineichen, Hans (1981): Wilhelm Dilthey (1833–1911). In: Otfried Höffe (Hrsg.): Klassiker der Philosophie, Zweiter Band, München, S. 187–207

Jatzkowski, Thomas (1998): Die Theorie des kulturell-historischen Verstehens bei Wilhelm Dilthey und Georg Simmel, Herdecke.

Johach, Helmut (1974): Handelnder Mensch und objektiver Geist. Zur Theorie der Geistes- und Sozialwissenschaften bei Wilhelm Dilthey, Meisenheim am Glan.

Jung, Matthias (1996): Dilthey zur Einführung, Hamburg.

Jung, Matthias (1999): Erfahrung und Religion. Grundzüge einer hermeneutisch-pragmatischen Religionsphilosophie, Freiburg/München.

Kant, Immanuel (1870): Grundlegung zur Metaphysik der Sitten, hrsg. von J. H. von Kirchmann, Philosophische Bibliothek Band 28, Berlin.

König, Eckart (1975): Theorie der Erziehungswissenschaft, Band 1: Wissenschaftstheoretische Richtungen der Pädagogik, München, S. 95–111.

Krausser, Peter (1968): Kritik der endlichen Vernunft. Diltheys Revolution der allgemeinen Wissenschafts- und Handlungstheorie, Frankfurt am Main.

Lessing, Hans-Ulrich (Hrsg) (1983): Wilhelm Dilthey. Texte zur Kritik der historischen Vernunft, Göttingen, S. 9–24.

Lieber, Hans-Joachim (1974): Kulturkritik und Lebensphilosophie. Studien zur Deutschen Philosophie der Jahrhundertwende, Darmstadt.

Löwisch, Dieter-Jürgen (2000): Kompetentes Handeln. Bausteine für eine lebensweltbezogene Bildung, Darmstadt.

Makkreel, Rudolf A. (1991): Dilthey. Philosoph der Geisteswissenschaften, Frankfurt am Main (Original Princeton 1975).

Menze, Clemens (1976): Die Wissenschaft von der Erziehung in Deutschland. In: Josef Speck (Hrsg.): Problemgeschichte der neueren Pädagogik, Band 1: Wissenschaft – Schule – Gesellschaft, Stuttgart u. a., S. 9–107.

Orth, Ernst Wolfgang (Hrsg.) (1985): Dilthey und die Philosophie der Gegenwart, Freiburg/München.

Pestalozzi, Johann Heinrich (2002): Meine Nachforschungen über den Gang der Natur in der Entwicklung des Menschengeschlechts, hrsg. von Dieter-Jürgen Löwisch, Darmstadt.

Ritzel, Wolfgang (1980): Philosophie und Pädagogik im 20. Jahrhundert, Darmstadt.

Rodi, Frithjof (1998): Wilhelm Dilthey. Der Strukturzusammenhang des Lebens. In: Margot Fleischer und Jochen Hennigfeld (Hrsg.): Philosophen des 19. Jahrhunderts, Darmstadt.

Römelt, Johannes (1999): Die Kant-Kritik Wilhelm Diltheys und das Problem der Legitimierung von Erfahrungserkenntnis, Kevelaer.

Rothacker, Erich (1920): Einleitung in die Geisteswissenschaften, Tübingen.

Thielen, Joachim (1998): Wilhelm Dilthey und die Entwicklung des geschichtlichen Denkens in Deutschland im ausgehenden 19. Jahrhundert, Würzburg.

Thöny, Giosua (1992): Philosophie und Pädagogik bei Wilhelm Dilthey und Herman Nohl. Eine geisteswissenschaftliche Studie als historisch-systematische, komparative Problem-, Wirkungs- und Entwicklungsgeschichte, Bern und Stuttgart.

Thöny-Schwyn, Giosua (1997): Geisteswissenschaftliche Studien zu Dilthey und zur Pestalozzi-Rezeption Nohls, Bern, Stuttgart, Wien.

Uhle, Reinhard (1989): Verstehen und Pädagogik. Eine historisch-systematische Studie über die Begründung von Bildung und Erziehung durch den Gedanken des Verstehens, Weinheim.

Ulmer, Karl (1972): Philosophie der modernen Lebenswelt, Tübingen.

Zöckler, Christofer (1975): Dilthey und die Hermeneutik. Diltheys Begründung der Hermeneutik als „Praxiswissenschaft“ und die Geschichte ihrer Rezeption, Stuttgart.